アジアの生命保険市場

―現状・変化と将来展望―

ニッセイ基礎研究所 ［編］

文眞堂

序　文

　アジア諸国の経済発展は目覚ましく，国際社会におけるその位置づけやウエートも大いに拡大している。生命保険の分野においても，現時点においては，日本は米国に次ぐ世界第二位の市場規模というポジションをキープしているが，すぐ背後に中国が迫ってきており，有力機関の予測によれば，日中の生命保険市場の規模の逆転もあり得るとされている。また生命保険の普及度（1人当たりの保険料や，GDP（国内総生産）に占める生命保険料の割合）では，台湾や香港などが既にわが国の水準を超えているという状況にもある。このような環境の変化と市場のさらなる成長への期待から，アジアの生保市場は注目され，欧米企業の参入のみならず，日本や韓国・台湾・中国企業に加え，アセアン（東南アジア諸国連合）諸国の企業も含めたアジアの有力企業が域内の他市場に参入しての競争が激化している。そこでは，欧米諸国や日本の先進市場における歴史のように，生命保険商品や販売チャネル・手法が時系列的に順を追って発展するのではなく，歴史の浅い新興市場であっても，最新の各種商品や販売チャネル・手法がタイムラグを置かずに導入されており，日本の百余年にわたる生命保険の歴史が，一時に現出していると言えよう。

　他方，各生命保険市場の発展には格差や様々なひずみもみられ，今後，多くの課題を克服しつつ，いかに消費者のニーズに応えた健全な生命保険市場として発展していくかが重要なポイントとなっている。

　わが国において，多くの機関が，多様な分野でのアジア研究に取り組んでいるが，当研究所としては，保険・年金，医療・福祉，福利厚生，少子高齢化等の分野を中心に専門性を高めアジア研究を進めていきたいと考えており，一昨年来，アジアの研究を行う研究員からなるアジア・フォーラムという研究組織を組成し，各研究員が各自の研究を行うのみならず，わが国を代表するアジア研究者を招聘し，アジア・フォーラム研究会という研究会合を重ねてきている。

　本書は，当研究所におけるアジア研究を推進していく過程における一里塚として，アジア地域の生命保険市場に関する全体像や域内の主要国別の現状・変

化と将来の展望につき，アジア・フォーラムに参集した研究員が，それぞれの専門，経験，見識を踏まえて各章の執筆を担当したものである。各国の市場毎の発展度の違いによる情報量の格差などもあるが，可能な範囲で重要なポイントを網羅し記述しようと努めている。

　加えて，アジア地域で重要度を増すイスラム保険（タカフル）の仕組みや動向につき，わが国における第一人者である吉田悦章氏（京都大学大学院特任准教授）から有益なコラムも頂戴して内容の充実を目指した。

　今後さらなる発展・変化が予想されるアジア生命保険市場は，日本および世界にとって注目すべき対象であり，その健全な発展を大いに期待している。それと同時に，日本の保険会社にとってのビジネスチャンスとしての重要性は言うまでもないだろう。

　上記のような観点で，本書は，当研究所のアジア研究の成果の一端を広く社会に向けて公表する最初の出版物となるものであり，保険業界ならびに保険学会にとっても裨益するところが大きい書であると思われる。本書の公刊を契機として，引き続き，アジア生命保険市場の動向をフォローし，適時に当研究所のホームページで情報公表するとともに，それらが一定のヴォリュームとして蓄積されたタイミングで，本書の改訂版の刊行につなげるべく研究を深めていきたいと考えている。

　なお本書の出版には，多くの方々のご指導・ご教示を賜っており各位に感謝を申し上げる。アジア・フォーラム研究会で，各回の講師として直接ご指導いただいた諸氏（田中修氏，佐藤百合氏，末廣昭氏，島田卓氏，守部裕行氏，深川由起子氏，梅﨑創氏，関根栄一氏，濱田美紀氏，吉田悦章氏，渡邉真理子氏）には，特に謝意を表したい。

　また本書籍の出版に際しては，本書の意義を理解しその刊行を決断され，種々の助言やアドバイスをいただいた株式会社文眞堂の前野隆代表取締役社長，前野眞司専務取締役に御礼を申し上げたい。

　　2017 年 8 月 4 日

　　　　　　　　　　　　　　　　　　　株式会社 ニッセイ基礎研究所

　　　　　　　　　　　　　　　　　　　代表取締役社長　野呂　順一

iii

目　　次

序文……………………………………………………………………………… i

第1章　アジアの経済発展と生命保険市場の概況 ……………… 1

はじめに ……………………………………………………………………… 1

第1節　アジア生命保険市場の現状 ……………………………………… 1

1．概況 ………………………………………………………………… 1

2．アジア生保市場を3つのグループ別にみた特徴点等 …………… 5

第2節　アジア地域に共通する重要なトレンド・変化 ………………… 7

1．経済成長の動向 ………………………………………………… 7

2．人口動態の変化と富裕層・中間層の増加 ……………………… 10

3．都市化の進行 …………………………………………………… 12

4．ASEAN統合の進行 …………………………………………… 13

5．外資参入規制の動向 …………………………………………… 14

6．保険商品面の変化 ……………………………………………… 15

7．保険販売網の変化 ……………………………………………… 16

第3節　今後のアジア生命保険市場における展望 ……………………… 17

第2章　中　　　国 ……………………………………………… 22

はじめに ……………………………………………………………………… 22

第1節　政治・経済・社会 ………………………………………………… 23

1．国家の概況，政治・社会の動向等 ……………………………… 23

2．経済・金融動向 ………………………………………………… 24

第2節　生命保険略史 ……………………………………………………… 25

第3節　保険監督体制 ……………………………………………………… 26

1．保険監督官庁 …………………………………………………… 26

iv 目 次

2. 監督・管理法，根拠法規 ……………………………………27

3. 保険会社の設立 …………………………………………29

4. 保険業務の範囲 …………………………………………30

第4節 保険会社の諸規制 ……………………………………30

1. ソルベンシー規制 ………………………………………30

2. 資本規制（最低資本金）…………………………………32

3. 外資参入規制 ……………………………………………34

4. 募集規制（販売規制）……………………………………35

5. 資産運用規制 ……………………………………………36

第5節 消費者保護 ……………………………………………38

1. 支払保証制度 ……………………………………………38

2. 消費者保護制度 …………………………………………38

第6節 生命保険市場の状況 …………………………………39

1. 生保収入保険料の推移 …………………………………39

2. 保険の普及状況 …………………………………………40

3. 生命保険商品 ……………………………………………42

4. 販売チャネルと販売制度 ………………………………43

5. 競争環境 …………………………………………………44

6. 資産運用 …………………………………………………45

7. 収支動向 …………………………………………………48

8. 業界団体 …………………………………………………49

コラム（その1）有力な運用対象に育ちつつある中国株……………………51

（その2）主力運用対象の中国の債券市場 ……………………54

第3章 イ ン ド ………………………………………………56

はじめに …………………………………………………………56

第1節 政治・経済・社会 ……………………………………57

1. 政治 ………………………………………………………57

2. 経済 ………………………………………………………57

3．社会 ……………………………………………………………*58*

第2節　生命保険略史 ………………………………………………*60*

第3節　保険監督体制 ………………………………………………*62*

　　1．保険監督官庁 ……………………………………………*62*

　　2．監督・管理法，根拠法規 ………………………………*63*

　　3．保険会社の設立 …………………………………………*63*

　　4．保険業務の範囲 …………………………………………*64*

第4節　保険会社の諸規制 …………………………………………*64*

　　1．ソルベンシー規制 ………………………………………*64*

　　2．責任準備金規制 …………………………………………*68*

　　3．資本規制（最低資本金）………………………………*72*

　　4．外資参入規制 ……………………………………………*72*

　　5．販売規制 …………………………………………………*73*

　　6．資産運用規制 ……………………………………………*74*

第5節　保険契約者保護 ……………………………………………*74*

　　1．支払保証制度 ……………………………………………*74*

　　2．保険契約者保護制度 ……………………………………*74*

第6節　生命保険市場の状況 ………………………………………*76*

　　1．収入保険料推移 …………………………………………*76*

　　2．普及率（1人当たり，GDP当たり）………………………*77*

　　3．保険商品 …………………………………………………*77*

　　　（参考）医療保険 ………………………………………*78*

　　4．料率 ………………………………………………………*79*

　　5．販売チャネルと販売制度 ………………………………*80*

　　6．競争環境 …………………………………………………*81*

　　7．収支動向 …………………………………………………*84*

　　8．資産運用 …………………………………………………*84*

　　9．業界団体 …………………………………………………*86*

　10．マイクロ・インシュアランス …………………………*88*

　11．地方・社会セクターでの最低販売量規制 ……………*88*

vi　目　次

　　12．生命保険普及のための政府施策 ……………………………………*89*

第4章　タ　イ …………………………………………………………*91*

　はじめに …………………………………………………………………*91*

　第1節　政治・経済・社会の概況 ……………………………………*92*

　　1．国家の概況，政治・社会の動向 …………………………………*92*

　　2．経済・金融動向 ……………………………………………………*93*

　第2節　生命保険略史 …………………………………………………*94*

　第3節　生命保険監督 …………………………………………………*95*

　　1．生命保険の監督体制 ………………………………………………*95*

　　2．生命保険業の諸規制 ………………………………………………*97*

　第4節　生命保険市場の状況 ………………………………………… *106*

　　1．市場規模（保険料，保険契約高，件数） ………………………… *106*

　　2．普及率（GDP 当たり保険料と1人当たり保険料） ……………… *108*

　　3．保険商品（保険種類別，商品別） ………………………………… *109*

　　4．販売チャネルと販売制度 ………………………………………… *111*

　　5．競争環境 …………………………………………………………… *112*

　　6．収支動向 …………………………………………………………… *113*

　　7．資産運用 …………………………………………………………… *114*

　　8．市場の見通しと課題 ……………………………………………… *116*

　　9．保険関連団体 ……………………………………………………… *116*

第5章　インドネシア ……………………………………………… *119*

　はじめに ………………………………………………………………… *119*

　第1節　政治・経済・社会 …………………………………………… *119*

　　1．国土と環境 ………………………………………………………… *119*

　　2．人口 ………………………………………………………………… *120*

　　3．経済 ………………………………………………………………… *120*

　　4．歴史 ………………………………………………………………… *120*

　　5．政治 ………………………………………………………………… *121*

　　　　　　　　　　　　　　　　　　　　　　　　　　目　次　*vii*

　　6．社会，文化 ……………………………………………… *121*

　　7．その他 …………………………………………………… *122*

第2節　生命保険略史 ………………………………………… *122*

第3節　保険監督体制 ………………………………………… *123*

　　1．保険監督官庁 …………………………………………… *123*

　　2．監督・管理法，根拠法規 …………………………… *123*

　　3．保険会社の設立 ………………………………………… *124*

　　4．保険業務の範囲 ……………………………………… *126*

第4節　保険会社の諸規制 …………………………………… *128*

　　1．ソルベンシー規制 …………………………………… *128*

　　2．資本規制（最低資本金） …………………………… *129*

　　3．外資参入規制 ………………………………………… *130*

　　4．販売規制 ……………………………………………… *132*

　　5．資産運用規制 ………………………………………… *135*

第5節　消費者保護 …………………………………………… *136*

　　1．支払保証制度 ………………………………………… *136*

　　2．消費者保護制度 ……………………………………… *137*

第6節　生命保険市場の状況 ………………………………… *139*

　　1．収入保険料推移 ……………………………………… *139*

　　2．普及率 ………………………………………………… *140*

　　3．保険商品 ……………………………………………… *142*

　　4．料率 …………………………………………………… *144*

　　5．販売チャネルと販売制度 …………………………… *144*

　　6．競争環境 ……………………………………………… *146*

　　7．収支動向 ……………………………………………… *149*

　　8．資産運用 ……………………………………………… *150*

　　9．業界団体 ……………………………………………… *151*

コラム　イスラム教徒向けの保険──タカフル ………………… *153*

第6章　ベトナム ……………………………………………… 156

はじめに ……………………………………………………………… 156

第1節　政治・経済・社会 ………………………………………… 157

第2節　生命保険略史 ……………………………………………… 158

第3節　保険監督体制 ……………………………………………… 159

  1．保険監督官庁 ………………………………………………… 159

  2．監督・管理法，根拠法規 ………………………………… 159

  3．保険会社の設立 …………………………………………… 160

  4．保険業務の範囲 …………………………………………… 161

第4節　保険会社の諸規制 ………………………………………… 161

  1．ソルベンシー規制 ………………………………………… 161

  2．資本規制（最低資本金） ………………………………… 162

  3．外資参入規制 ……………………………………………… 162

  4．販売規制 …………………………………………………… 162

  5．資産運用規制 ……………………………………………… 164

第5節　消費者保護 ………………………………………………… 164

  1．支払保証制度 ……………………………………………… 164

  2．消費者保護制度 …………………………………………… 165

第6節　生命保険市場の状況 ……………………………………… 165

  1．収入保険料推移 …………………………………………… 165

  2．普及率 ……………………………………………………… 166

  3．保険商品 …………………………………………………… 166

  4．販売チャネルと販売制度 ………………………………… 168

  5．競争環境 …………………………………………………… 168

  6．収支動向 …………………………………………………… 169

  7．資産運用 …………………………………………………… 170

  8．業界団体 …………………………………………………… 170

第7章 韓　国 ……………………………………… 171

はじめに ……………………………………………………… 171

第1節　政治・経済・社会 ………………………………… 172

　1．社会 …………………………………………………… 172

　2．経済 …………………………………………………… 172

　3．政治 …………………………………………………… 174

第2節　生命保険の略史 …………………………………… 175

第3節　保険監督体制 ……………………………………… 177

　1．保険監督官庁 ………………………………………… 177

　2．監督・管理法，根拠法規 …………………………… 178

　3．保険会社の設立 ……………………………………… 179

　4．保険業務の範囲 ……………………………………… 180

第4節　保険会社の諸規制 ………………………………… 180

　1．支払余力比率（RBC）……………………………… 180

　2．資本規制（最低資本金）…………………………… 181

　3．外資参入規制 ………………………………………… 182

　4．販売規制 ……………………………………………… 183

　5．資産運用規制 ………………………………………… 183

第5節　消費者保護 ………………………………………… 184

　1．支払保証制度 ………………………………………… 184

　2．消費者保護制度 ……………………………………… 185

第6節　生命保険市場の現状 ……………………………… 186

　1．収入保険料推移 ……………………………………… 186

　2．普及率 ………………………………………………… 190

　3．保険商品 ……………………………………………… 193

　4．保険料率 ……………………………………………… 195

　5．販売チャネルと販売制度 …………………………… 196

　6．競争環境 ……………………………………………… 197

　7．収支動向 ……………………………………………… 198

x　目　次

　　8．資産運用 ……………………………………………………… *199*

　　9．業界団体 ……………………………………………………… *200*

第8章　その他アジア諸国の生命保険市場の要点 …………………… *203*

はじめに ……………………………………………………………… *203*

第1節　CLM諸国の政治経済の概況 ……………………………… *203*

　　1．政治体制・状況 ……………………………………………… *203*

　　2．経済動向 ……………………………………………………… *205*

第2節　CLM諸国の保険市場動向 ………………………………… *207*

　　1．カンボジア …………………………………………………… *208*

　　2．ラオス ………………………………………………………… *208*

　　3．ミャンマー …………………………………………………… *209*

　　4．CLM諸国の保険市場の今後の展望等 …………………… *209*

第3節　バングラデシュ，パキスタン，スリランカの概況 ………… *211*

　　1．バングラデシュ ……………………………………………… *212*

　　2．パキスタン …………………………………………………… *213*

　　3．スリランカ …………………………………………………… *213*

第9章　アジアにおける生命保険市場の競争環境と
　　　　　有力生命保険企業の経営・営業の特徴点 ……………… *215*

はじめに ……………………………………………………………… *215*

第1節　アジア生命保険市場の競争環境・状況や有力企業の特徴 …… *215*

　　1．韓国，台湾，タイ，中国，インド ………………………… *215*

　　2．香港，シンガポール，マレーシア，インドネシア，
　　　　フィリピン，ベトナム ……………………………………… *222*

第2節　プルデンシャル（英国），AIA，マニュライフ（カナダ）
　　　　の営業・経営の特色や強み ……………………………… *222*

　　1．長い営業の歴史と先行者利益の享受，自社主導の経営志向，
　　　　社名・ブランド認知の取組み ……………………………… *223*

目　次　*xi*

　2．専属エージェントを中核基盤としつつ，その他の
　　　販売チャネルを拡大 ……………………………………………… *224*

　3．地域本部やグループ内企業と各国の拠点間の有機的な関係 …… *225*

　4．有能な人的資源の保有・活用 ……………………………… *226*

　5．その他外資企業の状況（3社との違いを中心として）………… *227*

　6．おわりに ……………………………………………………… *228*

第10章　全体のまとめと将来展望等 …………………………… *232*

トピックス　アジアの生命保険会社による不動産投資および
　　　　　　　不動産投資市場の成長性 ……………………… *236*

はじめに …………………………………………………………… *236*

第1節　生命保険会社と不動産投資 …………………………… *236*

　1．生命保険会社と不動産投資 ………………………………… *236*

　2．日本国内における生命保険会社の不動産投資 ……………… *237*

第2節　アジアの生命保険会社による不動産投資 …………… *237*

　1．アジアの生命保険会社による不動産投資 ………………… *237*

　2．アジアの不動産投資市場の近況 …………………………… *240*

　3．アジアの生命保険会社による不動産投資の拡大 ………… *241*

　4．アジアの生命保険市場の成長 ……………………………… *242*

　5．さらなる不動産投資の積極化 ……………………………… *243*

　6．日本，台湾，韓国の生命保険会社による海外不動産投資 ……… *244*

　7．中国本土の生命保険会社による海外不動産投資 ………… *245*

　8．世界で注目を集めるアジア資金 …………………………… *247*

第3節　アジアの不動産投資市場の成長性 …………………… *248*

　1．アジアの経済成長 …………………………………………… *249*

　2．アジアの人口動態 …………………………………………… *249*

　3．アジアの都市化の進展 ……………………………………… *252*

　4．アジアの不動産投資市場の成熟化 ………………………… *253*

　5．都市成長段階と不動産需要 ………………………………… *256*

xii 目　次

　　6．旺盛なアジアの住宅需要 ……………………………………………… *257*

　　7．機関投資家による住宅開発事業 ……………………………………… *258*

　　8．アジアでのオフィスビルの投資機会 ………………………………… *258*

　　9．上海，北京でのオフィスストックの拡大 …………………………… *259*

　　10．アジアでのオフィスストックの拡大 ………………………………… *262*

　おわりに ……………………………………………………………………… *262*

索引……………………………………………………………………………… *264*

第1章

アジアの経済発展と生命保険市場の概況

はじめに

　アジアの生命保険（生保）市場は，近年の他地域を上回る経済発展の中，その規模が拡大し，世界市場におけるポジションを着実に高めつつある。本章では，以下の各章での主各国の生保市場別の詳細な分析・論考や解説のベースとして，アジア生保市場全般の近況・動向の特徴点やトレンドを鳥瞰する（本章では，域内の代表的な市場である 11 カ国・地域[1]を重点に考察する）。なお，本書において「生命保険」については適宜「生保」の略称で表記を行っている。

第1節　アジア生命保険市場の現状

1. 概況

　アジア地域の多くの国で経済発展が見られる中，生命保険市場は拡大傾向にあり，中長期的に一層の成長が見込まれている。図表 1-1 は 2016 年におけるアジア主要国・地域のマクロ経済等，図表 1-2 は 2015 年の生命保険の主要な指標であり，図表 1-3 は 2005 年と 2015 年についての生保関連主要諸指標の比較表，図表 1-4 は 2005 年と 2015 年の生命保険料の国・地域別の構成比のグラフである。

　アジア地域（11 カ国・地域合計）の保険料は，2015 年で 5436 億ドルとなっているが，各市場の規模や生保の普及度には大きな違いがある。アジア地域の

図表 1-1 アジア経済の概観 (2016 年)

(単位)	1人当たりGDP (ドル)	名目GDP (10億ドル)	人口 (万人)	面積 (万平方km)	国際競争力ランク WEF	国際競争力ランク IMD	仕事のしやすさ 世界ランキング	格付 S&P
シンガポール	52,961	297	561	0.07	2	4	2	AAA
マレーシア	9,360	296	3,166	33	25	19	23	A-
タイ	5,899	407	6,898	51	34	28	46	BBB+
インドネシア	3,604	932	25,871	186	41	48	91	BB+
フィリピン	2,924	305	10,420	30	57	42	99	BBB
ベトナム	2,173	201	9,264	33	60	-	82	BB-
カンボジア	1,230	19	1,578	18	89	-	131	-
ラオス	1,925	14	716	24	93	-	139	-
ミャンマー	1,269	66	5,225	68	-	-	170	-
ブルネイ	26,424	11	42	5.8	-	-	72	-
アセアン合計	3,999	2,549	63,741	449	-	-	-	-
中国	8,113	11,218	138,271	960	28	25	78	AA
インド	1,723	2,256	130,935	329	39	41	130	BBB-
韓国	27,539	1,411	5,125	10	26	29	5	AA-
香港	43,528	321	737	0.11	9	1	4	AAA
台湾	22,453	529	2,354	4	14	14	11	AA-
日本	38,917	4,939	12,690	38	8	26	34	A+

(出所) GDP, 人口, 面積：IMF データ (2017 年 4 月)。国際競争力：世界経済フォーラム (WEF：2016 年)・IMD (International Institute for Management Development：2016 年) による競争力ランキング, 仕事のしやすさランキング (世界銀行グループ IFC による：2015 年)。
格付け：外貨建て長期債 (Standard and Poors による, 2017 年 3 月 31 日時点)。

図表 1-2 アジア主要国・地域の経済・生保の主要指標 (2015 年)

	人口 (万人)	名目 GDP (10億ドル)	1人当たり GDP (ドル)	実質 GDP 成長率 (2013-15年、年平均伸び率, %)	生保収入保険料 米ドルベース 百万ドル	生保収入保険料 米ドルベース 対前年増減%	生保収入保険料 米ドルベース 対前年増減実質 (%)	生保収入保険料 現地通貨ベース 対前年増減実質 ベース (%)	1人当たり保険料 (ドル)	保険料/GDP (%)
韓国	5,063	1,376	27,195	2.9	98,218	-2.9	5.2	6.0	1,940	7.3
香港	731	310	42,930	2.7	41,255	11.9	8.6	11.9	5,655	13.3
台湾	2,349	524	22,288	2.3	79,627	0.6	6.0	5.7	3,397	15.7
シンガポール	524	293	52,888	3.3	16,258	0.4	9.5	8.9	2,932	5.6
NIES4 国・地域計	8,667	2,503	28,880		235,358	10.1			2,716	9.4
マレーシア	3,100	296	9,557	5.2	9,588	-12.9	2.7	5.7	316	3.4
タイ	6,884	395	5,742	2.1	14,619	1.0	7.5	6.5	215	3.7
インドネシア	25,546	859	3,362	5.1	11,013	3.1	9.5	16.5	43	1.3
フィリピン	10,215	292	2,858	6.3	4,010	15.9	17.1	18.8	40	1.4
ベトナム	9,168	191	2,088	6.0	1,583	18.3	21.2	22.3	17	0.8
ASEAN5 計	54,913	2,033	3,702		40,813	10.6			74	2.0
中国	137,462	10,983	7,990	7.3	210,763	19.1	19.7	21.5	153	2.0
インド	129,271	2,091	1,617	7.0	56,675	5.6	7.8	13.1	43	2.7
アジア 11 計	330,313	17,610	5,331		543,609	5.3			165	3.1
(参考) 日本	12,693	4,123	32,486	0.6	343,816	-5.7	2.8	3.0	2,717	8.3

(出所) 保険関連データはスイス再保険会社「Sigma No.3/2016」, その他は IMF「World Economic Outlook Database, April 2016」により筆者作成。

図表 1-3　2005 年／2015 年　生保・保険料関連主要諸指標の比較

	名目 GDP 構成比 %			生保保険料構成比 %			生保保険料／人　ドル			生保保険料／GDP %		
	2005	2015	増減	2005	2015	増減	2005	2015	増減	2005	2015	増減
NIES4 国・地域計	3.3	3.4	0.1	6.1	9.3	3.2	1,453	2,716	1,263	7.8	9.4	1.6
ASEAN5 計	1.7	2.8	1.1	0.6	1.6	1.0	25	74	49	1.6	2.0	0.4
中国	5.0	14.8	9.8	2.0	8.3	6.3	31	153	122	2.2	2.0	▲ 0.3
インド	1.8	2.9	1.1	1.0	2.2	1.2	23	43	20	2.6	2.7	0.1
アジア 11 計	11.7	23.8	12.1	9.7	21.5	11.7	65	163	99	3.9	3.1	▲ 0.8
日本	10.2	5.7	▲ 4.5	19.0	13.6	▲ 5.5	2,956	2,717	▲ 239	8.3	8.3	▲ 0.0
米国	28.1	24.8	▲ 3.3	27.9	23.8	▲ 4.2	1,753	1,719	▲ 34	4.2	3.2	▲ 1.0
欧州	34.9	26.6	▲ 8.3	39.0	34.4	▲ 4.6	912	987	75	4.7	6.9	2.2
中南米	5.6	7.0	1.4	1.2	2.6	1.4	42	105	63	1.0	1.3	0.3
その他地域	9.5	12.1	2.6	3.1	4.2	1.1	36	50	14	1.5	1.2	▲ 0.3
世界計	100.0	100.0	100.0	100.0	100.0		300	346	46	4.6	3.5	▲ 1.1

(出所) 保険データはスイス再保険「Sigma」誌各号, GDP は IMF データベースにより筆者作成。

第1節　アジア生命保険市場の現状　5

図表1-4　2005年/2015年の国・地域別生保・保険料構成比（%）

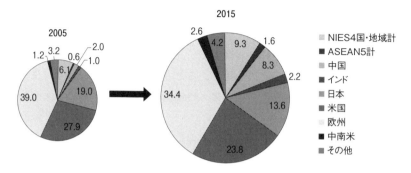

（出所）スイス再保険「Sigma」誌各号。

生命保険料の世界合計に占める構成比は，2005年には9.7%と日本の19.0%の半分強の水準であったが，2015年には21.5%（2004年対比10.2ポイント増）と日本の13.6%を大きく上回るシェア[2]となっている。

2．アジア生保市場を3つのグループ別にみた特徴点等

アジア11カ国・地域の生保市場を相対的に比較・考察する上では，市場としての質・規模・成長性などの観点から，大きく3つの地域（NIES4，ASEAN5，中国・インド）に分けて考えることとする（カンボジア・ラオス・ミャンマーや南アジア諸国等その他のアジア諸国の状況は第8章を参照）。

(1) NIES4（韓国，香港，台湾，シンガポール）

アジア域内における先進保険市場というポジションにあり，収入保険料（生保）の対GDP比が，台湾の15.7%（2015年，以下同じ）を筆頭に平均9.2%と日本の8.4%を上回っており，1人当たり収入保険料（同）も平均2716ドルと高水準で，日本の2717ドルとほぼ同水準にあり，すでに相当成熟した市場と見られるが依然として成長を持続している。国際金融センターおよび国際ビジネスセンターである香港とシンガポールは，図表1-1の国際競争力や仕事のしやすさのランキングや，ソブリン格付の高さからも分かるようにアジア地域

6   第1章 アジアの経済発展と生命保険市場の概況

の要として重要であり，中国本土の関係が深い香港には欧米の有力外資企業の多くが，東南アジアの中心的位置にありインド等にも近いシンガポールには，わが国の有力生保企業等がアジア地域の統括拠点を置いている。

　生命保険の普及度は上述のとおりすでに高水準にあるが，市場関係者の分析によればさらなる成長・発展の余地があるとされている。すなわち，生活レベルが向上する中で，高齢化社会の到来への準備としての年金商品や医療商品が有望視されている。2008年のリーマンショック後にユニットリンク保険等の投資型商品の人気が一段落し，代わって保障商品，金利感応度の高い商品，返戻金付商品や外貨建て商品が増加傾向にあるが，投資型商品へのニーズは引き続き高いものと考えられる。

　少ない人口の中，生保が相当程度普及している当該市場では，競争環境が厳しく白地ベースでの新規参入は困難な状況にあり，外資大手による撤退や事業の売却事例もでている。このような状況下，市場への新規参入の手段は，主に既存企業を対象とする買収・出資となっている。

(2) ASEAN5（タイ，マレーシア，インドネシア，フィリピン，ベトナム）

　巨大な成長可能性を有する中国・インド市場と成熟度の高い市場である上記NIES4との間の位置づけにある。現状は収入保険料の対GDP比が平均2.0％，1人当たり収入保険料は平均74ドルとNIES4に比べて普及度は低水準にとどまっている。他方，今後に目を転じると，タイ・マレーシア・インドネシアで1997-98年のアジア通貨・金融危機による大きなダメージを乗り越え経済の構造・企業の実力やショックへの耐性が強化され，さらなる経済発展と中間層の急増の可能性が高く，人口も約5.5億人超（ASEAN全体では6億人強）と大きいといったポジティブな要因を有する有望市場であると考えられている。とりわけ，人口が多く，若年者の比率が高いインドネシア，ベトナム，フィリピンでは高成長の可能性が大きいと見込まれる。さらにマレーシア・インドネシアなどイスラム教徒向けにはイスラム保険（タカフル，153ページのコラムを参照）の販売増加が期待されており，欧米日等の外資各社も当該分野への参入を行っている。

(3) 中国・インド

　世界最大規模の人口を有し成長を続ける中国とインドは，収入保険料の2005年／2015年対比が，それぞれ5.3倍，2.8倍と保険市場が大きく伸張しており，さらなる拡大が展望されている。ビンダーとガイ（Binder and Ngai, 2009）は，両国をアジア市場に関心がある企業にとって「見逃せない市場（can't miss market）」であると表現している。またスイス再保険（Swiss Reinsurance Company）のSigma（シグマ）誌（Swiss Re, 2011）によれば中国とインドの世界生命保険市場における順位は，2011年の5位と8位が，2021年には，それぞれ2位，6位に上昇すると予測している。

　現状では，両国には外資企業に対する出資規制などがあり市場参入への自由度の制約があるが，将来それがさらに緩和されると外資企業にとってより大きな事業機会が得られることが見込まれよう。

第2節　アジア地域に共通する重要なトレンド・変化

　アジア生命保険市場の大今後の見通しを考える上で，域内市場に共通する重要なトレンドや変化，トピックスとして，① 事業環境のベースとなる経済成長の動向，② 人口動態の変化や富裕層・中間層の増加，③ 都市化の進行，④ ASEAN統合の進行，⑤ 外資規制の動向，⑥ 保険商品面の変化，⑦ 保険販売網の変化について述べる。

1.　経済成長の動向

　1997-98年のアジア通貨・金融危機時には大きなダメージを受けたアジア諸国も多かった。その後はリーマンショックなどの世界的な景気後退や中国経済の成長鈍化，先進市場への資本の回帰傾向などにより，成長率が減速・鈍化する局面はあるが，図表1-5にもあるように中長期のトレンドとしては着実な経済発展が予測されている。

　2016-2020年における実質GDP成長率（予測）で，欧米日が2％台以下の

8 第1章 アジアの経済発展と生命保険市場の概況

図表 1-5 実質 GDP 成長率（2017 年 4 月時点の公表値：%）

	2000	2001	2002	2003	2004	2005	2006	2007	2008	2009	2010
香港	7.7	0.6	1.7	3.1	8.7	7.4	7.0	6.5	2.1	-2.5	6.8
台湾	6.4	-1.3	5.6	4.1	6.5	5.4	5.6	6.5	0.7	-1.6	10.6
韓国	8.9	4.5	7.4	2.9	4.9	3.9	5.2	5.5	2.8	0.7	6.5
シンガポール	8.9	-1.0	4.2	4.4	9.5	7.5	8.9	9.1	1.8	-0.6	15.2
タイ	4.5	3.4	6.1	7.2	6.3	4.2	5.0	5.4	1.7	-0.7	7.5
マレーシア	8.7	0.5	5.4	5.8	6.8	5.0	5.6	6.3	4.8	-1.5	7.5
インドネシア	5.0	3.6	4.5	4.8	5.0	5.7	5.5	6.3	7.4	4.7	6.4
フィリピン	4.4	2.9	3.6	5.0	6.7	4.8	5.2	6.6	4.2	1.1	7.6
ベトナム	6.8	6.9	7.1	7.3	7.8	7.5	7.0	7.1	5.7	5.4	6.4
カンボジア	8.8	8.1	6.6	8.5	10.3	13.3	10.8	10.2	6.7	2.1	3.9
ラオス	6.3	4.6	6.9	6.2	7.0	6.8	8.6	7.8	7.8	7.5	8.1
ミャンマー	13.7	11.3	12.0	13.8	13.6	13.6	13.1	12.0	3.6	5.1	5.3
ブルネイ	2.9	2.7	3.9	2.9	0.5	0.4	4.4	0.1	-2.0	-1.8	2.7
中国	8.4	8.3	9.1	10.0	10.1	11.3	12.7	14.2	9.6	9.2	10.6
インド	4.0	4.9	3.9	7.9	7.8	9.3	9.3	9.8	3.9	8.5	10.3
日本	2.8	0.4	0.1	1.5	2.2	1.7	1.4	1.7	-1.1	-5.4	4.2
米国	4.1	1.0	1.8	2.8	3.8	3.3	2.7	1.8	-0.3	-2.8	2.5
EU	3.9	2.3	1.5	1.5	2.7	2.3	3.6	3.3	0.6	-4.3	2.1
世界合計	4.8	2.5	3.0	4.3	5.4	4.9	5.5	5.6	3.0	-0.1	5.4

	2011	2012	2013	2014	2015	2016	2017	2018	2019	2020
香港	4.8	1.7	3.1	2.8	2.4	1.9	2.4	2.5	2.7	2.9
台湾	3.8	2.1	2.2	4.0	0.7	1.4	1.7	1.9	2.0	2.3
韓国	3.7	2.3	2.9	3.3	2.8	2.8	2.7	2.8	3.0	3.0
シンガポール	6.2	3.9	5.0	3.6	1.9	2.0	2.2	2.6	2.6	2.6
タイ	0.8	7.2	2.7	0.9	2.9	3.2	3.0	3.3	3.2	3.1
マレーシア	5.3	5.5	4.7	6.0	5.0	4.2	4.5	4.7	4.9	4.9
インドネシア	6.2	6.0	5.6	5.0	4.9	5.0	5.1	5.3	5.4	5.5
フィリピン	3.7	6.7	7.1	6.2	5.9	6.8	6.8	6.9	7.0	7.0
ベトナム	6.2	5.2	5.4	6.0	6.7	6.2	6.5	6.3	6.2	6.2
カンボジア	7.1	7.3	7.4	7.1	7.0	7.0	6.9	6.8	6.8	6.5
ラオス	8.0	7.9	8.0	8.0	7.5	6.9	6.8	6.7	7.0	6.9
ミャンマー	5.6	7.3	8.4	8.0	7.3	6.3	7.5	7.6	7.5	7.5
ブルネイ	3.7	0.9	-2.1	-2.5	-0.4	-3.2	-1.3	0.7	9.2	9.3
中国	9.5	7.9	7.8	7.3	6.9	6.7	6.6	6.2	6.0	5.9
インド	6.6	5.5	6.5	7.2	7.9	6.8	7.2	7.7	7.8	7.9
日本	-0.1	1.5	2.0	0.3	1.2	1.0	1.2	0.6	0.8	0.2
米国	1.6	2.2	1.7	2.4	2.6	1.6	2.3	2.5	2.1	1.8
EU	1.7	-0.4	0.3	1.7	2.4	2.0	2.0	1.8	1.8	1.8
世界合計	4.2	3.5	3.4	3.5	3.4	3.1	3.5	3.6	3.7	3.7

（出所）IMF, Eorld Economic Outlook Database.

第2節　アジア地域に共通する重要なトレンド・変化　*9*

図表 1-6　1 人当たり名目 GDP（日本との比較，2015 年）

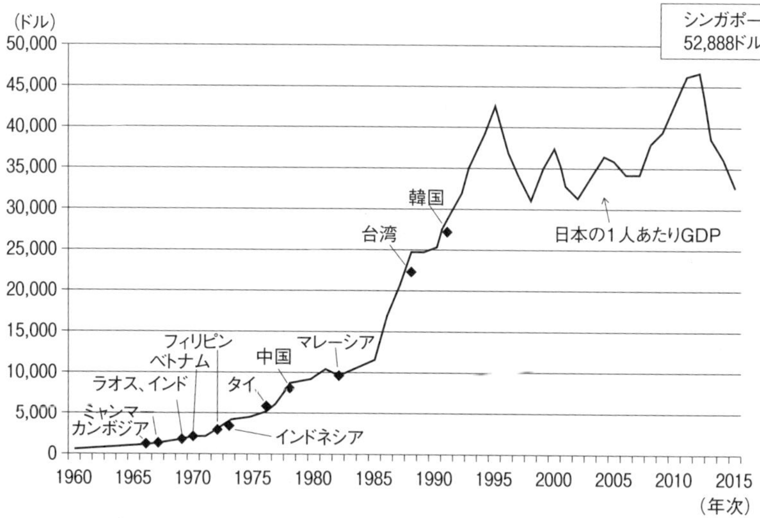

（出所）IMF データよりニッセイ基礎研究所斉藤誠研究員作成。

水準に止まるのと比較して，フィリピン，ベトナム，中国やインド等の 6-7 ％
に続き，多くのアジア諸国・地域で堅調な伸び率が見込まれている。中国は長
期間にわたる高成長の持続により，2010 年以来，経済規模（名目 GDP）でわ
が国を抜いて世界第 2 位の経済大国になっている。アジア各国の経済成長を反
映して生保市場も拡大しており，図表 1-1，1-2 に示されるようにアジア地域
の世界経済や世界生保市場におけるプレゼンスは大きなものとなっており，今
後の経済成長により生保市場はさらに拡大するものと考えられる。

　「1 人当たり GDP」という指標を用いて，各国の経済発展度が，日本の過去
の経済発展の歴史上のいつ頃の水準に当たるのかを考え，耐久消費財や保険を
含む各種サービスの普及がどのように進むかを推量するという手法がある。上
の図表 1-6 のように，日本の 1 人当たり GDP の推移をグラフ（縦軸：1 人当
たり GDP，横軸：年代）にして，それに各国・地域の現在の 1 人当たり GDP
をプロットする。例えば，インドネシアの水準は，日本の 1970 年代に当たる
というように考えるわけである。1 人当たり GDP の水準によって，産業や主
要製品・サービスの普及度合いが経験的にわかるので，インドネシアには，自

動車・家電などの製品や,大型ショッピングセンター,コンビニエンスストアなどの店舗形態が普及する時期にあるなどと推量する。これは「プロダクト・サイクル理論」や「雁行経済発展論」という理論に類似の考え方であると言えるが,各国のおかれた状況や市場発展のプロセスが,日本の過去のそれとは異なる面が多いことや,経済学における「後発性の利益」(後発国は先発国の技術・経験等を活用し,より急速に発展できる)にも十分留意すべきである。

2. 人口動態の変化と富裕層・中間層の増加

次に,経済の成長や保険市場の発展と密接な関連性を有する人口の増加と,富裕層と共に消費財やサービスの購買について大きな影響力を持ち「ボリュームゾーン」と称される中間層の増加傾向について述べる。

図表1-7によれば,世界人口(国連では2005年のアジアの人口約30億人が2050年には38億人に増加すると予測)の中で,アジアの占める構成比は大きく,中国が20%,インドが18%,ASEANが9%など世界人口の約5割のシェ

図表1-7 世界の人口構成とアジア諸国の人口ボーナス終了年

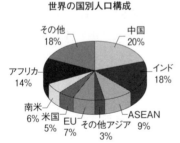

世界の国別人口構成

(出所) IMF「WORLD Economic Outlook」から作成。

	人口ボーナスが終わる年	1人当たりGDP
日本	1990	23,504
タイ	2010	8,740
シンガポール	2010	30,391
香港	2010	32,040
韓国	2015	27,724
中国	2015	9,722
マレーシア	2020	15,571
ベトナム	2020	4,763
インドネシア	2030	6,207
インド	2035	7,758
フィリピン	2040	12,289

(注) 1. 1人当たりGDPは購買力平価(2000年基準ドル)換算。
    2. 日本は実績値,それ以外は日経センター予測。
(出所) 小森隆夫(2007)「超長期予測 老いるアジア」(原出所:World Bank「World Development Indicators」)から作成。

アとなっている。同時に、国によっての高齢化の状況は大きく異なり、世界で最も高齢化が進みつつある日本に次いで、韓国やタイ、シンガポールなどでも高齢化が進行している。人口ボーナス（Demographic Bonus: 労働力増加率が人口増加率よりも高いことによって経済成長が後押しされること）という観点で、アジア諸国を見ると、日本について、タイ、シンガポール、香港、韓国では人口ボーナス期はすでに終了しており、中国も1人っ子政策による急速な高齢化の進行により、人口ボーナス期がほぼ終了期にあると考えられている。それら諸国では高齢化対策として医療・年金・介護などの制度が重要になるが、日本や先進諸国では、高齢化に至る前にそれらの基本的な制度が整備されているが、中国では、「未富先老」（豊かになる前に高齢化する）という言葉で表されるように、1人当たりGDPが約1万ドルの水準で、人口ボーナス期が終了

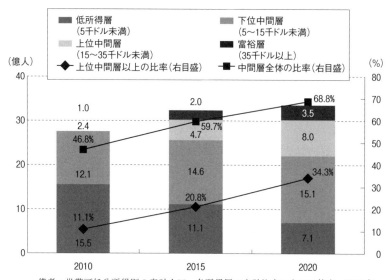

図表1-8　アジアにおける富裕層・中間層の増加見通し

備考：世帯可処分所得別の家計人口。各所得層の家計比率×人口で算出。2015年、2020年は Euromonitor 推計。
　　　アジアとは中国・香港・台湾・韓国・インド・インドネシア・タイ・ベトナム・シンガポール・マレーシア・フィリピン。
資料：Euromonitor International 2011 から作成。
（出所）経済産業省『通商白書2011』より。

すると推定されており，医療・年金・介護など未だ整備が不十分な段階にある官民の社会福祉制度・仕組み，各種サービスの拡充が同国の喫緊の課題となっていることがわかる。したがって，高齢化先進国である日本や日本企業にとっては，自らの経験やノウハウを，今後高齢化が進む多くの諸国で活用できる機会が大きいといえる。

また，人口の増加傾向の中で，アジア新興国の中間層（世帯可処分所得「5001ドル以上35000ドル未満」）が急増し，富裕層（同35000ドル以上）も増加することが見込まれている。具体的には，図表1-8のとおり中間層は，2010年の14.5億人が，2015年19.3億人，2020年23.1億人に増え，富裕層は2010年の1.0億人が，2015年2.0億人，2020年3.5億人に増加すると見込まれている。このことは，より高度な製品やサービスの販売市場が拡大する傾向にあることを示している。

3. 都市化の進行

各国では，都市化（人口の都市への集中化傾向）の一層の進行が予測されて

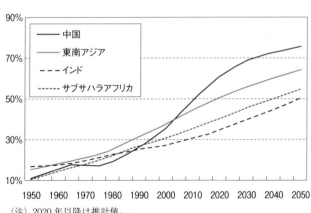

図表1-9　主要新興国・地域の都市化率

（注）2020年以降は推計値。
（出所）通商白書2016（元データはUnited Nations Urbanization Prospects）。

おり，従来の大家族制から都市在住の核家族化が進む中で，生活様式の近代化と耐久消費財や保険等サービス商品の購買が増加すると考えられている。また都市の発展も，首都や大都市だけでなく，それに次ぐレベルの都市へと移行していくパターンもみられている（例えば，中国で，直轄市，省都，1級都市から2・3級都市へと発展が向かうという現象が生じている[3]）。

4. ASEAN 統合の進行

東南アジア10カ国から成る ASEAN[4]は，1967年の「バンコク宣言」によって設立された東南アジアの地域協力機構である。設立の目的は，域内の経済成長ならびに社会・文化的発展の促進，地域の政治・経済的安定の確保，域内諸問題の解決であった。1967年の原加盟国はタイ，インドネシア，シンガポール，フィリピン，マレーシアの5カ国で，1984年にブルネイが加盟後，加盟国が順次増加し，現在は10カ国で構成されている。毎年首脳会合の他，閣僚会合や高級事務レベル会合等を開催し，政治・安全保障，経済，社会・文化，対外諸国との関係等，幅広い議論を行っている。設立当初は，比較的ゆるやかな協力形態であったが，中国やインドの台頭，WTO体制の停滞，1990年代後半からのアジア通貨・金融危機などの国際情勢を受け，より強固な共同体構築の機運が高まってきた。その後は，「政治・安全保障共同体（APSC）」，「経済共同体（AEC）」，「社会・文化共同体（ASCC）」から成る「ASEAN共同体」を設立することで合意し各共同体は2015年末に発足が宣言された。その流れの中で，ASEANは，域内の経済協力の推進を図り，地域経済協力を推進し域内自由貿易に向けての動きを強めてきており，ASEAN自由貿易地域（AFTA）構想による域内の関税障壁および非関税障壁の撤廃等による貿易自由化，競争力強化，域内経済の活性化に注力しており，サービス分野などでも自由化への取組みが行われている。

ASEAN経済共同体（AEC）は，経済・産業面での基盤となるものであり，域内における貿易や投資を拡大させ，金融・資本市場の発達を促すことなどを目的としている。その進捗度合いには，各分野や項目によるバラツキが見られている。貿易自由化・円滑化については，AFTA等の推進により，2016年1

月時点の ASEAN10 カ国平均の関税撤廃率は 96％に達しており，さらに後発加盟国 4 カ国も含めて，2018 年までに 100％撤廃の予定である。一方，非関税障壁，保険業を含むサービスの自由化などその他の分野の多くについては進捗の遅れが指摘されており，今後の動向が注目される。

5. 外資参入規制の動向

特に 90 年代からの経済発展の中 NIES4・ASEAN など多くの国・地域では，保険企業も含めた外資企業への市場開放が進展し，出資規制の緩和や新たな事業免許の交付などが行われた。その後も，97-8 年のアジア通貨・金融危機で大きな経済的ダメージを被ったタイ・インドネシア・韓国における保険市場の回復や経済構造の強化に当たって外資企業の力を活用するとの観点，中国・ベトナムの WTO 加盟約束の履行を典型例とする市場開放の観点から外資規制の緩和が進み，外資保険企業のプレゼンスがより拡大した。さらに将来に向けての市場としての重要度が増す中，依然として外資出資規制や国内の進出地域

図表 1-10　外資出資規制の動向

香港	制限なし
台湾	制限なし
韓国	制限なし
シンガポール	制限なし
タイ	49％
マレーシア	70％
インドネシア	80％
フィリピン	制限なし
ベトナム	制限なし
中国	内国法人へは 24.9％，合弁企業は 50％
インド	49％

（注）表中の比率は原則であり，特別な場合には，政府の
　　　特例的な認可等により，それを超えた比率での保有が
　　　認められる場合がある。
（出所）各国保険法，報道資料等より筆者作成。

規制（図表 1-10 参照）が残る中国・インド市場等での緩和動向や ASEAN 経済共同体（AEC）における域内に既存拠点を有する企業の域内他国での出資比率規制の取り扱いなどが注目される。また法規制の条文では外資企業の参入が認められていても実際の事業免許の取得には制限が課せられたり，一定時期を経過すると新規の免許取得が困難になったり，外資出資規制が，多くの場合に先行参入者は既得権者の例外としつつ強化されるという事例も見られる。この観点からも先に市場に入り免許を取得することのメリットや，新規に免許が付与されない場合には既存の企業の買収や出資（M&A 手法）による参入が必要とされる場合がある。この外資規制を含めた各種の法規制の動向は，保険企業の経営に大きな影響を与えうるので，政府・業界関係者との人脈や関係の構築等による情報の収集などが重要になろう。

6. 保険商品面の変化

　投資型商品は，リーマンショックや世界的な景気後退期に入り，域内の多くの市場で，それ以前の販売過熱傾向は落ち着きを見せ，過去のような極端な伸びはみられなくなっているが，今後も富裕層・中間層の顧客層を中心に着実な販売の伸びと普及が進むものと見込まれている。当該所得者層については，所得・生活水準の向上や核家族化の進展に伴って，保障商品，貯蓄商品，年金商品への加入への積極化や契約金額の高額化も進行すると考えられる。またアジアの諸国は子女教育に熱心なことで知られており，多くの人々は積極的に学資の貯蓄に努めており各層で教育資金の積立を目的とする保険の普及が進むと見られる。他方，低所得層についても各国の経済発展により所得水準が次第に上昇しており，少額の保険商品（マイクロインシュアランス：小口保険）の普及が進む可能性が大きい。このようなアジア地域における商品開発や販売手法を検討するに当たっては各国における経済発展の度合い，顧客層の変化とニーズの違いを十分に考慮すべきと考えられている。この点に関し，中国・インドが典型例であるが，同じ国の中に様々な所得階層や嗜好・ニーズを持った人々やグループが，相当大きな人口のクラスター（グループ）として存在し，保険販売に当たっては，ターゲット市場とその特性・特徴を理解し，それぞれに合っ

た商品をそれぞれに適した販売網で提供することが重要である。さらに，すでに多くの諸国では欧米日等の有力保険企業が参入しており，それらが伝統的な生保商品のみならず，ユニット・リンク型（投資信託的な機能を持つ投資型保険商品），ユニバーサル型商品，特定疾病保障商品など，より進化した商品やバンカシュアランス（銀行による保険販売），ダイレクト・マーケティング（電話やインターネットによる販売や通販等）などの近代的な保険商品・販売手法を導入しており，アジアの新興国生保市場が，いわば先進国の保険企業による競合の場ともなっていることにも留意が必要である。またマレーシア・インドネシア等イスラム教徒の多い国ではタカフル（イスラム教の教義に合致した保険商品）が，インド・インドネシア・フィリピンなどの低所得層にはマイクロインシュアランスも重要な位置づけを有している。

7. 保険販売網の変化

販売網では，専属エージェント（保険販売者）とバンカシュアランス（銀行による保険販売）が依然としてその動向の中心になると見られている。前者については，地場有力保険企業に典型的であった，数の優位に頼り，専門性・生産性の低い販売網は，生保市場の発展・近代化傾向の中，顧客のニーズが多様化・高度化する中では，そのトレンドにフォローできず弱体化し淘汰される可能性が大きく，代って外資有力企業が先導する形でそのレベルアップが進行しつつある。他方，バンカシュアランスは各市場で急速な伸びを示しており，多くの市場で新契約の30-50％水準のシェアとなっている。上記以外の新チャネル・代替的チャネル（ブローカー，ダイレクトマーケティング，小売店舗を通じた販売など）については，短期間で市場における大きな存在とはならないものと考えられるが，利便を感じたり，ニーズを有する顧客層への対応として着実に増加すると見込まれている。そこでは，ノウハウ・経験に優れた外資企業がICTの活用やコールセンターの運営ノウハウなどで先導するケースが多いと考えられる。

図表1-11 各国の生命保険販売チャネルの状況（2013年）

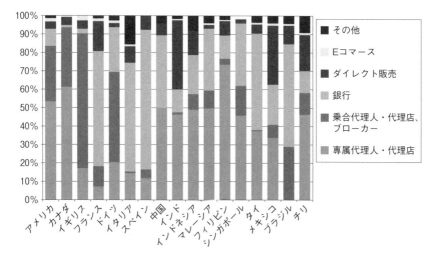

（注）個人生命保険，団体生命保険，個人年金，団体年金の新契約保険料に基づく。
（出所）Timetricの"Life Insurance in the US, Key Trends and Opportunities to 2018"他，同シリーズの各国版に掲載されたデータによりニッセイ基礎研究所松岡主任研究員が作成。

第3節　今後のアジア生命保険市場における展望

　アジア地域においてさらなる経済発展と保険市場の拡大が見込まれるとの観点については，スイス・ミュンヘンの2大再保険会社，国際的なコンサルティング会社・会計事務所等の諸機関による予測や，業界紙の報道など数多い。
　その中で，ミュンヘン再保険の『Insurance Market Outlook』（2016年5月公表）には，2016年から2025年までの予測が示されている。それによれば，同期間の生命保険料増収額の約5割を新興国市場が占めるとの予測で，特に，その大宗を占めるアジア新興国（除NIES4）では，この期間の保険料増収率の年率平均（CAGR）が10.2％と最も高成長が見込まれている。また国別では，上記10年間の増収額（世界計）の内，中国が21.9％，インドが6.4％を占める。国別の保険料増収率の年率平均のランキングでは，中国が11.1％とトップ，2位がインドネシア（10.1％），さらにフィリピン（8.3％：5位），インド（8.1％：

6位),タイ (7.1%, 9位),マレーシア (5.2%,11位),シンガポール (3.5%: 13位) とアジアから7カ国が上位15市場にランクイン入りしている(その他は,UAE (10.0%:3位),ブラジル (8.4%:4位),ポーランド (7.2%:7位),コロンビア (7.2%:7位),メキシコ (6.7%:10位),イスラエル (3.8%: 12位),フィンランド (3.4%:14位),ノルウェー (3.4% (14位) である)。

　アジア生保市場の中長期的な成長要因としては,経済成長下での富裕層・中間層の増加と都市化の進行によって,生活水準が向上し生活スタイルが変化・近代化することにより,保険に対する意識や関心が高まることが考えられる。その結果,生活防衛のための保障性商品(医療保険を含む)へのニーズの増加,資産運用ニーズ対応としての投資・貯蓄関連商品の重要度の増加が予期される。マレーシア・インドネシア等ではイスラム保険(タカフル)の普及も進行しよう。さらに,人口ボーナス期が終わり高齢化に向かう中国やタイなどでは年金など退職準備商品へのニーズが強まるものと予想される。ASEAN主要国においては,現状未だ低水準の保険普及率の増加傾向が一気に加速するものと考えられる。このような環境において,各国政府は,民間保険の重要性を認識し,その市場発展を促し支援するものと見られる。その典型事例が中国であろう。同国政府(国務院)は,2020年までに生損保併せた保険料のGDP対比

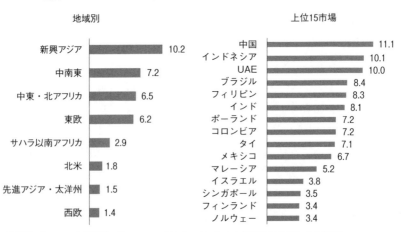

図表1-12　2016－2025年の期間における生命保険料の増収率(年平均%)

(出所)ミュンヘン再保険「Insurance Marker Outlook」(2016年5月)より作成。

第3節 今後のアジア生命保険市場における展望　19

図表1-13　生損保元受保険料の地域別構成比の変化

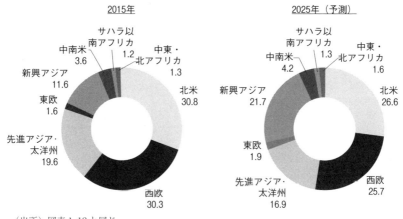

（出所）図表1-12と同じ。

図表1-14　生損保元受保険料の国別ランキングの変化

2005年		2015年		2025年（予測）	
米国	846	米国	1,152	米国	1,579
日本	323	日本	413	中国	1,090
英国	285	中国	348	日本	526
フランス	179	英国	299	英国	411
ドイツ	158	フランス	208	フランス	284
イタリア	110	ドイツ	194	ドイツ	224
韓国	68	韓国	151	イタリア	217
カナダ	63	イタリア	147	韓国	215
スペイン	49	カナダ	102	ブラジル	173
中国	48	台湾	85	インド	149
オランダ	48	オーストラリア	79	カナダ	128
オーストラリア	41	オランダ	75	台湾	120
台湾	39	インド	67	オーストラリア	112
ベルギー	34	ブラジル	59	オランダ	98
スイス	34	スペイン	57	スペイン	81

（出所）図表1-12と同じ。

の割合を，2014年の3.3％から2020年に5％に引き上げるという意欲的な目標を掲げており，その達成のためには，2014年から20年までの期間に毎年17％の増収率が必要とされる。

[注]

1）韓国，香港，台湾，シンガポール（NIES4：NIES（Newly Industrializing Economies）は新興工業経済地域），ASEAN5（マレーシア，タイ，インドネシア，フィリピン，ベトナム，ASEAN（Association of South East Asian Nations）は東南アジア諸国連合），中国，インドの11カ国・地域。

2）2016年の名目GDPで，アジア11カ国・地域の世界合計に占める構成比は23.8％となっている。

3）直轄市は北京市，上海市，天津市，重慶市，省都は，例えば広東省においては広州で，深圳と共に1級都市，2級都市は東莞，3級都市は恵州，佛山，中山などとされる。

4）2015年時点で，人口は6.3億人（中国の13.8億人，インドの12.9億人に次ぎ，EUの5.1億人より多い），経済規模（名目GDP）2.4兆ドル（日本の4.1兆ドルの約6割の水準で，カナダと同規模），1人当たりGDP（平均）が3867ドルであり，輸出入を合わせた貿易総額は2.3兆ドルとなっている。経済規模はわが国に比べ小さいものの，その伸びは大きく，例えば名目GDPと1人当たりGDPは，2010年と2015年の対比で，それぞれ1.3倍，1.2倍となっている。一方，各国の経済規模や成長度には大きなばらつきがある。

[主要参考文献]

上田和勇（1999），『東アジア生命保険市場』生命保険文化研究所。

塗明憲（1983），『国際保険経営論』千倉書房。

日本保険学会（2012），「パネルディスカッション」同学会『保険学雑誌』第616号。

庭田範秋（1992），『保険経営学』有斐閣。

野村秀明（2012），「損害保険会社の海外事業展開」日本保険学会『保険学雑誌』第616号。

平賀富一（2016a），『生命保険企業のグローバル経営戦略』文眞堂。

平賀富一（2016b），「アジア生命保険市場の動向・展望と重要点」『保険・年金フォーカス』2016年7月19日，ニッセイ基礎研究所。

平賀富一（2016c），「損保国際化への期待と課題」『週刊東洋経済 生保・損保特集2016年版』74-75頁，東洋経済新報社。

平賀富一（2017），「現地化が進む本邦大手損保グループのアジア展開」『関西学院大学産業研究所産研論集』第44号，1-7頁，関西学院大学。

松岡博司（2015），「市場成熟度がチャネルを規定 成熟国は乗合と規制強化へ」『週刊東洋経済 臨時増刊2015年版 生保・損保特集号』30-31頁，東洋経済新報社。

松岡博司（2016），「生保海外買収の背景」『週刊東洋経済 臨時増刊2016年版 生保・損保特集号』32-33頁，東洋経済新報社。

Hymer, S.（1960），*The International Operations of National Forms: a Study of Direct Foreign Investment*, doctoral dissertation, MIT Press（pub. in 1976）.（宮崎義一編訳，『多国籍企業論』岩波書店，1979年。）

Hymer, S.（1970），"The Efficiency（Contradictions）of the Multinational Corporation," *American Economic Review*, May.

IMF, *World Economic Outlook Database*（2017年4月）。

Ins Communications, *Asia Insurance Review* 各号。

Munich Reinsurance Company（2016），*Insurance Market Outlook*（http://www.munichre.com/）

OECD（1999），*Insurance regulation and supervision in Asia*.

Perchthold, G. and J.Sutton（2009），"The Changing Competitive Landscape in Asia," *Asia Insurance Review*（November 2009），Ins Communications.

Stephan B. and Joseph L. N.(2009), *Life Insurance in Asia*, John Wiley & Sons (Asia)。

Swiss Reinsurance Company, *Sigma* (No.6/2001, No.3/2012, No.2/2016. No.3/2016.) 等各号。

Timetric 社データベース。

Turner, M and D. Alexander (2012), "Asia Pacific Mortality Protection Gap- The Time for Action Now," *Asia Insurance Review* (February 2012), Ins Communications.

Vernon, R. (1966), "International Investment and International Trade in the Product Cycle," *Quarterly Journal of Economics*, May.

(注)本章脱稿後に,上記参考文献の最新号が公表されており,直近データについてはそれらを参照いただきたい。

Munich Reinsurance Company (2017), *Insurance Market Outlook*.

Swiss Reinsurance Company (2017), *Sigma* (No.3/2017).

　上記直近データを踏まえた拙文は下記のとおり。

平賀富一 (2017),「アジア生命保険市場の概況・展望」『保険・年金フォーカス』2017 年 7 月 18 日,ニッセイ基礎研究所。

（平賀　富一）

第 2 章

中　　国

はじめに

　中国経済は大きな転換期を迎えている。1978 年に改革開放に乗り出した中国（中華人民共和国）は，工業化を進めて年平均 10％の高成長を遂げた。経済規模を示す GDP は 1978 年の 3679 億元から 2016 年には 74 兆 4127 億元へと 200 倍となった。経済的な豊かさを表す 1 人当たり GDP を見ると，1978 年には世界ワースト 3 に甘んじていたが，現在は中央値を若干超える中進国の水準となっている（2016 年約 8100 ドル）。

　しかし，経済的に豊かになった反面，製造コストが上昇し，これまでの経済モデルは国際競争力を失い，経済成長のスピードは 6％台に急減速した。そして，これまでの成長モデルを改革し，新たなモデルを構築しようとする構造転換の渦中にある。その柱として期待される産業の一つに生命保険業がある。

　現在の生命保険市場を見ると，生命保険としての本来的機能が十分に発揮されているとは言いがたい。生命保険料収入を見ると，10 年前の 4132 億元から 2016 年には 2 兆 2235 億元と約 5 倍に急増したが，GDP 比でみると約 2％に過ぎず，約 8％に達した日本の生命保険市場に比べると普及度は極めて低い。また，生命保険販売の中心は養老保険などの貯蓄性商品が主流であり，死亡保障や医療保障など生命保険の本来的機能に着目した商品の販売はまだ少ない。

　一方，中国社会を見ると，工業化の進展とともに農村から都市への人口移動が起き，伝統的な家族制度が崩れて核家族化が進んでおり，改革開放とほぼ同時に導入された 1 人っ子政策の影響で少子高齢化が進展している。加えて，社会保障に関する財政支出が急速に増加しており，今後，政府による給付内容のさらなる充実化もそれほど期待できる状況にない。医療，介護，死亡保障など

自分の家族を自分で守るための本来の生命保険に対するニーズは，今後さらに高まりそうだ。

第1節　政治・経済・社会

1. 国家の概況，政治・社会の動向等

　中国は正式名称を中華人民共和国（People's Republic of China）といい，1949年10月1日に建国，首都は北京市である。ユーラシア大陸の東に位置し，国土は約960万km²とロシア，カナダに次ぐ世界第3位の面積を有する。大部分は四季の区分が明確な温帯に属し，東部には広大で肥沃な沖積平野が広がるが，西部にはパミール高原やタクラマカン砂漠など厳しい気候の地域が多い。

　国境線は2万2800kmにおよび，北朝鮮（朝鮮民主主義人民共和国），ロシア，モンゴル，カザフスタン，キルギスタン，タジキスタン，アフガニスタン，パキスタン，インド，ネパール，ブータン，ミャンマー，ラオス，ベトナムの14カ国と国境を接するほか，特別行政区である香港とマカオの間にも境界線がある。陸上ではインドやブータンとの間で，海上ではフィリピン，ベトナム，マレーシア，韓国などとの間で領土問題を抱えている。

　人口は約13億8000万人で，9割超を占める漢民族と，チワン族，満族，回族，ミャオ族，ウイグル族など55の少数民族で構成される。宗教は仏教，イスラム教，キリスト教，チベット仏教（ラマ教）などだが，宗教信者は1億人余りと少ない。標準語は漢語（普通語）だが上海，広東など各地には多くの方言があり，少数民族が使うチワン語，ウイグル語，モンゴル語，満州語などもある。

　政治体制は人民民主共和制とされており，国家権力機構としては国会に相当する全国人民代表大会（全人代），元首に相当する国家主席（現在は習近平）があり，行政機関として内閣に相当するは国務院，司法機関として最高裁に相当する最高人民法院と最高検に相当する最高人民検察院がある。また，軍機関

24　第2章　中　国

として国家中央軍事委員会が置かれている。また，地方政治は省級，地級，県級，郷級の4層構造となっており，最上層の省級は22の省（台湾を除く），5つの自治区，4つの直轄市（北京，上海，天津，重慶）からなる。この政治体制を実質的に支配しているのが中国共産党（同国憲法において国家を指導する存在と規定されている）である。最高決定機関は5年に1度開催される全国代表大会であり，平時はそこで選出される中央委員会が最高指導機関となる。現在そのトップである中央委員会総書記を務めるのが習近平である。

2.　経済・金融動向

　中国の経済規模を示す名目国内総生産は74.4兆元（約11.2兆ドル）と，米国に次ぐ世界第2位，日本の約2.3倍となっている。他方，経済的な豊かさを示す1人当たりGDPは53980元（8113ドル）と，世界190カ国・地域の中で74位と中央値よりやや上に位置し，日本の5分の1程度の水準に留まる。

　2016年の実質国内総生産（GDP）の成長率は前年比6.7％だった。1978年の改革開放後30年余りに渡って年平均10％程度の高成長を遂げてきたが，2012年には7％台へ，2015年には6％台へと成長率が鈍化してきた。その背景には，長らく続いた1人っ子政策の影響で生産年齢人口（15-64歳）が減少に転じたことに加え，従来の成長モデルが限界に達したことがある。

　文化大革命を終えて改革開放に乗り出した中国は，鄧小平の指導の下，外国資本の導入を積極化して工業生産を伸ばし，輸出で外貨を稼いだ。稼いだ外貨は主に生産効率改善に資するインフラ整備に回され，世界でも有数の生産環境を整えた。この優れた生産環境と安価な労働力を求めて，工場が世界から集まって中国は「世界の工場」と呼ばれるようになった。こうして高成長を遂げた中国だが，経済発展とともに賃金も上昇，また中国の通貨（人民元）が上昇したこともあって製造コストは急上昇，製造拠点が後発新興国へ流出し始めたことで，経済成長の勢いは鈍化した。中国政府は「新常態（ニューノーマル）」という旗印を掲げ，外需依存から内需主導への体質転換，労働集約型から高付加価値型への製造業の高度化，製造業からサービス産業への構造転換を進めて，円滑に安定成長へ移行することを目指している。これに伴って，第13次

5 カ年計画（2016-20 年）では成長率目標を「6.5％以上」へ引き下げている。

　経済発展に伴って産業構造も変化してきた。農業など第 1 次産業のシェアは改革開放時の 30％前後から 2016 年には 8.6％まで低下した。従来の柱だった第 2 次産業は改革開放から 2014 年まで長きに渡り 45％前後だったが 2016 年には 40％を割り込んだ。将来の柱と期待される第 3 次産業は改革開放時の 25％前後から 2016 年には 51.6％まで増え存在感を高めている。なお，就労者は 8 億人弱で，第 1 次産業と第 2 次産業が約 3 割，第 3 次産業が約 4 割を占める。

　中国の通貨は人民元（RMB と表記される）で，その金融政策は中央銀行の中国人民銀行が担っている。金融各業態の監督管理に関しては，銀行は中国銀行業監督管理委員会，証券は中国証券監督管理委員会，保険業は中国保険監督管理委員会と分担されている。中国の金融は銀行を介した間接金融が主流で全体の約 7 割を占め，中国 5 大銀行（中国工商銀行，中国建設銀行，中国銀行，中国農業銀行，交通銀行）が主要プレーヤーとなっている。ただし，金融自由化が進む中で，債券や株式の残高が増加，日本の投資信託に似た枠組みである理財商品も増えている。また，外貨管理は中国人民銀行管轄下にある国家外貨管理局が担っており，為替レートは通貨バスケットを参考とした管理変動相場制を採用している。証券取引所は上海（1990 年 12 月）と深圳（1991 年 7 月）の 2 カ所に設立されており，両市場を合わせた時価総額は 2016 年末時点で約 50 兆元である。

第 2 節　生命保険略史

　中国における近代保険業の歴史は，イギリスの東インド会社が開港地の広州に「広州保険会社」（Canton Insurance Society）を設立した 1805 年に端を発する。日本の近代保険業の始まりを横浜港で外国保険会社・支店による保険の引受を開始した 1859 年とすると，中国の近代保険業は日本よりも半世紀ほど早くスタートしていることになる。

　19 世紀，列強が中国に進出する中で，中国ではイギリスを中心に外資先導

で保険事業の発展が進んだ。1930年代は上海を中心に保険業が最も盛んだった時期で，当時，上海だけでも英・米・加・蘭・日本などの外資系保険会社がおよそ130社，国内系保険会社が30社あまり存在し，外資系保険会社は圧倒的なシェアを占めていた。

しかし，1949年に中華人民共和国が設立され，共産党の政権下になるとその様相は一変する。共産党政府は内外を問わずおよそ200社を統合し，国営の中国人民保険公司（PICC）を設立，事実上，同社1社による独占市場とした。それまで圧倒的なシェアを占めていた外資系保険会社のシェアは縮小し，1952年には完全な撤退を余儀なくされた。独占市場となったPICCは生損保兼営で取扱業務を拡大した。しかし，1958年，全国の人民公社化やそれに伴う保険不要論の煽りを受け，必要最低限の国外業務を除いて，約20年間，事実上，業務停止状態となった。

1979年になると改革開放政策にともなって，PICCは国内引受業務の一部を，1982年にはすべての業務を再開した。保険市場を対外開放する前にまず自国の保険会社の設立や市場参入を優先したこともあって，平安保険公司，太平洋保険公司の設立など国内系保険会社の設立が相次いだ。外資系保険会社については，政府と交渉の末，1992年にAIG（現AIA）が外資として最初に許可を取得した。以降，WTO加盟に向けた諸外国との交渉とともに，営業許可が発給され，現在に至っている。

第3節　保険監督体制

1.　保険監督官庁

中国において，保険事業に関する監督官庁は，中国保険監督管理委員会（英語名：China Insurance Regulatory Commission：CIRC，略称：保監会）である。保監会は，1998年11月，国務院による銀行・証券・保険の金融3事業の分業推進，保険事業のさらなる発展のため，それまで監督官庁であった中国人民銀行の保険司を発展的に解散し，設立された。

保監会は，国務院直属の行政機関である。国務院より，保険関連法・法規に
基づいて全国の保険市場を監督し，保険事業の合法かつ安定した運営を維持す
るよう，権限を委託されている。

各地方に，出先機関である36の保険監督管理局（保監局），さらに5都市に
保監分局を設置し，全国の市場の監督・管理体制を構築している。

保監会の主な任務は以下のとおりである（図表2-1）。

図表2-1　中国保険監督管理委員会の主な任務

① 保険事業の成長に関する政策・戦略・計画の策定 　保険事業の監督に関する法律，法規，規定の起草
② 保険会社やその支店，保険グループ・持ち株会社の設立の審査・許可など
③ 保険会社の上級管理者の資格の審査・認定，保険業従事者の基本資格の基準制定
④ 公益性保険，強制保険，新型商品など生保商品約款・保険料率の審査・許可，その他の商品 　の届け出管理
⑤ 保険会社の支払余力，市場行為について監督 　保険保障基金の管理，保険保証金の監督 　保険会社の保険資金運用に関する規定や制度の制定，運用に対する監督
⑥ 政策性保険，強制保険の監督・管理
⑦ 保険会社，保険業従事者による不正競争などの違法，違反行為に対する調査，処罰
⑧ 国内の保険及び非保険会社による国外での保険会社設立に対する監督
⑨ リスク評価・早期警戒・コントロール体制の構築，保険市場のマーケット動向について分析・ 　モニタリング・予測の実施 　全国保険業界に関するデータ・報告書の統一編集，開示
⑩ 国務院より授権されたその他の事項

（出所）保監会ウェブサイトより作成。

2. 監督・管理法，根拠法規

中国おける保険監督は，「中華人民共和国保険法」（保険法）および保監会の
行政措置などに基づいて，実施されている。

中国の保険法は，保険契約法，保険業法の内容を内包しており，内容は，総
則，保険契約，保険会社，保険経営規則，保険代理人および保険ブローカー，
保険業の監督・管理，法的責任，附則の8章・185条で構成されている（図表
2-2）。

28　第2章　中　国

図表 2-2　中華人民共和国保険法の主な内容

	章	節	該当条文	主な内容
	第1章	総則	−	1-9条	趣旨, 定義, 適用範囲, 保険活動の原則, 信義・誠実の原則, 保険事業主体の範囲, 保険加入の制限, その他金融機関との分業経営・分業管理, 保険監督管理機関
「保険契約法」に相当	第2章	保険契約	一般規定	10-30条	定義, 契約締結の原則, 被保険者利益と保険の目的, 保険契約の成立・双務契約, 保険契約者の解約権・告知義務, 保険者の説明義務, 保険契約の記載事項, 保険契約条項の無効・変更, 保険事故の通知, 保険事故に関する証明・資料の提出, 保険金の査定と支払, 損害填補または保険金支払の拒否・先行支払, 時効, 保険金の不正請求, 再保険の定義・禁止行為, 保険解約の解釈原則
			人身保険契約	31-47条	被保険者利益, 年齢の不実告知, 責任無能力者の死亡保険, 他人の死亡保険, 保険料の支払方法, 保険料不払への対応, 契約の復活, 保険料請求方法の制限, 保険金受取人の指定・変更, 複数の保険金受取人の指定, 被保険者の遺産となる保険金の相続, 契約者の故意による被保険者死亡など際の保険者の免責と保険料の返還, 被保険者の自殺による保険者の免責, 被保険者が故意に犯罪を引き起こしたことによる保険者の免責, 第三者に対する求償権, 解約と保険料の返還
			財産保険契約	48-66条	填補請求の制限, 保険の目的の譲渡, 解約禁止の契約, 被保険者の安全規定遵守の義務, 保険目的の危険増加, 保険料の減額, 解約の保険料と返還, 超過保険と一部保険, 重複保険, 損害防止義務, 分損後の解約, 残存物代位, 請求権代位, 被保険者の第三者に対する請求権の放棄, 請求権代位の禁止, 請求権代位に対する被保険者の義務, 事故調査費用, 責任保険, 訴訟費用の負担
「保険業法」に相当	第3章	保険会社	−	67-94条	設立の審査・許可, 設立の条件・申請, 最低資本金, 審査期間, 設立準備期間, 開業申請, 分支機構の設置, 保険経営許可証の失効, 海外子会社・分支機構の設置, 外国保険業による国内における代表処の設置, 代表処の経営活動の制限, 董事・監事・上級管理者の就任条件・就任禁止条件, 損害填補責任, 変更事項の許可, 保険数理報告制度・コンプラ報告制度の確立, 帳簿・原始帳簿などの保管, 保険会社の解散（生保会社は分割・合併による解散を除き, 解散不可）・更生・破産清算, 債務弁済の順位, 生命保険会社の宣告破産・営業の終了
	第4章	保険経営規則	−	95-116条	業務範囲, 再保険, 保証金の供託, 法定準備金の積立, 保険保障基金の管理, 保険会社の支払余力, 危険ユニットの区分方法・超過リスクへの再保険の強制加入, 資産運用, 保険会社による資産管理会社の設立, 関連取引情報・重要事項の開示, 利益相反取引の禁止, 保険約款と保険料率, 不正競争防止法, 保険会社・従業員の禁止行為
	第5章	保険代理人及び保険ブローカー	−	117-132条	定義, 代理店・ブローカーの許可証要取得・登録資本金, 上級管理者の条件, 個人代理人など販売員の要専門知識, 代理店・ブローカーの経営場所・収支状況に関する帳簿設置・保証金の供託, 個人代理人の一社専属・委託代理契約の締結, 代理行為の責任とその制限, 保険ブローカーの過失, 保険査定機構による保険事故の評価・査定, コミッション支給の個人代理人限定, 禁止行為
	第6章	保険事業の監督・管理	−	133-157条	保監会による監督・管理の法的根拠, 公共性保険商品・強制保険・新型商品の認可可, その他の商品の届け出制, 保険約款と保険料率の規定違反への措置, ソルベンシーの監督・管理, 支払力不足の保険会社への措置, 責任準備金・再保険・資産運用規定違反への措置, 是正命令違反への措置, 保険会社の接収・更生・破産清算, 株主・実質的支配者による情報・資料の提出, 重大リスク発生時の措置, 保監会による検査・調査
	第7章	法的責任	−	158-179条	違法な営利活動についての罰則, 無許可代理への罰則, 業務範囲外の保険事業への従事に対する罰則, 販売禁止行為違反への処罰, 超過保険・責任無能力者の死亡保険の引受に関する罰則, 保証金積立・責任準備金・再保険加入・資産運用・無許可による支店設置への罰則, 不実の報告・情報開示についての罰則, 監督検査拒否・妨害についての罰則, 違反行為による保険会社への処罰に加え担当役員・直接担当者への処罰・個人代理人違反行為への処罰, 外国保険機構による代表処の無許可設置・代表処による無断経営活動への罰則, 民事責任, 違反者に対する保険業従事の禁止, 刑事責任の追及
	第8章	附則	−	180-185条	保険業協会への加入義務, 外資系保険会社への適用, その他法律の適用, 施行開始

（出所）当研究所にて作成。

また，監督・管理は，保険法に加えて，政令レベルの行政法規（国務院令），保監会が発した省令レベルの部門規章（保監会令），通知等が適用される。

保険法は，1995年6月に全人代常務委員会にて採択され，10月から施行された。これまでWTOへの加盟，外資への市場開放，保険市場の急速な成長とともに，2002年，2009年，2014年，2015年に，改正や一部修正が行われている。

3. 保険会社の設立

保険会社を設立するには，保監会へ設立の申請を行い，同会の審査・許可を得る必要がある（保険法67条）。設立の条件は，「保険法」68条によると，以下の要件を満たす必要がある。

① 主要な株主が持続的に利益を上げる能力を備えており，信用状態が良好で，直近3年間に重大な違法行為に係る記録がなく，純資産が2億元を下回らないこと
② 保険法および中華人民共和国会社法の規定に合致する定款があること
③ 保険法の規定を満たす登録資本金（最低資本金額は2億元）を有すること
④ 職務に関する専門知識および業務経験を持つ董事，監事，上級管理者を有すること
⑤ 健全な組織・機関および管理制度を有すること
⑥ 条件を満たす営業場所および業務を経営する上での施設を備えていること
⑦ 法律，行政法規，保監会が定めるその他の条件を満たしていること

保監会が申請書を受理，審査後，設立を許可した場合，申請者は設立許可の通知を受け取った日から1年以内に準備を完了し，保監会に開業の申請を行う（72条，73条）。保監会が開業の許可を決定した場合，保険業経営許可証を交付し，開業が可能となる（73条）。

支店の設置や外資系保険会社の事務所の設置も同様に，保監会へ申請し，審査，許可を得る必要がある（74条，79条）。

30 第2章 中　国

4. 保険業務の範囲

中国の保険は，人身保険と財産保険に分類される。

このうち人身保険とは，人の生命および身体を保険の目的とする保険をいう（保険法 12 条）。人身保険業務は，① 人寿保険（定期保険・終身保険・両全保険（生死混合保険）），② 年金保険（養老年金保険を含む），③ 健康保険（疾病保険，医療保険，失能収入損失保険（所得補償），介護保険など），④ 傷害保険の保険業務を対象としている。

一方，財産保険は，財産およびそれと関連する利益を保険の目的とする保険をいう（12 条）。財産損失保険業務は，財産保険，責任保険，信用保険，保証保険などの保険業務を対象としている（95 条）。

中国では人身保険と財産保険の兼営が原則的に禁止されている（95 条）。生命保険会社は，人身保険以外に，疾病保険や傷害保険も固有の保険業務として行うことができる。一方，財産保険会社は，保監会の許可を得て，短期の健康保険および傷害保険を経営することが可能となっている（95 条）。

なお，保険会社は，保監会の許可を得ることを条件に，再保険を営むことも認められている（96 条）。

第4節　保険会社の諸規制

1. ソルベンシー規制

中国では，2016 年 1 月より，EU のソルベンシー II を援用した「3 本の柱」（第 I の柱：定量的要件，第 II の柱：リスクの定性評価，第 III の柱：市場規律）に基づき，リスク・ベースの新たなソルベンシー規制 C-ROSS（China Risk Oriented Solvency System）に正式に移行した（図表 2-3）。

中国では，2001 年にソルベンシー規制に関する簡易的な監督方針が初めて導入された後，順次高度化され，2008 年には支払余力に重点を置いた規制（旧ソルベンシー規制）が整備された。

図表2-3 新たなソルベンシー規制の枠組

C-ROSS		
第Ⅰの柱〔定量的要件〕	**第Ⅱの柱〔リスクの定性評価〕**	**第Ⅲの柱〔市場規律〕**
リスクの定量化	**定量化が困難なリスクの評価**	
・保険リスク ・信用リスク ・市場リスク	・オペレーショナルリスク ・戦略リスク ・レピュテーションリスク ・流動性リスク	
監督・管理手法	**監督・管理手法**	**監督・管理手法**
・リスクベースの最低資本要求 ・実際資本の評価 ・資本の分類 ・ストレステスト ・監督・管理措置	・リスク総合評定（IRR） ・リスク管理要求・評価 　（SARMRA） ・流動性リスクの管理 ・リスク分析・検査 ・監督・管理措置	・保険会社の情報開示 ・監督・管理手段を通じた市場 　規律 ・信用評定
監督・管理の指標	**監督・管理の指標**	
・コア・ソルベンシー・マージン比率 ・総合ソルベンシー・マージン比率	・リスク総合評定 ・保険会社のリスク管理能力 　評価点	
各社のソルベンシー管理		

（出所）「中国次世代ソルベンシー監督・管理体系全体の枠組」他，関連内容より作成。

　しかし，保険市場が急速に成長し，商品の多様化，資産運用の規制緩和が進む中で，旧ソルベンシー規制の基準では，個々の保険会社が抱えるリスク特性の反映が不十分であった。加えて，EUのソルベンシーⅡの適用など，保険の監督・管理の改革がグローバルで進む中で，中国においても，2012年頃から次世代のソルベンシー規制の検討が開始された。

　ソルベンシー・マージン比率は，「実際資本額÷最低資本額×100」で算出される。

　分子の実際資本額は，認可資産から認可負債を差し引いて算出される。新たなソルベンシー規制について定めた「保険会社の支払余力監督管理規則（1−17号）」（2015年）によると，認可負債部分は，将来のキャッシュ・フローの

現在価値である保険負債と，リスクマージンから構成されることになった。

　また，分母にあたる最低資本額については，旧ソルベンシー規制では，保有契約の規模に基づく簡便な方法で算出されていた。新たな規制では，リスク・ベースとなっており，① 保険リスク・信用リスク・市場リスク（バリュー・アット・リスク（Var）計測），② コントロール・リスク（リスク管理制度などの整備状況の反映），③ 附加資本（G-SIIs（グローバルなシステム上重要な保険会社），D-SII（中国国内においてシステム上重要な保険会社）等が対象）を総合して算出される。

　新たな規制の下，監督指標は，① コア・ソルベンシー・マージン比率（コア資本額÷最低資本額），② 総合ソルベンシー・マージン比率（（コア資本額＋附属資本額）÷最低資本額），③ 定量化が困難な４つのリスクの定性評価の結果（リスク総合評定）の３つとなっている。

　保険会社は，監督指標の①，②，③の結果に基づいて，A 類，B 類，C 類，D 類の４つに分類され，監督を受けることになる（図表 2-4）。

　A 類に分類された保険会社は健全とされるが，B 類〜D 類に分類された保険会社は監督措置がとられることになる。新たな監督指標では，ソルベンシー・マージン比率の基準を満たしていても，定性評価におけるリスクの大小によっては，監督対象となることとなった。

2．資本規制（最低資本金）

　保険会社を設立する上での最低資本金は２億元である（保険法 69 条）。

　「保険会社の業務範囲の段階的な管理弁法」（2013 年）に基づくと，2013 年5 月以降，新設された生命保険会社は，最低資本金が２億元であった場合，下記の基礎業務類の① 〜③ のいずれか１種目のみ営業認可を取得することができる（9 条）。また，基礎業務類の① 〜③ と，④ または⑤ のうちいずれか一つを申請する場合，最低資本金は 10 億元を超えていなければならない（11条）。基礎業務類のすべて（① 〜⑤）を申請する場合は，最低資本金が 15 億元を超えていなければならないとしている（11 条）。

　基礎業務類：① 無配当保険（人寿保険，年金保険を含む），② 健康保険，

第4節 保険会社の諸規制 *33*

図表 2-4 新たなソルベンシー・マージン比率に基づく保険会社の分類と監督措置

保険会社の分類	リスクの定量化		定量化が困難な4リスクの定性評価 ① オペレーショナルリスク ② 戦略リスク ③ レピュテーションリスク ④ 流動性リスク	監督措置
	コア・ソルベンシー・マージン比率（基準：50%）	総合ソルベンシー・マージン比率（基準：100%）		
A類	50%以上	100%以上	4つのリスクが小さい	－
B類	50%以上	100%以上	4つのリスクが比較的小さい	保監会は，保険会社が抱えるリスクに基づいて，以下のうちの1つまたは複数の監督措置をとることができる。ただし，措置については，以下に限らない。 (1) リスクの提示 (2) 監督管理による指導面談 (3) 期限を設けて，問題の改善 (4) 現地において専門調査の実施 (5) SM比率の未達を回避するための計画，またはリスク管理の改善計画の提出と実施
C類	いずれか1つが基準以上（もう一方が基準未満）		－	保監会は，B類の保険会社に対する監督措置に加えて，当該保険会社のSM比率未達の原因に基づいて，以下のうち1つまたは複数の措置をとることができる。ただし，措置については以下に限らない。 (1) 保険業務構成の調整命令，業務及び資産の増加のスピードの制限，支店増設の制限，広告の制限 (2) 保険業務の範囲の制限，業務の譲渡または出再の命令 (3) 資産構成または投資先の調整の命令，投資方法または投資割合の制限 (4) 資本金増加の命令，株主への配当制限 (5) 董事，上級管理者の給与水準の制限 (6) 会社の責任者及び関連の管理職員の調整の命令
	50%以上	100%以上	4つのリスクのうち，1つまたは複数のリスクが比較的大きい	保監会は，B類の保険会社に対する監督措置に加えて，以下の措置をとることができる。 (1) オペレーショナルリスクが比較的大きい保険会社に対する，会社が抱える具体的な問題に対処すべく，会社のコーポレートガバナンス，内部統制のフロー，人員管理，情報システムなどについての監督管理措置 (2) 戦略リスクが比較的大きい保険会社に対する，戦略の策定，実行における問題の監督管理措置 (3) レピュテーションリスクが比較的大きい保険会社に対して，その原因についての監督管理措置 (4) 流動性リスクが比較的大きい保険会社に対して，その原因について，「保険会社の支払能力監督管理規則第12号：流動性リスク」の関連規定に基づいた監督管理措置
D類	50%以上	100%以上	4つのリスクのうち，1つまたは複数のリスクが大変大きい	保監会は，C類の保険会社に対する監督措置に加えて，状況に応じて，会社の整理，一部または全ての保険業務の停止命令，保険会社の接収，その他必要な監督・管理措置をとることができる。
	50%未満	100%未満	－	

(注) 2つのソルベンシー・マージン比率の基準値（50%，100%）は，保険会社向けに明確な規定がないものの，業界，監督官庁では，保険集団についての規定およびその基準値を援用している。

(出所)「保険会社の支払能力監督管理規則第10号：リスク総合評定（監督管理分類）」他，関連内容より作成。

34　第2章　中　国

③傷害保険，④有配当保険，⑤ユニバーサル保険

　拡張業務類：⑥ユニットリンク保険，⑦変額年金

　一方，拡張業務類を申請する場合は，最低資本金の規制はない。

　生命保険会社が，拡張業務類の⑥（ユニットリンク保険）の営業認可を申請する場合は，連続して3会計年度の経営実績があること，直近3年間の年度末の純資産の平均額が20億元を超えていること，前年度末および直近4四半期のソルベンシー・マージン比率が150％を超えていることなどの条件がある。

　また，⑦（変額年金）については，営業認可の申請にあたって，ユニットリンク保険の業務の営業認可を満3年間受けていなければならず，それ以外にも連続して6会計年度の経営実績があること，直近3年間の年度末の純資産の平均額が30億元を超えていること，前年度末および直近4四半期のソルベンシー・マージン比率が150％を超えていることなどの条件がある。

　②健康保険，④有配当保険，⑤ユニバーサル保険の営業認可を申請する場合，社内に内部コントロール制度を備え，専門の職員や当該種目を提供する上でのサービスやその能力，情報システム，再保険に対する基準を備えていなければならないとしている。

　なお，「保険会社管理規定」（2015年改定）によると，支店の設置について，保険会社の登録資本金が最低資本金の2億元である場合で，その所在地以外の省，自治区，直轄市に初めて支店を設置する場合は，登録資本金につき最低でも2000万元を追加する必要がある（16条）。ただし，登録資本金がすでに支店増設分の金額に達している場合は，登録資本金をさらに増加する必要はない。なお，登録資本金が5億元に達してから，ソルベンシー・マージン比率が規定を満たしている場合，支店の設置に際して資本を追加する必要はない。

3.　外資参入規制

　外資保険会社とは，「外資保険会社管理条例」（2002年）によると，中華人民共和国の関連法律，行政法規の規定に基づいて，許可を取得し，中国国内で設立および営業を行う，以下の保険会社をいう（2条）。

① 外国保険会社と中国の会社・企業が中国国内で合弁で経営する保険会社
（合弁会社）

② 外国保険会社が中国国内で投資し，経営する外国資本の保険会社（独資の
会社）

③ 外国保険会社の中国国内の支店

なお，①の合弁会社で人寿保険を経営する場合は，「外資保険会社管理条例
に関する実施細則」（2004年）によると，外国資本の割合は会社の総資本の
50％を超えてはならない（3条）。ただし，中国のWTO加盟前に設立された
友邦人寿（支店形式で，AIAが100％出資，1992年設立），中宏人寿（加・マ
ニュライフが51％出資，1996年設立），中徳安聯（独・アリアンツが51％出
資，1998年設立）は除く。

また，外国保険会社の設立の認可は保監会が行うが，設立を申請する外国保
険会社は，次に掲げる条件を備えていなければならないとしている（条例8
条）。

① 保険業務を30年以上経営していること，

② 中国国内に事務所を設立して2年以上であること

③ 設立申請提出1年前の年末の総資産が50億ドル以上であること

④ 外国保険会社の所在国または地域の保険監督管理制度が整備され，かつそ
の外国保険会社が監督官庁による有効な監督・管理を受けていること

⑤ 外国保険会社の所在国または地域の支払能力基準を満たしていること

⑥ 外国保険会社の所在国または地域の関係監督官庁が申請に同意をしてい
ること

⑦ 保監会が規定するその他の条件

4. 募集規制（販売規制）

「商業銀行の保険の代理販売行為についてのさらなる規範化についての通知」
（2014年）では，適合性の原則に基づいて，銀行の窓口における保険募集にお
いて，銀行は，顧客の意向や抱えるリスクを分析・把握し，それに沿った商品
を提案しなければならないとしている。

また，顧客の収入や年齢に基づいて，販売・勧誘を限定している。銀行は，契約者の① 収入が現地の省の統計部署が発表した直近１年の都市住民の可処分所得または農村住民の平均純収入を下回る場合，または，② 年齢が65歳を超えている，または平準払い契約をする場合で60歳を超えている場合は，受けるべき保険金の額が確定している元本保証型の保険商品の販売・勧誘を行わなければならない。

有配当保険，ユニバーサル保険，ユニットリンク保険など受けるべき保険金の額が確定していない商品を販売・勧誘する際には，一時払い契約で納める保険料が契約者の世帯年間収入の４倍を超えた場合，保険料支払期間と契約者の年齢の合計が60に達する，またはそれを超える場合などは，契約引き受けに際して，契約者が署名した意向確認書面が必要となる。

5. 資産運用規制

保険会社の資産運用の規制は，銀行窓販規制（2010～2011年），会計基準の改正などにより保険料収入が落ち込んだ2012年以降，急速に緩和が進んだ。2014年２月には，「保険資金の運用比率の改善および強化についての通知」を発表，各資産のリスクや収益性に基づいて資産を５つに分類し，分類毎の総量規制を導入した。これによって，投資上限が緩和され，投資範囲が拡大している。

資産の分類は① 流動性資産（現金など），② 固定収益類資産（銀行定期預金など），③ 権益類資産（株式・PE投資など），④ 不動産類資産（インフラ投資など），⑤ その他の金融資産の５つとなっており，前四半期末総資産に対する比率で上限を設けている。① 流動性資産，② 固定収益類資産について総量規制はなく，③ 権益類資産，④ 不動産類資産については前四半期の総資産の30％までとなっている。⑤ その他の金融資産については25％までとなっている（図表2-5）。2014年以降も資産運用の規制緩和が続いており，ベンチャー企業の株式への投資，優先株への直接投資，ベンチャー・キャピタルへの投資等も順次規制が緩和されている。

第4節　保険会社の諸規制　*37*

図表 2-5　保険会社の資産運用

投資セクター	総量規制	種類	商品
流動性資産	総量規制なし	国内金融商品	現金，マネーマーケットファンド，銀行普通預金，通知預金，保険系資産管理会社の金融商品，償還期間が1年未満の政府債券・準政府債券，リバースレポ
		海外金融商品	銀行普通預金，マネーマーケットファンド，コールローン，償還期間が1年未満のCP，リバースレポ，短期政府債券・政府支持債券，譲渡性預金，公司債，国際金融機関債，転換社債，その他保監会が認めた商品
固定収益類資産	総量規制なし	国内金融商品	銀行定期預金，協議預金，債券型ファンド，保険会社が取り扱う固定収益類商品，金融企業債，非金融企業債，償還期間が1年以上の政府債券，準政府債券
		海外金融商品	銀行定期預金，仕組預金（元本保証），固定収益類証券投資ファンド，償還期間が1年以上の政府債券，政府支持債券，国際金融機関の債券，転換社債，公司債券，その他保監会が認めた商品
権益類資産	前四半期末総資産の30%まで	国内で上場している権益類資産商品	株式，ファンド（株式型，混合型），保険系資産管理会社による権益類資産商品
		海外で上場している権益類資産商品	普通株式，優先株式，海外株式預託証書，米国預託証書，権益類証券投資ファンド，その他保監会が認めた商品
		未上場の権益類資産商品	PE，PEファンド等関連の金融商品，その他保監督会が認めた商品
不動産類資産	前四半期末総資産の30%まで	国内金融商品	インフラ投資，インフラ投資計画，不動産および不動産投資に関連する金融商品，保険系資産管理会社が取り扱う不動産類の資産商品，その他不動産に係る金融商品
		海外金融商品	商業不動産，オフィス不動産，リート，その他保監督会が認めた商品
その他の金融資産	前四半期末総資産の25%まで	国内金融商品	商業銀行の理財商品，金融機関による資産担保証券，組み立て型ファンドトラスト，証券会社，保険系資産管理会社の証券化商品，その他保険系資産管理会社の運用商品
		海外金融商品	仕組預金（元本保証なし），その他保監督会が認めた商品

（出所）保監会公表の各種関連法規から作成。

38 第2章 中 国

第5節 消費者保護

1. 支払保証制度

中国では，保険会社が破綻をした場合，保険者，被保険者，保険金受取人を救済する措置として，保険保障基金を設立している。保険会社は，保険の種目などに応じて，一定額を納める必要がある。生命保険会社は，受けるべき保険金額が確定している元本保証型の保険契約の場合は，保険料収入の0.15％，受けるべき保険金額が確定していない保険契約の場合は，0.05％となっている。健康保険については，保険契約が短期の場合0.8％，長期の場合は0.15％などとなっている。

保険保障基金は，国有独資（非営利）の中国保険保障基金会社が運営・管理をしている。2017年2月時点での基金残高は975億元となっているが，そのうち，生命保険に係る人身保険保障基金は344億元となっている。

保険会社が破綻した場合の救済措置については，「保険保障基金管理弁法」（2008年）によると，未払いの保険金5万元以下については，全額救済される（19条）。また，未払いの保険金5万元を超える部分については，個人向けの保険契約は90％，企業向けの保険契約は80％が救済される（19条）。

2. 消費者保護制度

保監会は，消費者の権利と利益を保護し，監督・管理を行うため，組織内に保険消費者権益保護局という専門の部署を設置している。当該局では，消費者保護の関連制度，政策の立案から，消費者からの苦情受付，その集計や，内容の公開も担っている。また，苦情受付専門の電話ホットライン（12378）を設け，受け付けた苦情については，「保険消費投書処理管理弁法」（2013年）に基づいて，受理した日から60日以内にどのように処理するかを決定し，苦情を申し出た本人に報告することになっている。

保監会によると，2016年の苦情受付件数は3万1831件。そのうちおよそ9割が「12378電話ホットライン」による。苦情は内容，保険会社，保険の種目別に公表される。生命保険については，苦情件数1万5185件のうち，35.2％が保険引受でトップとなっており，次いで，26.4％を保険金支払いが占めた。

また，保監会，中国消費者協会，中国保険業協会などの関係する団体が協同で，「保険サービス評価委員会」を設立し，生命保険会社の保険契約，保険金支払，契約保全，お客様対応などの8項目についてサービスを評価している。「保険会社のサービス評価管理弁法（試行）」（2015年）によると，上掲の委員会がサービスのレベルや評価に応じて，保険会社をA（AAA）〜Dまで10段階で評価する。評価は1年に1回行われ，その結果は公表されており，消費者が保険に加入する際に，参考にすることができる。

第6節　生命保険市場の状況

1. 生保収入保険料の推移

2015年の中国の生命保険（人身保険）の収入保険料は，前年比25.0％増の1兆6228億元（約30兆円）と，2014年に続いて2桁成長となった（図表2-6）。

直近5年間において，銀行窓販の規制，会計基準の改訂の影響を受けた2011年はマイナス成長となったが，2013年以降に実施された料率の自由化が奏功し，特に無配当の貯蓄型の保険の販売が増加した。加えて，2015年は銀行の利下げが5回行われ，理財商品の利回りの低下などの金融市場の影響から，保険への乗り換えが多く発生した。

収入保険料の前年比増加率が20％を超えたのは直近の2010年以来で，2015年の収入保険料の規模はこれまでで最大となった。スイス再保険会社のSigma「World insurance in 2015」によると，2015年の中国生保市場のシェアは，米国（21.8％），日本（13.6％），イギリス（8.5％）に次いで4位（8.3％）となっており，アジアでは日本に次いで2番目に大きい市場に成長している。

中国は国の経済計画と同様に，保険業においても5カ年計画を策定してい

図表 2-6　収入保険料の推移

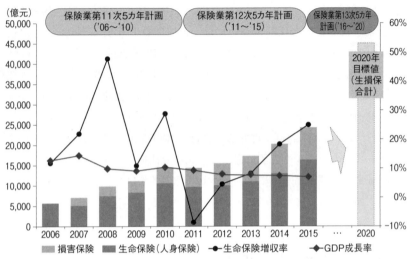

(注) 生命保険（人身保険）には，①人寿保険（定期保険・終身保険・両全保険），②年金保険（養老年金保険を含む），③健康保険（疾病保険，医療保険，失能収入損失保険（所得補償），介護保険など），④傷害保険を含む。
(出所) 保監会公表資料から作成。

る。保険業の第13次5カ年計画（2016～2020年）では，2020年までの5年間で，世界における「保険強国」を目指すとしている。それを達成する目標値として，①保険料収入規模（4兆5000億元），②総資産額（25兆元），③1人当たりの保険料拠出（3500元），④GDPに占める保険料拠出の割合（5.0％）を掲げている（図表2-7）。これは，2015年実績のほぼ2倍の目標値を設定していることになる。急速な発展を促す数値目標が掲げられているが，前々期，前期の5カ年はその目標値をほぼ達成している。

2. 保険の普及状況

　中国の生保市場は旺盛な需要から，収入保険料の規模（ボリューム）自体は，世界においてもプレゼンスが向上している。しかし，保険が国民や社会に広く普及しているかといった角度から見ると，その様相は大きく異なる。

第6節　生命保険市場の状況　*41*

図表 2-7　保険業の5カ年計画・数値目標（生損保合計）

| | 2005 年実績 | 保険業の第 11 次 5 カ年計画（2006 ～ 2010 年） | | 保険業の第 12 次 5 カ年計画（2011 ～ 2015 年） | | 保険業の第 13 次 5 カ年計画（2016 ～ 2020 年） |
		2010 年目標	2010 年実績	2015 年目標	2015 年実績	2020 年目標
保険料収入	4,928 億元	1 兆元	1 兆 4,500 億元	3 兆元	2 兆 4,300 億元	4 兆 5,000 億元
総資産額	1 兆 5,300 億元	5 兆元	5 兆 500 億元	10 兆元	12 兆 4,000 億元	25 兆元
1 人当たりの保険料拠出	379 元	750 元	1,083 元	2,100 元	1,768 元	3,500 元
GDPに占める保険料拠出の割合	2.7%	4.0%	3.8%	5.0%	3.6%	5.0%

（出所）保監会公表資料，保険業第 11 次，第 12 次，第 13 次の 5 カ年計画から作成。

図表 2-8　保険の普及状況

	国民 1 人当たりの保険料拠出額（USD）			
	国・地域	生保・損保合計	生保	損保
1	ケイマン諸島	12,619	515	12,619
2	スイス	7,370	4,079	3,292
3	香港	6,271	5,655	616
4	ルクセンブルグ	5,401	3,535	1,866
5	フィンランド	4,963	4,050	913
14	日本	3,554	2,717	837
53	中国	281	153	128
	世界平均	621	346	276

	GDP に占める保険料の割合			
	国・地域	生保・損保合計	生保	損保
1	ケイマン諸島	20.2%	0.8%	19.4%
2	台湾	19.0%	15.7%	3.2%
3	香港	14.8%	13.3%	1.5%
4	南アフリカ	14.7%	12.0%	2.7%
5	フィンランド	11.9%	9.7%	2.2%
7	日本	10.8%	8.3%	2.6%
40	中国	3.6%	2.0%	1.6%
	世界平均	6.2%	3.5%	2.8%

（出所）スイス再保険会社，Sigma「World insurance in 2015」より作成。

　スイス再保険会社の Sigma「World insurance in 2015」によると，国民 1 人当たりの保険料拠出額（生損保合計）は 2015 年が 281 ドル，生保は 153 ドルであった（図表 2-8）。中国は人口が多く，地域によって経済格差が大きいこともあり，その拠出額は 2015 年時点で，世界平均にさえ達していない。拠出額は，生損保合計で日本のおよそ 1／12，生保についてはおよそ 1／17 の規模である。

また,GDP に占める保険料の割合も 3.6％と世界平均の 6.2％より小さく,保険が広く国民に普及しているとは言い難い状況にある。これは,今後の成長余地が大きいという理解もできるが,国民が真に保険を享受できるようになるまでにはまだ一定程度の時間が必要と考えられる。

3. 生命保険商品

保監会が公表している生命保険の商品構成（収入保険料ベース）は,2015年について,無配当保険（42.4％）,有配当保険（40.5％）,ユニバーサル保険（0.6％）,ユニットリンク保険（0.03％）,健康保険（13.8％）,傷害保険（2.7％）となっている（図表 2-9）。

2015 年の商品構成をみると,構成比が最も大きかったのが前年より 8.5 ポイント増加の無配当保険である。次いで,有配当保険が前年比 10.8 ポイント減少し,40.5％を占めた。無配当保険は構成比において初めて有配当保険を上

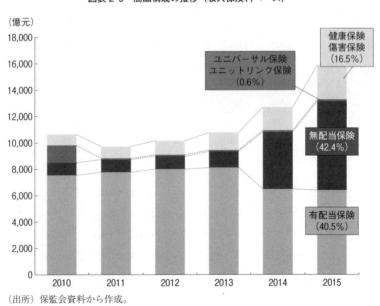

図表 2-9　商品構成の推移（収入保険料ベース）

（出所）保監会資料から作成。

回った。2014年，2015年の無配当保険の構成比の増加については，2013年の料率の自由化措置による商品競争力の向上が大きく影響している。その他，有配当保険についても2014年に予定利率の上限が撤廃され，ユニバーサル保険は2015年に最低保障利率の自由化などの規制緩和が進んでいる。

　また，2015年は，医療保険を含む健康保険も構成比が増加している。2014年に年間2400元を上限とした所得控除の導入が発表されており，国としても医療保険への加入インセンティブを高めている。

4．販売チャネルと販売制度

　中国における生命保険の募集形態として，2015年末時点では，個人代理人（47.5％），銀行（郵便局）窓販（41.7％），直販（8.4％），専業代理（0.6％），ブローカー（0.5％），その他（1.3％）となっている（図表2-10）。個人代理人と銀行窓販の2つのチャネルのみで，およそ9割を占めている。

　個人代理人は，生命保険市場において，従来より主要チャネルとして保険市

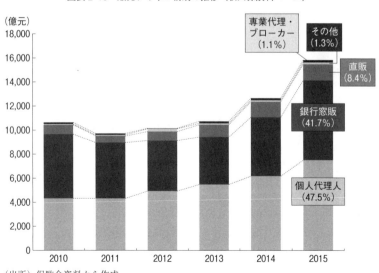

図表2-10　販売チャネル構成の推移（収入保険料ベース）

（出所）保監会資料から作成。

44 第2章 中　国

場の成長を支えてきた。個人代理人は，保険代理人資格試験に合格し，資格証書を取得する必要がある（「保険販売員管理規定」（2006）6条）。また，契約は1社専属制がとられている（同35条）。

　銀行窓販は1990年代の後半に導入以降，大規模な顧客へのアクセスを可能にするチャネルとして急速に成長を遂げている。しかし，短期間で多くの販売が可能となるがゆえに，販売手数料の引き上げ競争や，窓口における銀行預金との誤導販売等が課題となっていた。このような状況を受けて，2010年11月には，販売拠点1カ所，一会計年度内において，代理契約を結ぶことができる保険会社3社までと制限し，銀行内に専用カウンターの設置するよう求めるなどの規制が導入された（「商業銀行の保険販売のコンプライアンスおよびリスク管理の強化に関する通知」（2010））。また，2014年からは消費者（高齢者）保護の観点から，貯蓄性，投資性保険の販売において，年齢や収入の状況を考慮しなければならないという適合性原則を導入した（「商業銀行の保険販売行為のさらなる規範化に関する通知」（2014））。

　保険会社の職員や，インターネット・電話による販売を含む直販もこの5年間で3ポイントほど増加している。生保各社は，保険料の納付などの決済や，簡易な手続きなどはスマートフォンのアプリで可能とするなど，フィンテック（金融＋IT）を活用した販売も強化している。

5．競争環境

　生命保険会社（医療保険専門，企業年金専門の保険会社を含む）は，2015年末時点で74社である。その内訳は，国内系の生命保険会社が46社，外資系の生命保険会社が28社である。

　中国の生命保険市場は，国内系生保を中心とした市場の占有率が高く，2015年は，保険料収入の93.8％を占めた。中国人寿（23.0％），中国平安人寿（13.1％）など，最大手の国内系生保5社のみで55.7％を占めている（図表2-11）。ただし，首位の中国人寿のシェアは減少傾向にある。

　一方，外資系生保の市場シェアは6.2％と小さいが，AXA，Cignaといった，銀行の出資が50％以上の保険会社を中心に，収入保険料が大幅に増加してい

図表 2-11　主要な保険会社（2015 年・国内系／外資系生保）

	国内系生保	経営	市場占有率（%）	保険料収入（億元）	新契約	前年比増減率（%）	新契約
1	中国人寿	国有	23.0%	3,640	1,723	10.0%	20.6%
2	中国平安人寿	民営	13.1%	2,084	764	19.8%	36.8%
3	新華人寿	国有	7.1%	1,119	523	1.8%	18.7%
4	中国太平洋人寿	民営	6.9%	1,086	367	10.0%	13.7%
5	中国人民人寿	国有	5.6%	894	818	13.6%	14.3%
	国内系生保（計）		93.8%	14,868		24.4%	
	外資系生保	経営	市場占有率（%）	保険料収入（億元）	新契約	前年比増減率（%）	新契約
1	AXA	民営	1.5%	235	204	52.8%	51.1%
2	AIA	民営	0.8%	126	40	18.9%	42.9%
3	GENERALI	民営	0.6%	92	75	63.7%	87.5%
4	Cigna	民営	0.49%	78	45	47.9%	66.7%
5	MetLife	民営	0.48%	75	19	11.7%	5.6%
	外資系生保（計）		6.2%	991		35.1%	
	保険会社合計		－	15,859		25.0%	

（注）市場占有率は，生命保険会社（合計）に保険料収入に対する占有率となっている。
前掲の「図表 2-6　収入保険料の推移」には，損害保険会社による短期の医療保
険，傷害保険の保険料収入が一部含まれている。
（出所）中国保険年鑑，保監会公表資料から作成。

る。上位の外資系生保は，新契約保険料の増加率も大きく，2015 年の保険料
収入も前年比 35.1％と国内系生保を凌いでいる。

6.　資産運用

2015 年の保険会社の資産運用残高（生損保合計）は，前年比 19.8％増の 11
兆 2000 億元であった。運用は債券（34.4％），銀行預金（21.8％）で全体のお
よそ 56％を占め，インカムゲインの確保を中心とした安全性の高い資産運用
に軸足を置いている（図表 2-12）。

2015 年は預金金利が 5 回引き下げられたこともあり，銀行預金の構成比は

図表2-12 資産運用構成（生保・損保合計）

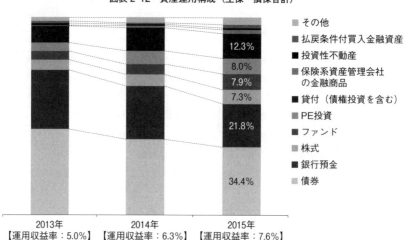

（出所）保監会公表資料他から作成。

前年より5ポイントほど減少した。加えて，債券も構成比が前年より4ポイントほど減少しており，2015年は，銀行預金，債券といった安全性の高い資産の運用が1割ほど減少した。一方，貸付（債権投資を含む），プライベート・エクイティ（PE）投資など長期的に高い収益が期待できる運用手段への投資が拡大した。

運用資産別の収益の状況は，2015年前半に株価が急上昇，後半には急落したが，2015年は前半で確保した株式（収益率：28.3％），ファンド投資（収益率：15.7％）の収益が年間の運用収益率の向上に貢献した。加えて，債券投資（収益率：4.9％）の増加による収益の下支えや，長期にわたって高い収益が確保できるPE投資（収益率：7.5％）などによって，2015年の運用収益額は前年比45.6％増の7804億元，収益率は7.6％と2007年以来の高い収益率を確保した。

なお，生命保険会社（全体）の資産運用の状況については公表されていないため，以下では生保大手4社（中国人寿，中国平安人寿，新華人寿，中国太平洋人寿）の運用手段別の資産を確認することで，生保の資産運用の全体像を概観する。生保大手4社の保険料収入は生保全体の5割を占めており，全体の動

図表 2-13 生保上位 4 社の運用手段別資産構成 (2015 年)

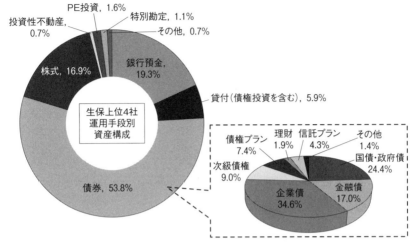

(出所) 各社のディスクロージャー誌から作成。

きと大きな乖離はないと考えられる。

　生保大手4社の実働資産（負債を運用し，収益を確保することで配当金を増やすことを目的とした資産（勘定科目））について，株式や債券など運用手段別で合計したものが図表2-13である。それによると，銀行預金（19.3%），貸付（債権投資を含む，5.9%），債券（53.8%）といったインカム資産は実働資産全体のおよそ8割を占めており，その他では株式が16.9%，投資性不動産が0.7%，PE投資が1.6%となっている。

　また，過半を占める債券の内訳は，国債・政府債が24.4%，金融債が17.0%と安全性の高い債券が約4割を占めている。一方，企業債が34.6%，デフォルトした時の支払い順位が一般債務に劣後する次級債券が9.0%，一般の債券を保有するよりも高収益が期待できる債権プラン・信託プラン・理財商品を合わせると1割を超えるなど，インカム資産の中でも高収益を追求するような動きが見られた。

48 第2章 中 国

7. 収支動向

　中国の生命保険業の収支動向は公表されていないため，以下では，資産運用
と同様に，大手4社（中国人寿，中国平安人寿，新華人寿，中国太平洋人寿）
について確認し，生保の収支の全体像を概観する。

　2015年の生保大手4社の経常収益の総額は，前年比17.9％増の1兆1,401億
元であった（図表2-14）。経常収益の多くは「保険料等収入」と「資産運用収
益」から構成されている。保険料等収入は前年比6.2％増の7,520億元で，経
常収益の66.0％を占め，資産運用収益は前年比25.5％増の3,034億元で，経常
収益の26.6％を占めた。

　一方，経常支出は，前年比16.5％増の1兆341億元であった。経常支出の大

図表2-14　生保上位4社の収支状況

(億元)

生保大手4社計		2015年	2014年	2013年
経常収益		11,401	9,672	8,703
	保険料等収入	7,520	7,080	6,652
	資産運用収益	3,034	2,417	1,966
	その他	847	175	85
経常支出		10,341	8,875	8,131
	保険金等支払金	4,265	3,589	3,087
	責任準備金等繰入額	3,232	3,015	3,182
	契約者配当	490	357	279
	手数料・コミッション	941	668	557
	事業費	814	684	625
	その他	599	562	401
経常利益		1,060	797	573
	営業外収入	9	10	9
	営業外支出	4	3	4
	所得税	314	153	85
当期利益		751	651	492

（出所）各社のディスクロ誌から作成。

部分は契約者への保険金や諸払戻金等として支払われる「保険金等支払金」（構成比：41.2％），将来の保険金支払いに備える「責任準備金等繰入額」（構成比：31.3％），「手数料・コミッション」（構成比：9.1％）からなっている。

2015年は保険料等収入，資産運用収益が大幅に増加したこともあって，経常利益は前年比33.0％増の1,060億元と大幅に増加し，最終的な当期利益は，15.3％増の751億元となった。経常利益は，2013年と比較すると，2年間でおよそ2倍となった。

8．業界団体

中国の生命保険業に係る業界団体は以下のものがある（図表2-15）。

図表2-15　中国生命保険業に係る業界団体

名称	設立	対象	会員	主な責務
中国保険業協会 The Insurance Association of China（IAC）	2001年	生損保両方の保険会社，保険関連会社などを対象とした全国規模の協会組織	保険会社・関連会社など394社 ・保険ホールディング：12社 ・生命保険会社：77社 ・損害保険会社：79社 ・再保険会社：10社 ・資産管理会社：14社 ・ブローカー：54社 ・地方の保険業協会（仲立業協会を含む）43社他	① 業界の基準，自主ルール，サービス基準などの制定 ② 会員会社の利益保護活動 ③ 保険市場におけるリスク，課題についての調査・研究や政策提言 ④ 著作物，ウェブサイトなどの情報管理，業界データの管理 ⑤ 各国の関連の業界団体との国際交流の推進 ⑥ 保険に関する知識の普及活動，広報活動
中国アクチュアリー協会 China Association of Actuaries（CAA）	2007年	アクチュアリー	・団体会員：97社 ・個人正会員：615名 ・個人準会員：379名	① アクチュアリーの就業規則，業界の自主ルールの策定・提言 ② 中国アクチュアリー試験の実施，人材育成・研修の実施 ③ 職業道徳，業界内規律の教育，監督，検査 ④ 会員の利益保護活動，業界間の交流促進，調査・研究 ⑤ 広報活動 ○国際アクチュアリー会（IAA）の正会員
中国保険資産管理業協会 Insurance Asset Management Association of China（IAMAC）	2014年	保険資産管理会社，保険会社など	・理事会員：65社 （その他，個人会員：11名） ・監事会員：5社 ・一般会員：205社 ・オブザーバー会員：184社 ・特別オブザーバー会員：6社 ・特別協力機関：28社	① 会員，業界の権利保護活動 ② 業界の自主ルール，違反会員への処罰 ③ 資産管理業務の信用評価，リスク管理などのサポート ④ 統計データの収集，管理⑤ 国際交流の促進，広報活動

50 　第2章　中　国

名称	設立	対象	会員	主な責務
保険仲立業協会	2001年	ブローカー，保険会社，地方の保険業協会など	保険会社・関連会社など290社 ・生命保険会社：162社 ・ブローカー：84社 ・地方の保険業協会：39社他	① 業界の広報活動 ② 業務フロー，基準の制定 ③ 関連する政策，制度の提言 ④ 競争力の強化
中国保険学会 The Insurance Society of China	1979年	保険会社，教育機関，地方の保険学会など	団体会員：260社，特別会員：9社 ・保険会社：109社 ・資産管理会社：9社 ・ブローカー：9社 ・教育機関：80機関 ・省 ・市の保険学会：37団体	① 保険理論・政策の研究，報告会などの実施，学術交流の促進 ② 関連の出版物，保険関連法・政策の宣伝，広報活動 ③ 学術研究，教学面での表彰 ④ 国際交流の促進

（出所）関連のウェブサイト他から作成。

[参考文献]

〈中国語文献〉

中国アクチュアリー協会ウェブサイト。

中国人寿，中国平安人寿，中国太平洋人寿，新華人寿の2013年，2014年，2015年のディスクロージャー誌。

中国保険学会，中国保険報（2005），『中国保険業200年（1805-2005)』当代世界出版社。

中国保険学会ウェブサイト。

中国保険監督管理委員会ウェブサイト。

中国保険業協会ウェブサイト。

中国保険資産管理業協会ウェブサイト。

中国保険年鑑社（2015），『中国保険年鑑』。

〈日本語文献〉

共同通信社（2017），『世界年鑑2017』。

公益財団法人　損害保険事業総合研究所（2015），『アジア諸国における損害保険市場・諸制度の概要について（その2)』。

財団法人　生命保険文化研究所（1999），『東アジアの生命保険市場』。

（三尾　幸吉郎・片山　ゆき）

コラム （その1） 有力な運用対象に育ちつつある中国株

1. 株式市場の成り立ち （図表1）

　中国の株式市場の歴史を振り返ると，1990 年には上海証券取引所が，1991 年には深圳証券取引所が相次いで営業を開始した。当時は外資の導入と厳格な外貨管理を両立するため，国内投資家向けの A 株（人民元建て）と外国投資家向けの B 株（外貨建て）の 2 つに市場が分けられた。そして，1993 年には香港証券取引所に中国本土企業（青島ビール）が上場して H 株市場も始まった。

　当時の中国は計画経済から市場経済への移行期にあり，計画経済下で国家が支配権を握っていた国有企業を，市場経済の象徴ともいえる株式市場の導入で一気に民営化すれば，計画経済を担ってきた国有企業の経営が混乱する恐れがあった。そこで，市場で取引される「流通株」を少なめにし，国家が保有する「国家株」や「法人株（国有企業などの持ち合い）」など「非流通株」を多くすることで支配権を維持することとなった。その結果，その後に「非流通株」を流通化させる過程では株価に下押し圧力が掛かることとなり，「非流通株改革」が加速した 2000 年代前半には株価が低迷した。その後，2004 年には「中小企

図表1　中国株市場の沿革

時期	内容
1990 年 12 月	上海証券取引所が営業を開始
1991 年 7 月	深圳証券取引所が営業を開始
1993 年 6 月	香港証券取引所に H 株上場
2001 年 6 月	非流通株改革（国家株の放出）
2002 年 11 月	適格海外機関投資家（QFII）制度の新設
2004 年 5 月	深圳証券取引所に「中小企業 i 板」を新設
2005 年 4 月	非流通株改革の再開
2006 年 4 月	適格国内機関投資家（QDII）制度の新設
2009 年 10 月	深圳証券取引所に「創業板」を新設
2010 年 3 月	上海，深圳の両市場で信用取引を解禁（当初は試験実施）
2010 年 4 月	中国金融先物取引所で株価指数先物取引を解禁
2011 年 12 月	人民元適格海外機関投資家（RQFII）制度の新設
2012 年 9 月	全国中小企業株式譲渡システム（新三板）を新設
2014 年 11 月	「滬港通」の開始（香港と上海証券取引所の相互接続）
2016 年 12 月	「深港通」の開始（香港と深圳証券取引所の相互接続）

（出所）上海証券取引所，深圳証券取引所など各種資料を元に作成。

業板」を，2009年には「創業板（ChiNext）」を，2012年には店頭市場の「全国中小企業株式譲渡システム（新三板）」を新設した。また，2010年には信用取引と先物取引を解禁するなど制度面も充実してきている。そして，中国の株式市場の時価総額は，日本を超えて米国に次ぐ世界第2位の規模となっている。

他方，株式市場の対外開放も進められている。2002年には適格海外機関投資家（QFII）制度，2011年には人民元適格海外機関投資家（RQFII）制度を創設するなど海外機関投資家に門戸を開いた。また，2006年には適格国内機関投資家（QDII）制度を創設して国内機関投資家にも海外への門戸を開放している。さらに，2014年には「滬港通（香港と上海証券取引所の相互接続）」，2016年には「深港通（香港と深圳証券取引所の相互接続）」が始まっている。

2. 業種構成の特徴（図表2）

上海総合の業種構成を見ると，第1位は金融の34.2％，第2位は資本財・サービスの17.2％などとなっている。東証株価指数（TOPIX）と比べると，上海総合の方が金融では20.6ポイント，エネルギーで8.6ポイント上回る一方，一般消費財・サービスでは▲11.7ポイント，情報技術では▲7.7ポイント下回る。したがって，内外経済環境の変化に対する株価への影響も日中両市場では異なる。

また，同じ中国でも上海と深圳では大きく異なる。現在，中国では構造改革

図表2　業種構成の日中比較（時価総額，2016年12月末現在）

	中国		日本	差異	差異
	（上海総合）	（深圳総合）	（TOPIX）	（上海－深圳）	（上海－日本）
一般消費財・サービス	9.4%	16.9%	21.1%	－ 7.4%	－ 11.7%
生活必需品	4.6%	7.1%	8.8%	－ 2.5%	－ 4.2%
エネルギー	9.5%	1.3%	0.9%	8.2%	8.6%
金融	34.2%	4.4%	13.6%	29.9%	20.6%
ヘルスケア	4.1%	9.0%	6.8%	－ 4.9%	－ 2.8%
資本財・サービス	17.2%	20.2%	19.7%	－ 3.0%	－ 2.5%
情報技術	3.8%	19.8%	11.5%	－ 16.0%	－ 7.7%
素材	8.2%	14.3%	6.6%	－ 6.1%	1.7%
不動産	4.3%	5.2%	2.7%	－ 1.0%	1.5%
電気通信サービス	0.6%	0.1%	6.5%	0.5%	－ 5.9%
公益事業	4.1%	1.9%	1.6%	2.2%	2.5%

（出所）Bloombergのデータをニッセイ基礎研究所で集計・作成。

が進行中で，国有大手銀行やエネルギー関連などが向い風を受ける一方，今後の主役として期待される情報技術，ヘルスケア，消費関連などには追い風が吹いている。深圳総合の業種構成を見ると，追い風の吹く情報技術，ヘルスケア，消費関連が上海総合より多い一方，向い風を受ける金融やエネルギーは少ない。上海総合が2007年の最高値の半分前後で低迷しているのに対し，深圳総合がそれを上回る水準で堅調に推移しているのは，こうした事情が背景にある。ここもとの両市場は同じような値動きをしているが，構造改革が再び進み始めれば，上海総合は冴えない動きをしても，深圳総合は堅調に推移すると思われる。したがって，構造改革の先行指標としても深圳市場の今後の動きが注目される。

3. 主な投資家（図表3）

上海証券取引所が公表した投資家に関する情報を見ると，保有構成では一般法人が59.8％で過半を占めており，個人が25.2％，日本の投資信託に相当する投資基金が2.9％，前述の滬港通が0.5％で，11.6％を占めるその他機関には証券会社（自己勘定），社保基金，保険資金，資産管理，QFIIが含まれる。一方，売買構成で見ると，個人が売買の主役となっており86.9％を占めている。保有でトップの一般法人は2.1％に過ぎずバイ・アンド・ホールドの色彩が強い。

図表3

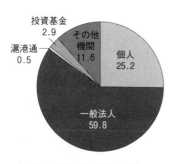

上海証券取引所の保有構成（2015年）

(出所) 上海証券取引所　単位：％

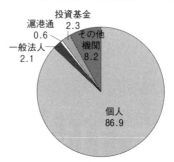

上海証券取引所の売買構成（2015年）

(出所) 上海証券取引所　単位：％

（三尾　幸吉郎）

コラム（その2）主力運用対象の中国の債券市場

1. 債券残高の急増と保険会社

　中国の債券残高（人民元建て）は，中央国債登記決済有限責任公司の統計によると，2016年末時点で43兆7268億元と，日本円に換算すれば約700兆円に及ぶ規模に達した。10年前（2006年）の9兆2452億元に比べると4.7倍に膨らんだ計算になる（図表1）。そして，債券市場における投資家構成を見ると保険会社は6.4％を占めており，商業銀行，ファンド類に次ぐ存在である（図表2）。

2. 債券内訳の変化

　また，債券残高の内訳を見ると，2016年末時点では，国債のシェアが26.2％，地方債が24.3％と政府債が約半分を占めており，次いで金融債の32.6％，企業債（含むMTN）の10.5％となっている。10年前と比較すると，国債が31.4％から5.2ポイント低下した一方，金融債は27.5％から5.1ポイント拡大，企業債（含むMTN）も3.1％から7.4ポイント拡大している。また，10年前には発行されていなかった地方債が地方政府債務の再編が進む中で急激に存在感を高めた（図表3）

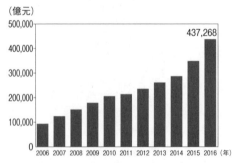

図表1　中国の債券残高推移

（出所）CEIC（中央国債登記決済有限責任公司）を元にニッセイ基礎研究所で作成。

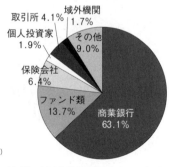

図表2　債券市場の投資家構成（2016年）

（出所）中国債券情報網のデータを元に作成。

3. 日本の投資家にとっても重要性が増す可能性

　日本の投資家にとって中国の債券市場は今のところ馴染みの薄い市場だろう。中国は，日本の機関投資家が海外債券に投資する時にベンチマークとなるシティ世界国債インデックス（除く日本）に採用されていないほか，新興国債券に投資する場合にも厳しい資本規制が残るためベンチマーク対象外となることが多い。実際，JPモルガン・ガバメント・ボンド・インデックス・エマージングマーケッツ・グローバル・ディバーシファイドでも中国は除かれる。その結果，債券市場における域外機関の存在感はまだ小さい。

　しかし，将来を考えると日本の投資家にとっても重要性が増す可能性がある。中国の債券市場はここもと急拡大しており存在感は増してきている。また，国際通貨基金（IMF）が2016年10月に中国の通貨（人民元）を特別引き出し権（SDR）の構成通貨に加えるなど国際化が進展してきており，今後さらに資本規制の緩和が進んでいけば，国際的な債券運用のベンチマークに採用される可能性もある。シティ世界国債インデックス（除く日本）にマレーシアが採用されていることを勘案すれば，決して可能性は低くないだろう。

図表 3

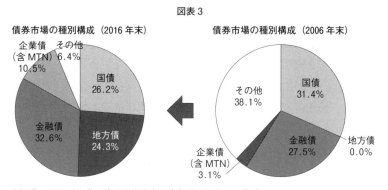

（出所）CEIC（中央国債登記決済有限責任公司）を元に作成。

（三尾　幸吉郎）

第3章

インド

はじめに

　インドは，今後中国を抜いて，世界最大の人口を有する国になることが予測されている。その人口構造も，中国とは異なり，今後も比較的長期間にわたって，厚い若年層・中年層を有することが想定されている。即ち，2030年代半ばまでという引き続き長期間にわたって，人口ボーナス期を享受できる構造にある。このため，生命保険市場という観点からみた場合，将来にわたってさらなる成長が期待される市場と認識されている。

　一方で，社会インフラ等は農村部等を中心に整備されていない状況にあり，生命保険に対する認識についても，まだまだ十分とはいえない状況にある。政府は各種の施策を通じて，生命保険の普及を図ろうとしている。

　さらには，今後の生命保険市場の一層の発展に向けて，保険関係の監督規制についても，急速に整備が図られてきている状況にある。世界的な監督規制の動向も考慮しつつ，現在のインドの生命保険市場の特性や現時点での発展段階に対応した規制等を導入してきている。消費者の信頼性を確保しつつ，市場の拡大を図っていくための，各種の規制等の枠組み作りが，積極的に行われてきている（このため，保険監督当局による規則等の改正がしばしば行われていることもあり，以下の記述における規則等の引用においては，あえて年次を省略している場合もあるので，この点はご理解いただきたい）。

第1節　政治・経済・社会

1．政治

インドは共和制の国で，元首はプラナーブ・ムカジー大統領である。

議会は二院制を敷いており，上院が 250 議席，下院が 545 議席となっている。

上院 250 議席のうち 12 議席を大統領が有識者の中から指名する。任期は 6 年で，2 年毎に 3 分の 1 ずつ改選される。大統領任命枠以外は，各州の議会によって選出される。下院 545 議席のうち 2 議席は大統領により British Indians と呼ばれるイギリス系インド人から指名される。それ以外の 543 議席は 18 歳以上の国民による小選挙区制選挙で選出される。

インドにおいては，2004 年および 2009 年の下院議員選挙で，与党コングレス党（国民会議派）を第 1 党とする UPA（United Progressive Alliance：統一進歩同盟）が過半数を確保して，第 2 次 UPA 政権（マンモハン・シン首相）が発足した。しかし，2014 年 4 月から 5 月に行われた第 16 回下院議員総選挙で，BJP（Bhāratīya Janatā Party：インド人民党）が単独過半数を超えて大勝し，BJP 政権（ナレンドラ・モディ首相）が発足している。

2．経済

インドの名目 GDP は 2 兆 74 億ドル（2015 年：世界銀行）で世界第 7 位であり，日本の 4 割〜5 割程度の規模である。1 人当たり GDP は 1581 ドルで，こちらは世界第 144 位となっている。

インドは 1947 年の英国からの独立以来，保護貿易，輸入代替化，労働市場や金融市場の公有化等の政策を進めてきた。1991 年の外貨危機を契機として自由化路線へと転換し，投資・産業・輸入のライセンスの廃止等の規制緩和，外資積極活用等を柱とした経済改革政策を断行した。その結果，経済危機を克

服し，高い経済成長を達成した。2003 年以降は概ね年間 7%～9% の高い経済
成長率を達成しており，金融危機による世界的な景気後退の中でも 2008 年度
に 6.7% の成長率を維持した。その後，欧州債務危機および高インフレ対応の
利上げ等の要因により，経済は一時減速したが，経済重視のモディ政権の下
で，2014 年度は 7.2%，2015 年度も 7.6% と再び高い経済成長率を確保してき
ている。

　主要産業は，農業，工業，鉱業および IT 産業であるが，政府はバイオ・医
薬品といった産業の発展にも力を注いでいる。

　主な貿易品目は，輸出が，石油製品，宝石類，機械機器，化学関連製品，繊
維等であり，輸入は，原油・石油製品，金，機械製品等である。

3. 社会

　インドは面積が 328 万 7469 km^2 で世界第 7 位，人口は約 13 億人で中国に次
ぐ世界第 2 位の国である。中国とは異なり，引き続き出生率も高いことから，
2030 年代には中国を抜いて，世界第 1 位の人口国になることが想定されてい
る。さらには，インドの人口構成は，若年層ほど厚くなるピラミッド型の構造
を維持しており，今後とも人口面での活力の維持が期待されている。なお，イ
ンドの男性と女性の平均寿命は，2015 年にそれぞれ 67.0 歳と 69.4 歳であった。

　人口密度は約 400 人 /km^2 となっている。全人口の半分は，ウッタル・プラ
デシュ州，マハラシュトラ州，ビハール州，西ベンガル州，マディヤ・プラ
デーシュ州に住んでいる。さらに，全人口の約 1/3 が都市部に住み，残りの
2/3 が農村部に住んでいる。

　インドの平均寿命は，今後急速に伸びていくが，一方で，合計特殊出生率
は，先進国と同様に低下していくことが予測されていることから，社会全体と
しての高齢化も進んでいくことになる。これにより，将来の老後保障のための
ニーズが高まってくることも想定されることになる。

　以上の点から，インドの生命保険市場は，現時点では，国全体としての規模
に比較して，まだまだ発展途上にあるといえ，今後の成長の余地が極めて大き
く，生命保険会社にとって，大変魅力的な市場である，と考えられる。

図表 3-1　インドの人口および人口ピラミッド（年齢階層別分布）推移（予測）

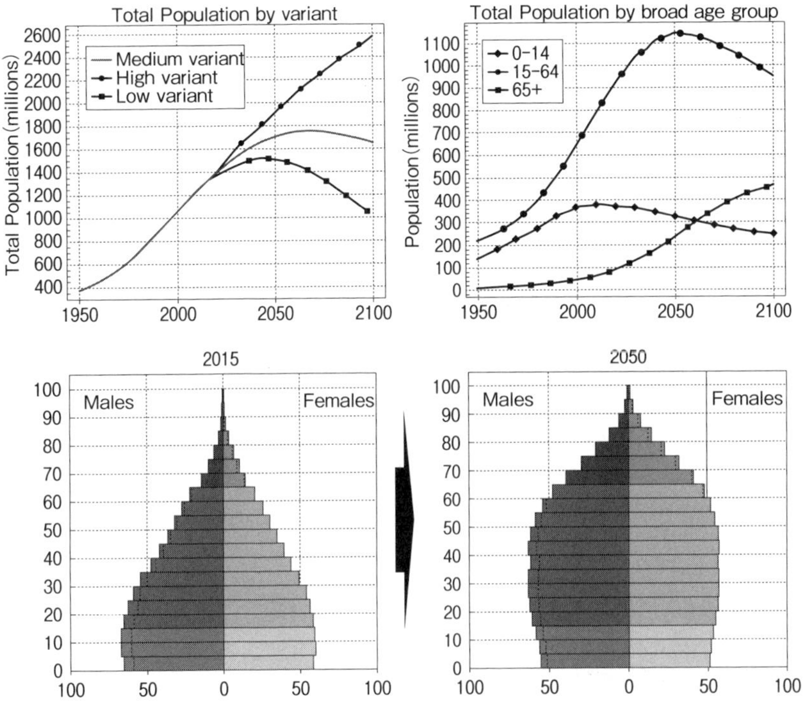

（出所）国連（United Nations）世界人口予測 2015 年修正版による。

　インドの連邦公用語はヒンディー語であるが，その他に憲法で公認されている州の言語が 21 ある。ヒンディー語が最も多くの人に日常話されている言葉である。ただし，国内のコミュニケーションを図る必要性から第 2 公用語の英語が重視されており，結果として国民の英語能力は総じて高い。インドの大学では英語で講義が行われる。

　なお，保険契約は，ヒンディー語または英語で発行されなければならず，係争時には英語バージョンが優越される。

　インドの教育は公立の場合には，現地の言語とヒンディー語で行われている。ただし，21 世紀に入ってからは英語の授業が普及してきており，私立高校はすでに初等教育から英語で教育が行われている。

60　第3章　インド

図表 3-2　インドの平均寿命および合計特殊出生率の推移（予測）

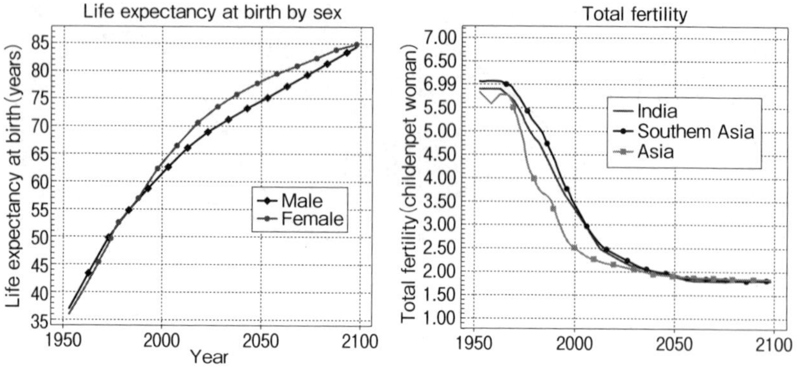

Life expectancy at birth by sex

Total fertility

（出所）国連（United Nations）世界人口予測 2015 年修正版による。

　宗教も，ヒンドゥー教徒が8割近くで大宗を占めているが，その他にイスラム教徒が14％程度おり，さらにキリスト教徒，シク教徒，仏教徒，ジャイナ教徒等も一定の割合おり，多岐にわたっている。

第2節　生命保険略史

　インドにおける保険は深く根ざした歴史を有している。以下の記述は，基本的にインドの保険監督当局であるIRDAI（Insurance Regulatory and Development Authority of India）のウェブサイトにおける「History of Insurance」から抜粋した内容に基づいている。

　インドにおいては，1818 年の Oriental Life Insurance Company in Calcutta の設立で生命保険事業の到来を見ることになる。しかしながら，この会社は1834 年に破産する。1829 年に Madras Equitable が Madras Presidency において生命保険事業を開始する。1870 年には英国保険法（British Insurance Act）が発効し，19 世紀の最後の30 年間で，Bombay Mutual（1871），Oriental（1874），Empire of India（1897）が Bombay Residency で事業を開始する。しかしながら，この時代，インドの保険市場は Albert Life

Assurance, Royal Insurance, Liverpool and London Globe Insurancem とい
う外国保険会社によって支配されており，インドの会社は外国会社からの激し
い競争にさらされていた。

1914 年に，インド政府はインドにおける保険会社の統計表を公表し始めた。
1912 年インド生命保険会社法が生命保険事業を規制する最初の法定手段だっ
た。1928 年にインド保険会社法は，政府がプロビデント保険組合を含むイン
ドと外国の保険会社によるインドで引き受けられた生命・損害事業についての
統計的な情報を収集することができるように発効した。1938 年に，保険公衆
の利益を保護するために，初期の法制が統合され，保険会社の活動を効果的に
管理する包括的な規定を有する 1938 年保険法（The Insurance Act, 1938）が
制定された。

1950 年の保険法改正ではプリンシプル・エージェンシーを廃止した。しか
しながら，非常に多くの保険会社があり，競争水準は高かった。さらに，不正
取引慣行の申し立てもあった。インド政府は保険事業を合理化することを決定
した。

生命保険分野を合理化する法令が 1956 年 1 月 19 日に発効され，国営企業で
ある LIC（Life Insurance Corporation of India）が同じ年に誕生した。LIC は
154 のインドの，16 のインド以外の，75 のプロビデント組合，合計 245 のイ
ンドおよび外国の保険会社をすべて吸収した。LIC は，保険分野が民間に再開
放されるようになる 90 年代後半まで独占企業だった。

保険セクターの再開のプロセスは 1990 年代の初めに始まったが，過去の 10
年以上にわたって相当程度開放されてきた。1993 年に政府は，保険分野にお
ける改革に対する勧告を提案するために，RN Malhotra（マルホトラ）を委員
長とする委員会を設立した。目的は金融分野において開始された改革を補足す
ることにあった。委員会は 1994 年に報告書を提出した。その中で，とりわけ，
民間セクターが保険業界に算入することを認めることが勧告された。外国会社
はインドのパートナーとのジョイント・ベンチャーによって，インドの会社を
設立することで参入することが認められるべきだと述べた。

Malhotra 委員会報告書の勧告を受けて，1999 年に IRDA（Insurance
Regulatory and Development Authority）が保険業界を規制し開発する自治組

織として構成された。IRDA は 2000 年 4 月に法的組織として設立された。IRDA の主要な目的は，保険市場の財務的安定性を確保しつつ，消費者選択の増加と保険料の引き下げによって消費者の満足度を高めるように競争を促進することを含んでいる。

IRDA は 2000 年 8 月に，登録に向けた申請を呼びかけることで市場を開放した。外国会社は 26％までの所有権を認められた。当局は 1938 年保険法の第114A 条の下で規則を作成する権限を有しており，2000 年からは，保険事業を行う会社の登録から保険契約者の利害の保護までにわたる様々な規則を構築してきた。

今日，24 の生命保険会社がインドで営業展開している。

インドの保険業界は巨大なセクターであり，銀行業界と合わせて，GDP の約 7％を占めている。保険業界の進展と進化は，国のリスクテイク能力の強化とインフラの発展のための長期資金の提供を通じて，経済発展に貢献している。

第 3 節　保険監督体制

1. 保険監督官庁

保険監督当局は，IRDAI（Insurance Regulatory and Development Authority of India. なお，以前の法令等の名称では，IRDA の略称が使用されている）という。

1999 年 IRDA 法（Insurance Regulatory and Development Authority Act, 1999）の第 14 章に，IRDAI の義務と責任の詳細が規定されている。これによれば，例えば，① 事業免許の付与・停止・更新・修正，② 保険契約者の保護，③ 仲介者および代理人の資格，行動規範および訓練の特定化，④ 効率性の向上，⑤ 保険および再保険業界に関連する専門組織の促進と規制，⑥ 徴収手数料およびその他の費用，⑦ 保険会社，仲介業者およびその他の関連機関の検査と調査，⑧ 企業の資金調達の規制，⑨ ソルベンシーマージンの規制，⑩ 保

険会社と仲介業者または保険仲介業者との間の紛争の裁定，等が挙げられている。

2015年保険法（改正）（The Insurance Laws（Amendment）Act 2015）によって，IRDAIにさらに大きな権限が与えられることになった。

2. 監督・管理法，根拠法規

1938年保険法が，現在の保険業の監督・規制のベースとなっており，事業免許，資本金，保険契約，監査，再保険，投資規制，保険代理店等の広範囲の事項が規定されている。ただし，その後の多くの改正により，複雑な内容となっている。以下において，1938年保険法（2015年保険法（改正）等による改正を反映したもの）を保険法と呼ぶことにする。

1994年のMalhotra委員会報告書の勧告を受けて，1999年IRDA法が施行され，1938年保険法の一部改正，IRDAの設立，保険諮問委員会（Insurance Advisory Committee：IAC）の設置，外国資本を含む民間資本の導入（上限26％）等が導入された。

2015年改正保険法は，1938年保険法や1999年IRDA法等を改正するもので，保険分野における外国人直接投資（Foreign Direct Investment：FDI）比率の26％から49％への引き上げ，ロイズ（Lloyd's）を含む外国保険会社の再保険支店開設等が認められた。

IRDAIは，この改正法に対応して，具体的な内容を規定する規則等を公布してきている。

3. 保険会社の設立

保険会社の設立申請については，1938年保険法及びIRDA規則（保険会社の登録に関する規則）（IRDA（Registration of Indian Insurance Companies）Regulations）の規定に従って，IRDAIに申請を行う必要がある。申請に際しては，定款，役員及び幹部の名前・住所・職業，保険事業の種類，払込資本金の証明等が必要となる。

64　第3章　インド

なお，新しい事業地域の開始や同じ市町村での既存事業地域の変更には，IRDAI の事前承認が必要となる。

4.　保険業務の範囲

事業免許には，生命保険，損害保険，医療保険および再保険がある。保険会社による生損保兼営は認められていないが，再保険会社は生損保兼営が認められる。

エージェントや法人エージェント，ブローカー，サーベイヤーおよびウェブ・アグリゲーターを含む仲介者に対しても，それぞれの免許に関する規制が存在している。

第4節　保険会社の諸規制

1.　ソルベンシー規制

ソルベンシーに関する事項については，保険法，2016 年 IRDAI 規則（生命保険事業の資産，負債とソルベンシー・マージン）（IRDAI（Assets, Liabilities, and Solvency Margin of Life Insurance Business）Regulations,2016）等に規定されている。

(1)　保険法の規定

ソルベンシーに関しては，保険法の第64VA 条に規定されている。

その規定内容の概要は，以下のとおりである。

第1項の規定により，保険会社は，常に，第6条に規定された最低資本金（minimum capital）の額の 50％以上で，規則に規定された方法で決定される，負債を超える資産の額を維持しなければならない。ここに，最低資本の額は，生命・損害・医療保険会社の場合，払込済資本金で 10 億ルピー，再保険専門会社の場合，20 億ルピーとなっている。また，「規則に規定された方法で決定

される」額は，以下の（2）で述べる「RSM（Required Solvency Margin：必要ソルベンシー・マージン）」の100％を指している，と考えられている。

第2項の規定により，このソルベンシー基準を満たせない保険会社は，インソルベント（支払い不能）と見なされ，IRDAIの申請により，裁判所によって清算させられるかもしれない。

第3項の規定により，IRDAIは，規則によって「管理レベル（control level）」として知られる特定の水準を設定する。

第4項の規定により，保険会社がこの管理レベルの水準に不足する場合には，IRDAIによって発行される指令によって，会社は，最高6カ月を超えない一定期間内に不足を回復するための行動計画を示した財務計画を，IRDAIに提出しなければならない。

第5項の規定により，IRDAIは，提出された財務計画が適当でないと考える場合には，修正を提案し，さらに必要な場合には，新契約取引に関する指示や管理人の任命を含む命令を与えなければならない。

(2) 規則の規定

2016年IRDAI規則（生命保険事業の資産，負債とソルベンシー・マージン）は，「ASM（Available Solvency Margin：利用可能ソルベンシー・マージン）」，「RSM（Required Solvency Margin：必要ソルベンシー・マージン）」および「ソルベンシー比率（＝ASM／RSM）」について規定している。

ただし，具体的なRSM等の算出については，2016年IRDAI規則（生命保険事業のアクチュアリー報告書と要約）（IRDAI（Actuarial Report and Abstract for Life Insurance Business）Regulations, 2016）に委ねられている。これによると，RSMについては，概略以下のとおりとなっている。

〈RSMの算出〉

RSMは，商品毎に，以下の算式で算出された値を合計したものとして算出される。

　　責任準備金（出再前）×K1×第1ファクター＋
　　　危険保険金額（Sum at risk）×K2×第2ファクター
　ここで，

66　第3章　インド

図表 3-3　RSM（必要ソルベンシーマージン）算出のための係数

保険種類等		第1ファクター	第2ファクター
ノン・リンク保険商品	個人生命保険（定期保険）	3%	0.1%
	個人生命保険（定期保険以外）	3%	0.3%
	個人医療保険	3%	0.0%
	団体生命保険（保険料保証期間 1 年以下）	1%	0.1%
	団体生命保険（保険料保証期間 1 年超）	1%	0.1%
リンク保険商品	リンク保険商品・生命保険（保証付）	1.8%	0.2%
	リンク保険商品・生命保険（保証無し）	0.8%	0.2%

（出所）「2016 年 IRDAI 規則（生命保険事業のアクチュアリー報告書と要約）」より抜粋。

K1 ＝ MAX（0.85，責任準備金（出再後）／責任準備金（出再前））

K2 ＝ MAX（0.5，危険保険金（出再後）／危険保険金（出再前））

　第1ファクターと第2ファクターは，個人保険と団体保険，リンク型とノン・リンク型，保証の有無，保険料保証期間，生命保険・年金・医療保険等の保険種類毎等によって異なっている。例えば，現在の契約については図表 3-3 のとおりとなっている[1]。

(3) 監督当局による管理・介入

　IRDAI は，「管理レベル（control level）」として，すべての保険会社は，少なくとも RSM の 150％を保持しなければならない，としている。

　これは，責任準備金や RSM は，典型的に保険リスクをカバーしているが，他のリスク（オペレーショナル・リスクや経営層のクオリティ等）はカバーしていないため，RSM の 50％で表される追加のマージンを要求している等と説明されている。この背景には，欧州のソルベンシー I に準じる形で算出されている現在の RSM が十分にリスクをカバーしていない，との問題意識がある。

　ソルベンシー比率が，この水準を下回った場合には，保険会社は，是正措置の詳細を含む財務計画の提出および，必要に応じて，商品改定や新契約販売の制限，投資戦略の見直し等の対応を求められることになる。さらに，ソルベンシー比率が低下した場合には，株主配当の禁止や経営層の刷新等の対応も求められることになる。

図表 3-4　大手各社のソルベンシー比率 (Solvency Ratio)

会社名	2011	2012	2013	2014	2015
LIC	1.54	1.54	1.54	1.55	1.55
ICICI Prudential	3.71	3.96	3.72	3.37	3.20
HDFC Standard	1.88	2.17	1.94	1.96	1.98
SBI Life	2.11	2.15	2.23	2.16	2.12
Max Life	5.34	2.07	4.85	4.25	3.43
Bajaj Allianz	5.15	6.34	7.34	7.61	7.93

(出所) 各社の Public Disclosures 資料による。

(4) ソルベンシー比率の開示等

ソルベンシー比率については，四半期毎に報告され，ウェブサイトで公開される。

ただし，アポインテッド・アクチュアリーによる確認は，決算時の年 1 回行われる。

最大の国営生命保険会社 LIC と民間の保険料収入の上位 5 社のソルベンシー比率の推移は，図表 3-4 のとおりとなっている。

(5) リスク・ベースの資本規制の導入の検討

IRDAI は，現在の「ファクター・ベース (factor-based)」のソルベンシー規制を，EU のソルベンシー II を参考にしつつ，「リスク・ベース (risk-based)」のソルベンシー規制に変更することを検討している。

具体的には，2011 年 12 月に「保険分野におけるリスク・ベースのソルベンシーアプローチへのロードマップ」に関する委員会が設置され，2013 年 1 月には，その報告書のドラフトが，さらに最終報告書が 2016 年 4 月に公表 (報告書の日付は 2014 年 4 月 22 日) されている。加えて，こうした内容を含む「規制の見直しに関する報告書」が 2015 年 9 月に公表されている。これによれば，保険法が規定する「管理レベル (control level)」の水準について，(a) 現行の基準による RSM の 150％の基準と，(b) 新たな，経済またはリスク・ベース (Economic or Risk Based) ソルベンシー比率による最低水準，のいずれか大きい額，とする「ツイン・ピークス・アプローチ (Twin Peaks Approach)」

68 第3章 インド

を採用することが提案されている。

　一方で，昨今の国際的な監督規制や会計基準の動向を踏まえて，2016年6月には，「リスク・ベース・キャピタル・アプローチと市場整合的負債評価」に関する委員会が設置され，2017年1月30日に「インド保険業界におけるリスク・ベース・キャピタル（RBC）アプローチと市場整合的負債評価（MCVL）に関するIRDAI委員会の報告書Part-1」が公表（報告書の日付は2016年11月19日）され，MCVLに関するレビューと勧告が提案されている。

2. 責任準備金規制

　責任準備金に関する事項については，保険法，2016年IRDAI規則（生命保険事業の資産，負債とソルベンシー・マージン）等に規定されている。

(1) 保険法の規定

　責任準備金を含む負債の評価に関しては，保険法第64V条に規定されている。

　第2項の規定により，保険会社は，規則に特定された方式で，すべての負債に対して，適当な価額を付与しなければならない。ただし，保険法の中では，責任準備金に関して，具体的な積立基準等は規定されていない。

(2) 規則の規定

　生命保険会社の場合，2016年IRDAI規則（生命保険事業の資産，負債とソルベンシー・マージン）の付則Ⅱ－Aにおいて，概略，以下のように規定されている。

① 責任準備金（数理的準備金：Mathematical Reserves）の決定方法
(1) 責任準備金は，将来法によって，契約毎に算出しなければならない。
(2) 評価方法は，契約条件によって決定される（保険契約者による）保険料や（保険契約者や保険金受取人に対する）保険給付のすべての将来の不確実性を考慮しなければならない。給付水準は，（もしあれば，最終配当を含む配

当に関する）契約者の合理的な期待と，給付支払いに関する保険会社の確立
された実務を考慮しなければならない。

(3) 評価方法は，保険契約者が行使可能なオプションのコストを考慮しなければ
ならない。

(4) 負債の金額の決定に当たっては，すべての関連するパラメータは，慎重な前
提に基づいていなければならない。各パラメータの値は，保険会社の想定経
験値に基づき，責任準備金の増加につながる逆偏差への適切なマージン
（Margin for Adverse Deviation：MAD）を含まなければならない。

(5) （決算期末の評価目的では）負値の責任準備金はゼロとし，保証解約価格不
足準備金もゼロ（即ち，責任準備金は解約価格以上）としなければならない。

(6) 評価方法は，営業保険料式（Gross Premium Method）による。

(7) アポインテッド・アクチュアリーの意見に基づいて，過去法等による概算方
式が使用される場合には，少なくとも営業保険料式の金額以上でなければな
らない。

(8) 評価方法やパラメータの前提は，継続性を有していなければならない。

(9) 責任準備金の金額の決定に当たっては，負債に対応する資産の性質や期間を
考慮し，資産価格の将来の変化に対する慎重な備えを含んでいなければなら
ない。

② 契約のオプション

契約転換や無選択増額，契約満期時の年金料率保証等のビルト・インされた
オプションが提供されている場合には，それらのオプションのコストが反映さ
れなければならない。

③ 評価用のパラメータ

(1) 責任準備金評価用のパラメータ値の決定に当たっては，アポインテッド・ア
クチュアリーは，以下の点を考慮しなければならない。

   (a) パラメータ値は，保険会社の経験研究に基づいていなければならない。
   もし信頼性のある経験研究が入手できない場合には，可能で適切であれ
   ば，業界研究に基づくことができる。いずれも入手できない場合，保険料

設定に使用したものに基づくことになる。想定水準を設定する上では経験における悪化の可能性を考慮しなければならない。

(b) 想定水準は，逆偏差への適切なマージン（MAD）によって，調整されなければならない。MADは，インド・アクチュアリー会によって発行されたガイダンス・ノートに基づき，IRDAIの同意を得ていなければならない。

(c) 様々なパラメータに使用される値は，整合的でなければならない。

(2) 死亡率については，会社の経験に基づいているのでなければ，公表生命表（published table）を参考にしたものでなければならない。公表生命表は，インド・アクチュアリー会によって作成され，IRDAIの承認の下で，保険業界が入手可能となる。公表生命表を参考にした死亡率は，公表生命表の死亡率の100％以上でなければならない。もし，アポインテッド・アクチュアリーがより低い死亡率を正当化できるのであれば，公表生命表の死亡率の100％未満としてもよい。

(3) 罹患率についても，死亡率と同様に規定されている。

(4) 契約維持費用については，保険会社によって，固定費と変動費に区分して，分析された方法によっていなければならない。変動費は，保険金額・保険料・給付額に関係していなければならない。固定費は，保険金額・保険料・給付額・契約数に関係してよい。すべての事業費は，責任準備金評価利率と整合的なインフレ率で，将来にわたって増加させなければならない。

(5) 責任準備金評価利率は，アポインテッド・アクチュアリーによって決定されるが，

(a) 生命保険ブロックに帰する既存資産から得られる利回りと将来に投資する金額から得られることが期待される利回りの慎重な評価によって決定される利率を超えてはならない。このような評価においては，以下の点を考慮しなければならない。

(i) 負債に対応する資産の構成，手持ちの資産からの想定キャッシュ・フロー，評価対象の契約ブロックからのキャッシュ・フロー，想定される将来の投資条件および将来のネット・キャッシュ・フローを取り扱う上で採用される再投資・投資回収戦略

（ii）投資収益の投資や元本償還に関するリスク

（iii）投資運用に関する経費

(b) 特別に分類された契約に対しては，当該契約のための資産から得られる利回りを超えてはならない。

(c) 無配当契約については，将来の金利低下リスクを認識しなければならない。

(d) 有配当契約については，責任準備金評価に使用される将来の配当水準が責任準備金評価利率に整合的なものであるという（将来の投資条件に関する）前提に基づいていなければならない。

(e) 一時払契約については，リスクフリー・レートの変化の影響を考慮しなければならない。

(6) その他のパラメータが，契約のタイプによっては使用されるかもしれないが，この場合には，(1)で述べた点が考慮されなければならない。

このように，インドの責任準備金評価は，プリンシプル・ベースで規定されている。ロック・フリー方式で行われており，例えば，責任準備金の評価利率も一定の水準が法定等されているわけでなく，毎期末に，各社のアポインテッド・アクチュアリーが，市場金利等も参考にしながら，決定している。

(3) インドの生命表

インドでは，「標準生命表（Standard Mortality Table）」と称される生命表が存在し，2013年4月1日からは，「Indian Assured Lives Mortality（2006-2008）Ult.」と呼ばれるものが，これに該当している。これは，インド・アクチュアリー会によって，保険会社の経験データに基づいて作成されている。

これが，上記の2016年IRDAI規則（生命保険事業の資産，負債とソルベンシー・マージン）において規定されている「保険会社の経験研究」に基づくものとして，公表される。これをIRDAIが承認することで，標準生命表（規則が規定する「公表生命表（published table）」）としての位置付けが与えられることになる。この生命表は，男女同一であり，保険料率設定や責任準備金評価における標準的な生命表として使用される。（規則に規定されているように）

72　第3章　インド

図表 3-5　インドの生命表（Indian Assured Lives Mortality（2006–2008 Ult.）

（単位：‰）

年齢	インド (男女同一)	日本	
		男性	女性
20 歳	0.888	0.84	0.31
30 歳	1.056	0.86	0.49
40 歳	1.803	1.48	0.98
50 歳	4.946	3.65	2.16
60 歳	11.534	8.34	3.79

（注）年齢は保険年齢，日本は標準生命表 2007。

アポインテッド・アクチュアリーは，保険料率設定や責任準備金評価におい
て，この標準生命表に修正や調整を行う場合には，その適切さの正当性を示さ
なければならない。

3. 資本規制（最低資本金）

　最低資本金は，生命保険，損害保険，医療保険会社の場合，払込済資本金で
10 億ルピー，再保険専門会社の場合，20 億ルピーとなっている。

　また，ブローカーの最低資本金については，直接ブローカーは 500 万ルピー，
再保険ブローカーは 2000 万ルピー，生損保兼営ブローカーは 2500 万ルピーと
なっている。

4. 外資参入規制

　外国の会社は，インドの会社とのジョイント・ベンチャーによって，インド
の保険市場に参入できる。これまでの外国会社による直接投資の上限は 26％
であったが，これが 2016 年 7 月に 49％に引き上げられた。これを受けて，多
くの外資系会社が出資比率の引き上げを行ってきている。

　また，2015 年 10 月から，2015 年 IRDAI 規則（ロイズ以外の外国再保険者
の支店の登録と運営）（IRDAI（Registration and Operations of Branch Offices

of Foreign Reinsurers other than Lloyd's) Regulations, 2015）が発効し，外国の再保険会社が支店を設置することが認められた。さらに，2016 年 3 月には2015 年 IRDAI 規制（インド・ロイズ）（IRDAI（Lloyd's India）Regulations, 2015）が発行されて，ロイズが支店を設置できることになった。それまでは，多くの外国再保険会社は，駐在員事務所を設置していた。

なお，外資算入に関する詳細な取扱等については，規則やガイドライン等で規定されている。

5. 販売規制

IRDA 規則（改正）（保険契約者の利害の保護（IRDA（Protection of Policyholders Interests）（Amendment）Regulations）が，保険契約時に保険会社等によって満たされるべき要件の詳細を規定している。これによると，
(1) 契約時には，契約内容説明書を発行し，それには，給付の範囲，保障の程度，免責や条件の説明，特約の範囲や給付，等を含んでいなければならない。
(2) 提案された契約に関するすべての重要な情報は，保険会社，代理人またはその他の仲介者によって，見込み客に提示されなければならない。
(3) 販売過程においては，保険会社や仲介人は，IRDAI，LIC，GIC，認識された専門職団体や仲介人の所属する協会の行動規範に従って行動しなければならない。

ブローカーへの仲介報酬の上限は，個人保険契約の場合，初年度保険料の30％，毎年の更新保険料の 5％，コミッションの上限は，伝統的な養老保険の場合，初年度の 3.75％，次年度以降は 1.875％等と規制されていた。

2017 年 4 月より，この水準が改正され，例えば，以下のとおりとなった。
(1) 平準払契約で純粋なリスク商品の場合，初年度保険料の 40％，更新保険料の10％，非純粋リスク商品の場合，最初の 5 年間は 15％〜35％で，更新保険料の 7.5％
(2) 一時払保険料の場合，生命保険商品の場合は 2％，即時・繰延年金の場合も2％，個人の純粋リスク商品の場合は 7.5％

74　第3章　インド

6. 資産運用規制

　保険法の第27条，第27A条，第27B条および第27C条および2016年IRDA規則（投資）規制（IRDA（Investment）Regulation, 2016）が，保険会社の資産の投資に関連する規則を規定している。

　これによると，生命保険会社の場合，主要な投資制限規制は，例えば以下のとおりとなっている。

(1) 最低25%は，国債

(2) 最低50%は，国債，州債および他の認可証券

(3) 規則の3（a），（b）に規定されている認可投資および1938年保険法第27A条（2）に規定されている投資は，規則9に規定されているエクスポジャー/保守性基準を遵守するという条件で，50%以下

(4) 1938年保険法第27A条（2）に規定されている投資は，規則9に規定されているエクスポジャー/保守性基準を遵守するという条件で，15%以下

(5) 最低15%は，住宅およびインフラストラクチャーへの投資

第5節　保険契約者保護

1. 支払保証制度

　生命保険会社が破綻した場合の支払保証制度（契約者保護基金）は，現時点では存在していない。なお，LICの保険契約については，政府によって保証されている。

2. 保険契約者保護制度

(1) 一般的な消費者保護

　消費者保護については，1986年消費者保護法に規定されている。

　消費者保護法は，銀行，教育，生命および損害保険，医療サービス，消費者

に与えられるいかなる商品／サービスに関する小売業を含む公的／民間部門の
すべてのサービス／商品／供給者を対象としている。

この法律の規定は，懲罰的または予防的である他の法律とは異なり，本質的
に補償的である。

(2) 保険契約者保護

保険サービスは消費者保護法の範囲内に収まっており，保険会社のサービス
に欠陥があれば，被害者は苦情を申し立てることができる。保険契約者と保険
会社との間の紛争は，一般的に，保険請求の否認，承認または請求額の計算に
関連する事項に関係している。

なお，保険会社向けのコーポレート・ガバナンス指針に基づいて，保険会社
は，保険契約者保護体制の強化を図るために，保険契約者保護委員会
（Policyholder Protection Committee）を設置し，その報告は常に取締役会の
議題に挙げられなければならない。

(3) 苦情対応制度

IRDAI は，苦情コールセンター（IRDA Grievance Call Center：IGCC）を
設置し，保険契約者からの苦情を直接受け付けている。さらに，総合苦情管理
システム（Integrated Grievance Management System：IGMS）を導入し，保
険会社の苦情対応に不服のある保険契約者は，直接オンラインで苦情登録でき
る。IRDAI はこのシステムを通じて，苦情内容のモニタリングや分析を監督
業務に活用できる仕組みとなっている。

(4) オンブズマン制度

オンブズマン制度が存在し，オンブズマンは，保険会社に対する請求に関連
するすべての苦情を解決するために，1998 年の公的苦情救済規則に従って任
命される。保険会社に対して苦情を有する人は，指定された方法で，その管轄
内のオンブズマンに苦情を申し立てることができる。

76　第3章　インド

第6節　生命保険市場の状況

インドの会計年度は，日本と同様に4月から3月までであり，以下の数値は基本的には，2015年度（2015年4月から2016年3月）のデータに基づいている。

1. 収入保険料推移

2015年度の生命保険会社の収入保険料は，3兆6684億3230万ルピー（1ルピー＝1.7円とすると，約6.2兆円）となっている。

この収入保険規模は，スイス再保険会社の資料によれば，世界第10位に相当し，全世界の保険料に対するシェアは，2.24％（日本は13.57％）となっている。

収入保険料の過去からの推移を，国営のLICとLIC以外の民間との内訳別に見てみると，以下の図表のとおりとなっている。2000年8月に市場が民間

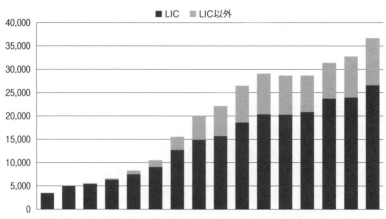

図表3-6　収入保険料の推移（億ルピー）

（出所）IRDAI「ANNUAL REPORT 2015-16」から作成。

保険会社に開放されて以降，2010年まで保険料は急速に増加してきていたが，2010年9月のユニット・リンク保険商品（ULIPs）に対する規制の見直し[2]等を受けて，その後暫く保険料の伸びが鈍化していたが，ここ数年は市場の好転等の影響で，再び大きな進展を見せている。

2. 普及率（1人当たり，GDP当たり）

IRDAI の Annual Report 2015-16 によれば，普及率を示す対 GDP 収入保険料比率（2015年ベース）では，保険合計で3.4%，生命保険で2.7%（日本は，それぞれ10.8%，8.3%，世界平均は，それぞれ6.2%，3.5%）となっている。

一方で，保険密度を示す1人当たり保険料（2015年ベース）は，保険全体で55ドル，生命保険で43ドル（日本は，それぞれ3554ドル，2717ドル，世界平均は，それぞれ621ドル，346ドル）となっており，未だ低い水準にとどまっている。

3. 保険商品

インドは貯蓄志向の高い文化を有しているとされている。

現在は，ノン・リンク保険（非ユニットリンク保険）の伝統的商品の中では，養老保険が主力商品となっている。加えて，定期保険やマネー・バック・タイプ（定期的に定額を支払う生存給付金タイプ）の保険が提供されている。

終身保険については，LICのWebサイトからの情報によれば，基本的には「被保険者の死亡時」に保険金額と配当金を支払うものであるが，昨今の長寿化を考慮して，「80歳または契約後40年間のいずれか遅い時点」で，保険金額と配当金を支払う方式に変更した，としている。なお，保険料は「80歳または契約後35年間のいずれか遅い時期」まで，支払うこととしている。

民間保険会社を中心に提供されているユニット・リンク保険は，保険料の一部が保障のための保険料に充当され，残りは様々なファンドに投資される。

なお，2010年の商品ガイドラインの改訂以降は，多くの会社の商品開発において，リンク保険からノン・リンク保険の伝統的商品へのシフトが見られ

た。

以上に加えて，年金（Annuity, Pension）や医療保険も提供されている。

（参考）医療保険

(1) 収入保険料

IRDAI の Annual Report は，損害保険会社および医療保険会社によって提供されている医療保険の状況を報告[3]している。

これによると，これらの会社によって提供される医療保険の収入保険料は2444 億 8 千万ルピー（約 4156 億円）で対前年 21.7％の進展であり，生命保険の収入保険料の 6.7％に相当する規模となっている。

保険会社のタイプによる収入保険料の内訳では，公共損害保険会社が 6 割以上を占めており，この割合はここ数年あまり変化していない。また，医療保険は，政府支援によるものと団体保険および個人保険の 3 つに分類されるが，こ

図表 3-7　医療保険の収入保険料（2015 年度）

（単位：1 千万ルピー）

	保険料	構成比
公共損害保険会社	15,591	64％
民間損害保険会社	4,911	20％
医療保険専門会社	3,946	16％
合計	24,448	100％

（出所）IRDAI「ANNUAL REPORT 2015-16」から作成。

図表 3-8　医療保険の収入保険料（2015 年度）

（単位：1 千万ルピー）　　　　　（参考）2010 年

	保険料	構成比	構成比
政府支援スキーム	2,425	10％	20％
団体保険（上記以外）	11,621	48％	45％
個人保険	10,353	42％	35％
合計	24,448	100％	100％

（出所）IRDAI「ANNUAL REPORT 2015-16」から作成。

第6節　生命保険市場の状況　*79*

図表 3-9　医療保険の損害率の推移

	2011 年度	2012 年度	2013 年度	2014 年度	2015 年度
公共損害保険会社	101%	103%	106%	112%	117%
民間損害保険会社	78%	78%	87%	84%	81%
医療保険専門会社	60%	61%	67%	63%	58%
業界平均	93%	95%	97%	101%	102%

（出所）IRDAI「ANNUAL REPORT 2015-16」から作成。

の内訳においては，近年個人保険の割合が上昇してきている。

　なお，医療保険の損害率（ICR：Incurred Claims Ratio）は，2014 年度と 2015 年度の 2 年間は 100％を超えており，収益性が高いとはいえないビジネスとなっている。これは，価格競争が激化していることに加えて，診療報酬制度等の医療業界の規制が整備されていないことや査定部門の経験不足やデータの未整備等により，適切な支払が行われていないことが要因とされている。

　ただし，会社形態別にみると，公的損害保険会社の損害率が高く，この 2 年間も悪化しているのに対して，民間損害保険会社や医療保険専門会社の損害率は 100％を下回り，この 2 年間は低下傾向にある。

(2) 商品の状況（生命保険商品を含む）

　入院時の入院代や手術等の治療を受けた場合の治療費等の実額保障を行う商品やそれらの経費に対応した定額保障を行う商品が中心となっている。これらに加えて，妊婦や新生児の保障，入院前後の看護や往診費用等の付加的保障も提供されている。

　加えて，入院時の会社等からの保障が十分でない場合に，一定の自己負担による控除後に付加的な給付を行う「top-up」型の商品がある。

　さらには，がん・脳卒中・心筋梗塞等の重大疾病（Critical Illness）診断時に定額支払保障を行う商品が提供されている。

4.　料率

　保険料率は，各社毎に異なっており，各社のアクチュアリーによって算出さ

れる。保険料率は，保険給付の支払いに十分なもので公平なものでなければならず，保障するリスクに依存している。なお，新商品および既存商品の改定時の保険料率については，届出後使用制（File and Use）が採用されている。

各社のアポインテッド・アクチュアリーは，① 保険料の基礎に関して，保険法第40B条の規定を遵守すること，② 保険商品の保険料率が公正であることを保証すること，が求められる。

保険料率は，死亡率・発生率，投資利回り，事業費率，解約率等を考慮して，決定されるが，これらについて報告が求められる。また，事業費率については上限が定められている。

5. 販売チャネルと販売制度

販売チャネルの状況は，個人保険と団体保険，LICと民間保険会社の間で，大きく異なっている。

2015年の新契約保険料ベースでは，個人保険では，民間の場合，個人エージェントが3割，銀行が5割程度を占めて，メインとなっている。一方で，LICではほとんどが個人エージェントによるものである。

図表3-10　新契約の販売チャネル別内訳（2015年度保険料による構成比）

| | 個人エージェント | 法人エージェント | | ブローカー | 直接販売 | 合計 |
		銀行	その他			
個人保険	68.27%	23.82%	1.39%	1.60%	4.36%	100%
民間	31.90%	51.70%	3.00%	3.64%	8.65%	100%
LIC	96.50%	2.18%	0.14%	0.02%	1.03%	100%
団体保険	1.69%	1.69%	0.96%	0.63%	95.03%	100%
民間	0.77%	8.79%	4.71%	3.17%	82.56%	100%
LIC	1.91%	0.00%	0.07%	0.02%	98.00%	100%
全体	29.68%	10.99%	1.14%	1.04%	56.92%	100%
民間	20.13%	35.48%	3.65%	3.47%	36.59%	100%
LIC	33.68%	0.73%	0.09%	0.02%	65.43%	100%

（出所）IRDAI「ANNUAL REPORT 2015-16」から作成。

なお，個人保険の民間における銀行による販売のシェアは，2009年には24.9％であったが，その後毎年シェアを高めてきて，2015年では51.7％となっている。

団体保険では，民間もLICの場合も，直接販売がメインであるが，民間では銀行も1割弱程度の構成比となっている。

6. 競争環境

インドにおいては，2016年3月末で，54の保険会社が登録されている。このうち，生命保険会社が24社，損害保険会社が24社，医療保険会社が5社，再保険会社が1社となっている。

54の会社のうち，8社が公共会社であり，その内訳は，生命保険がLIC（Life Insurance Corporation of India）の1社，損害保険が，ECGC[4]とAIC[5]という2つの特殊保険会社に加えて，他に4社の国営保険会社が存在する形になっている。さらに，唯一の国営再保険会社として，GIC（General Insurance Corporation of India：GICRe）が存在している。これら以外の残りの46社が民間保険会社となっている。

図表3-12が，LICとLIC以外の収入保険料シェアの推移を示している。

LICのシェアは，2010年度までは徐々に低下してきていたが，民間保険会社においてウェイトが高いユニット・リンク保険が監督規制の影響等で販売が低迷したことから，2010年以降の数年は若干上昇していた。ただし，2014年度以降は，経済環境の改善を受けた好調な株式市場や各社の新商品の投入等に

図表3-11 インドにおける保険会社（2016年3月末）

	公共	民間	合計
生命保険	1	23	24
損害保険	6	18	24
医療保険	0	5	5
再保険	1	0	1
合計	8	46	54

（出所）IRDAI「ANNUAL REPORT 2015-16」から作成。

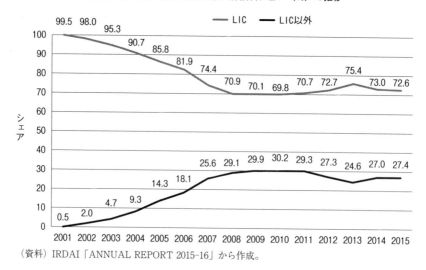

図表 3-12 LIC と LIC 以外の収入保険料シェア（%）の推移

（資料）IRDAI「ANNUAL REPORT 2015-16」から作成。

より，ユニット・リンク保険の販売が回復したこともあり，民間保険会社のシェアが上昇し，LIC のシェアは低下してきている。

2015 年度の収入保険料の各社別・払方別・商品別の内訳は，図表 3-13 のとおりである。

会社別では，国営の LIC が 3/4 のシェアを有し，残りの 1/4 の市場を 23 の民間保険会社が分け合っている。LIC では，一時払保険料の構成比が高くなっており，会社全体の収入保険料の 3 割弱を占めている。LIC は，ユニット・リンク保険等のリンク保険を殆ど販売しておらず，収入保険料の構成比は 1% 程度でしかない。一方で，民間保険会社は，リンク保険の構成比が高く，民間全体では 5 割近い構成比となっている。

なお，LIC 以外の民間保険会社全体における各社のシェアは，図表 3-14 のとおりである。

図表3-13 生命保険会社の収入保険料の内訳（2015年度 会社別，初年度（一時払・一時払以外）・次年度別，リンク保険・ノン・リンク保険別）

（単位：1千万ルピー）

保険会社	収入保険料（払方別）						収入保険料（商品型別）			
	①一時払以外	②一時払	③初年度(①+②)	④次年度以降	合計(③+④)	会社別シェア	リンク保険	構成比	ノン・リンク保険	構成比
ICICI PRUDENTIAL	4,924.38	1,841.37	6,765.75	12,398.64	19,164.39	5.2%	14,381.94	75.0%	4,782.45	25.0%
HDFC STANDARD	3,296.49	3,190.73	6,487.22	9,825.76	16,312.98	4.4%	8,608.39	52.8%	7,704.58	47.2%
SBI LIFE	4,630.54	2,476.04	7,106.58	8,718.79	15,825.38	4.3%	6,894.76	43.6%	8,930.61	56.4%
MAX LIFE	2,082.79	798.92	2,881.71	6,334.45	9,218.16	2.5%	2,247.28	24.4%	6,968.89	75.6%
BAJAJ ALLIANZ	1,393.80	1,490.71	2,884.52	3,012.79	5,897.31	1.6%	1,731.37	29.4%	4,165.94	70.6%
BIRLA SUNLIFE	2,173.43	46.87	2,220.31	3,359.41	5,579.71	1.5%	3,235.52	58.0%	2,344.19	42.0%
RELIANCE	1,446.70	111.63	1,558.33	2,839.79	4,398.12	1.2%	1,328.48	30.2%	3,069.64	69.8%
KOTAK MAHINDRA	1,646.68	562.98	2,209.66	1,762.02	3,971.68	1.1%	1,297.90	32.7%	2,673.78	67.3%
PNB METLIFE	958.15	45.02	1,003.17	1,824.67	2,827.83	0.8%	922.58	32.6%	1,905.26	67.4%
TATA AIA	724.84	15.95	740.79	1,738.17	2,478.96	0.7%	747.99	30.2%	1,730.97	69.8%
Others	3,871.52	3,241.25	7,112.76	7,713.74	14,824.51	4.0%	4,006.16	27.0%	10,820.34	73.0%
民間合計	27,149.32	13,821.47	40,970.80	59,528.23	100,499.03	27.4%	45,402.37	45.2%	55,096.65	54.8%
LIC	23,829.38	74,062.13	97,891.51	168,552.70	266,444.21	72.6%	1,469.21	0.6%	264,975.00	99.4%
合計	50,978.71	87,883.60	138,862.31	228,080.93	366,943.23	100.0%	46,871.58	12.8%	320,071.65	87.2%

（出所）IRDAI「ANNUAL REPORT 2015-16」から作成。

84   第3章 インド

図表 3-14　生命保険収入保険料の LIC 以外の保険会社別シェア（2015 年度）

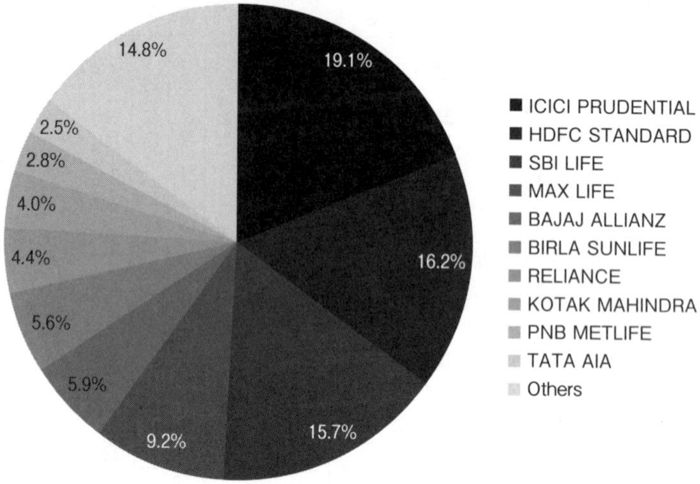

ICICI PRUDENTIAL
HDFC STANDARD
SBI LIFE
MAX LIFE
BAJAJ ALLIANZ
BIRLA SUNLIFE
RELIANCE
KOTAK MAHINDRA
PNB METLIFE
TATA AIA
Others

19.1%　16.2%　15.7%　9.2%　5.9%　5.6%　4.4%　4.0%　2.8%　2.5%　14.8%

（出所）IRDAI「ANNUAL REPORT 2015-16」から作成。

7. 収支動向

　LIC と民間の 5 社の収益状況を比較した場合，図表 3-15 が示すように商品
や販売チャネルの違い等から，保険料との比較での収益性は大きく異なる状況
となっている。なお，利益水準は，責任準備金評価のための計算基礎の設定に
よっても影響を受ける形になっている。

　各社とも，保険料および利益の実額を着実に進展させてきているが，対保険
料利益率で見た場合，LIC は水準が低い中でも改善させているのに対して，民
間 5 社の水準は高いが傾向としては低下してきている。

8. 資産運用

　生命保険会社の総資産は，2016 年 3 月末で 25 兆 206 億 8 千万ルピー（約
42.5 兆円）で対前年 11.3％増加した。過去から総資産は順調に増加してきてい
る。

　総資産全体のうち，13.6％にあたる 3 兆 4041 億 2 千万ルピー（約 5.8 兆円）

第6節 生命保険市場の状況　85

図表 3-15　LIC と民間 5 社の利益（税引後）の状況

（単位：十億ルピー）

会社名	2013 年度		2014 年度		2015 年度	
	保険料	利益（税引後）	保険料	利益（税引後）	保険料	利益（税引後）
LIC	2,369.42	16.57	2,396.68	18.24	2,664.44	25.17
ICICI Prudential	124.29	15.66	153.07	16.34	191.64	16.50
HDFC Standard	120.63	7.25	148.30	7.86	163.12	8.18
SBI Life	107.39	7.40	128.67	8.20	158.25	8.61
Max Life	72.79	4.36	81.72	4.14	92.16	4.39
Bajaj Allianz	58.43	10.25	60.17	8.76	58.97	8.78
上記民間 5 社合計	483.53	44.92	571.93	45.30	664.14	46.47

（出所）各社の Public Disclosures 資料から作成。

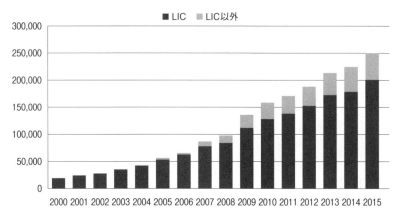

図表 3-16　総資産の推移（億ルピー）

（出所）IRDAI「ANNUAL REPORT 2015-16」から作成。

がユニット・リンクファンドである。

残りの 21 兆 6165 億 6 千万ルピー（約 36.7 兆円）が伝統的商品に対する資産であり，その構成比は以下の図表 3-17 のとおりである。

中央政府や州政府等の有価証券が 6 割以上を占めている[6]。

なお，この資産を商品ファンド別にみると，図表 3-18 のとおり，商品構成を反映して，民間保険会社におけるユニット・リンクファンドの構成比が高くなっている。

図表 3-17 生命保険会社（ユニット・リンク・ファンド以外）の資産構成比（2016 年 3 月末）

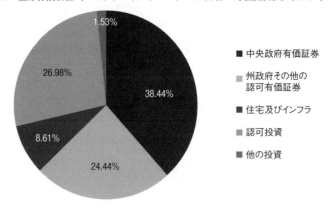

（資料）IRDAI「ANNUAL REPORT 2015-16」から作成。

図表 3-18 生命保険会社資産のファンド別構成比（2016 年 3 月末）

	生命保険ファンド	年金・団保ファンド	ユニット・リンクファンド	全体
LIC	76.00%	20.54%	3.46%	100%
民間	34.57%	10.46%	54.97%	100%
合計	67.84%	18.55%	13.61%	100%

（出所）IRDAI「ANNUAL REPORT 2015-16」から作成。

9. 業界団体

(1) インド保険協会

　インド保険協会（Insurance Association of India）が，1938 年の保険法の規定に従って設立された。インドで事業を行っているすべての保険会社で構成されている。IRDAI は，生命保険協議会（Life Insurance Council）と損害保険協議会（General Insurance Council）の 2 つの協議会を設立した。両協議会の執行委員会の委員と会長は，IRDAI によって指名される。協議会の執行委員会は，以下の機能を委任されている。

a．保険者が行動規範と健全な慣行の基準を設定し，保険契約者に効率的なサービスを提供するという助言を行う。

b．保険会社の経費を管理するという観点から，当局に助言する。

c．保険契約者の利益に不利な形で行動する保険会社を当局に通知する。

(2) 生命保険協議会

　生命保険協議会（Life Insurance Council）が，生命保険業界を信頼の置けるサービスに転換させる目的で，1938年保険法の第64C条に基づいて設立された。いくつかの委員会を有し，インドのすべての認可生命保険会社を代表している。主な目的として，① 生命保険の原理と恩恵についての認識の向上，② 消費者の信頼感を高めるための業界の支援，が挙げられている。

　生命保険協議会は，執行委員会を通じて，保険代理店として資格を得ることを望む個人のための試験を実施する。また，生命保険事業または保険会社のグループを運営する保険会社が，保険法上の規定された限度額を超えることができる実際の費用の限度額を修正する。

(3) インド・アクチュアリー会

　インド・アクチュアリー会（Institute of Actuaries of India）は，アポインテッド・アクチュアリーが行う責任準備金やソルベンシー等の数理的業務に関して，法令・規則等の規定に従って，実務基準やガイダンス・ノートを作成している。

図表3-19　アクチュアリー会の会員数（2016年3月末）

会員種類	インド	（参考）日本
Fellows（正会員）	324	1,514
Affiliates（提携会員）	12	－
Associates（準会員）	159	1,287
その他会員	10,140	2,060
合　計	10,641	4,861

（注）インドのその他会員には名誉正会員6名を含む。日本のその他会員には法人会員を含む。

10. マイクロ・インシュアランス

マイクロ・インシュアランスは，貧困のために一般の保険に加入できない低所得者向けの小口の保険であるが，NGO（Non Governmental Organizations）やSHGs（Self Help Groups）等のエージェントによって，販売される。さらに，生命保険と損害保険をセットにした形での販売が認められる。

生命保険会社によって提供されているマイクロ・インシュアランスの新契約収入保険料（初年度保険料と一時払保険料の合計）は，2015年度に33億4140万ルピー（約57億円）（うち，個人で3億1710万ルピー，団体で30億2430万ルピー）となっている。

IRDAIは，以前の規則を改正して，新たに2015年IRDAI規則（マイクロ・インシュアランス）（IRDAI（Micro Insurance）Regulations, 2015）を2015年3月に公表している。

この改正内容の具体例は，① 生命保険会社は，生命保険と損害保険のマイクロ・インシュアランス商品を販売するために，損害保険会社と提携ができる。② マイクロ・インシュアランスのエージェントは，一つの生命保険会社，一つの損害保険会社に加えて，AIG（Agriculture Insurance Company of India）および医療保険専門会社の一つのエージェントとして働くことができる，となっている。

11. 地方・社会セクターでの最低販売量規制

IRDAIは，地方・社会セクターでの最低販売量に関する規制を行っている。これは，各保険会社に，保険契約の一定割合を「地方・社会セクター（Rural and Social Sectors）」から計上することを求めるものである。

IRDAI規則（保険会社の地方・社会セクターへの義務）（IRDAI（Obligations of Insurers to Rural and Social Sectors）Regulations）によれば，地方・社会セクターからの計上比率は事業年数によって異なり，段階的に増加していくことになる。

「地方セクター（Rural Sector）」の場合，初年度の7%から段階的に増加し，

10年目以降は20％となり，「社会セクター（Social Sector）」の場合，初年度の0.5％から段階的に増加し，10年目以降は5％となる。

12. 生命保険普及のための政府施策

インド政府は，手頃な価格で生命保険や年金の契約を購入可能な新しいスキームを提供することで，低・中所得層への保険の浸透を図ろうとしている。2015年5月に，以下の3つの新しい社会保障スキームが導入された。

(1) PMJJBY の導入

PMJJBY（Pradhan Mantri Jeevan Jyoti Beema Yojana）は，18歳から50歳までの銀行の貯蓄口座保有者に対して，低コストで生命保険を提供するものである。具体的には，330ルピー（560円）の年間保険料で，20万ルピー（34万円）の保障が得られる，というものである。これにより，地方や郊外での保険ニーズを喚起させ，保険普及率を高めることを企図している。

(2) PMSBY の導入

PMSBY（Pradhan Mantri Suraksha Bima Yojana）は，18歳から70歳までの銀行口座を有する個人が誰でも加入可能で，12ルピー（20円）の年間保険料で，20万ルピー（34万円）の災害死亡保障が得られるというものである。

(3) APY の導入

APY（Atal Pension Yojana）は，老後の所得保障を提供するために導入された。18歳から40歳までの銀行預金口座を有する個人が誰でも加入できる。このスキームによれば，最低20年間の保険料払込で，払込保険料に応じて，60歳から，毎月1000ルピー（1750円）から5000ルピー（8500円）の最低保証された年金が支払われる。政府が，加入者の保険料の50％か，1000ルピーのいずれか低い金額を5年間支払う。

ほとんどの保険会社が，これら3つの商品を既存のあるいは新規に提携したバンカシュランスの銀行を通じて販売している。こうした積極的な取組みによ

り，2017年3月30日時点の加入者数は，すでにPMJJBY 3102万人，PMSBY 9949万人，APY 415万人に達している。

[注]
1）規則では，資産に比例する第3ファクターも規定されているが，現在はこの部分は0（ゼロ）に
　セットされている。
2）例えば，最低死亡保障の付与，ロック・イン期間の3年から5年への延長等が行われた。
3）医療保障をカバーする保険は，生命保険会社によっても提供されている。損害保険会社の医療保
　険は通常1年満期だが，生命保険会社は，複数年での保障の提供を行っている。
4）ECGC（Export Credit Guarantee Corporation）は，輸出信用保険を引き受けている会社
5）AIC（Agriculture Insurance Company of India）は，農業保険を引き受けている会社
6）認可有価証券や認可投資の具体的な内容は，保険法第2条および第27A条に規定されている。

[主要参考文献]
IRDAI（INSURANCE REGULATORY AND DEVELOPMENT AUTHORITY OF INDIA）（2016），
　　　ANNUAL REPORT 2015-16.
Swiss Reinsurance Company（2016），"World Insurance in 2015: Steady Growth amid Regional
　　　Disparities," *Sigma*（No.3/2016）.
Timetric（2017），*Life Insurance in India*.
インド・アクチュアリー協会（IAI）ウェブサイト http://www.actuariesindia.org/
インド財務省ウェブサイト http://www.jansuraksha.gov.in/claims-reported.aspx
インド生命保険協議会（LIC）ウェブサイト https://www.lifeinscouncil.org/code/Default.aspx
インド保険監督当局（IRDAI）ウェブサイト https://www.irda.gov.in/Defaulthome.aspx?page=H1
国連人口推計ウェブサイト　https://esa.un.org/unpd/wpp/Maps/

（中村　亮一）

第4章

タ　イ

はじめに

　タイ（タイ王国）の生命保険業は 19 世紀末に始まるが，当初は十分な普及には至らなかった。この背景には，国民の間で生命保険に対する理解が広がっていなかったことや所得が必需品以外の支出に当てられるほど高くなかったこと，農村の大家族的集団社会による相互扶助，そして寿命が短く生命保険に余生を託さねばならない層が少ないといった複数の要因がある。

　1970 年代以降，経済状況と社会環境が大きく変貌を遂げるなか，生命保険は国民の間で普及するようになっていった。農村から都市への人口移動を背景に核家族化が進み，都市部を中心に伝統的な相互扶助の慣習は徐々に薄れてきている。また経済成長で所得が向上し，平均寿命の伸長によって長寿リスクも高まり，保険需要は増大してきている。さらにライフスタイルの変化に応じて消費者ニーズも多様化するようになってきている。こうしたなか保険会社は新商品の開発や販売チャネルの多様化，保険人材の専門性の向上，保険の宣伝活動などに取り組み，保険市場は近年急速に拡大してきている。

　生命保険監督については，1960 年代に制定された生命保険法は厳しく，旧態依然とした内容であり，外国資本に対しても開放的ではなかった。しかし，1990 年代以降はアジア通貨・金融危機の経験や経済のグローバル化の流れのなかで外資規制の緩和やガバナンスの改善など国際標準を意識した見直しを段階的に進めており，タイの生命保険会社の競争力や安定性は以前より増してきている。

第 1 節　政治・経済・社会の概況

1.　国家の概況，政治・社会の動向

　タイ（Kingdom of Thailand）は，インドシナ半島の中央部に位置し，マレーシア，カンボジア，ラオス，ミャンマーの 4 カ国と国境を接する。国土面積は約 51 万 km²（日本の約 1.4 倍）と，東南アジアの中ではインドネシア，ミャンマーに次いで 3 番目に大きい国土を有する。

　タイは，北半球の熱帯に位置し，高温・多湿の気候である。バンコクにおける年平均気温は 29℃で年間を通じて高い気温が続き，季節は雨季（5～10 月）と乾季（11～2 月），暑季（3～4 月）に分けられる。

　タイは，6700 万人余りの人口を有し，東南アジアのなかではインドネシア，ベトナム，フィリピンに次いで 4 番目に多い国である。年齢別の人口を見ると，1970 年頃は高齢者が少ない典型的なピラミッド型であったが，現在は少子化および高齢化の進展により，若年層の構成比は低下し，最も多い年齢層は 40 代半ばとなっている。国連の推計によると，タイの人口は 2023 年の 6867 万人でピークを迎え，東南アジアで最も早く人口減少に転じる見通しとなっている。

　タイの国民の大部分がタイ族，次いで中国系民族であるが，両者の同化が進んでいることから周辺国で見られるような華人との対立は見られない。また北部には少数民族，南部にはマレー系も住んでおり，南部ではイスラム系の過激派によるテロが活発化している。こうした民族構成を背景に公用語はタイ語であり，宗教は国教がないものの，仏教徒が大多数を占めている。

　タイ王国の基礎は 13 世紀のスコータイ王朝より築かれ，その後アユタヤ王朝，トンブリ王朝を経て，現在のチャックリー王朝（1782 年～）にいたる。タイの政治体制は 1932 年の立憲革命により，絶対君主制から立憲君主制に移行しており，国王は国家元首であるものの，象徴的な存在となっている。議会制民主主義を採用しており，行政の最高責任者は民選の人民代表院（下院）が選出する首相である。もっともタイでは民主主義が十分に浸透しておらず，民

主化が行き過ぎた場合には軍事クーデターが起きて軍事政権が誕生し，その後に改正される新たな憲法のもとで総選挙が実施され，民主政治が復活するといった歴史を繰り返している。最近では2014年5月にプラユット陸軍司令官率いる国軍が軍事クーデターを起こし，憲法と議会を廃止して実権を掌握した。その後は現在まで軍事政権が継続している。

2. 経済・金融動向

　タイの経済規模を名目国民総生産（GDP）で見ると，2015年は13兆6729億バーツ（4069ドル，世界26位）と，日本の1割弱に相当し，東南アジアではインドネシアに次いで第2位の経済規模を誇る。

　一方，タイの1人当たり国民総所得（GNI）は5720ドル（2015年）と，東南アジアではシンガポール，ブルネイ，マレーシアに次いで4番目に高い所得水準にあり，世界銀行の分類によれば高位中所得国に位置する国である。

　タイはこれまでに一定の経済成長を遂げ，現在では日本企業の海外ビジネスの中核拠点の一つとなっているが，経済発展は紆余曲折の歴史がある。タイ中央部に流れるチャオプラヤ川の肥沃なデルタはアジア有数の米作地帯であり，1950年頃まではコメの生産と輸出に依存するモノカルチャー経済の段階が続いていた。1960年代には外資を積極的に活用した輸入代替型工業化政策を進め，この頃から日本企業の進出も始まったが，徐々に投資のペースが鈍化して成長に限界が出てきたことから，1970年代には輸出指向工業化政策に切り替えることとなった。

　1980年代後半から1990年代前半にかけては，プラザ合意を背景とする円高に伴う日本からの直接投資を追い風に工業化が飛躍的に進展し，10%前後の高成長が続いた。しかし，1995年にアメリカがドル高政策に転じると，通貨政策としてドルペッグ制を採用していたタイの通貨バーツは割高になり，輸出競争力は低下して経常収支が悪化した。その結果，外国為替市場では事実上の固定相場制を維持しつつ，資本自由化を推進するという政策上の矛盾が売りの材料となってバーツが暴落，1997年7月に変動相場制に移行，同年8月にはIMF支援を受けることになった。IMF支援の条件として厳しい財政・金融の

94 第4章 タ イ

引き締め策や金融改革を迫られることになり，タイ経済は崩壊して企業の倒産
やリストラが相次いだ。

2000年代に入ると，中国の高成長を追い風にタイ経済は輸出主導型の5％超
の中速成長が続いた。2008年の世界金融危機以降は，大洪水による製造業の
操業停止（2011年）や軍事クーデター（2014年），産業高度化の遅れや少子高
齢化といった構造問題，世界的な貿易量の伸び悩み（スロー・トレード現象）
を背景として成長率が3％程度で伸び悩むようになっている。政府は内需刺激
策で景気を支えるとともに，投資奨励制度を見直すことで産業の高度化を進め
ている。

これまでの経済発展により，タイの主力産業は農業から製造業に代わり，主
力の輸出品は自動車・同部品，コンピューター・同部品，精製燃料となってい
る。なかでも自動車産業は組立のみならず，金型やプレス，射出成型，鋳造な
ど幅広い分野の裾野産業が発達しており，他の東南アジア諸国とは一線を画し
ている。一方，農林水産業はGDPシェアこそ低下したものの，就業人口は全
体の3割超を占めており，依然として重要な産業となっている。

第2節　生命保険略史

タイの保険業の歴史を見ると，保険業の始まりは19世紀末の外国保険会社
によるエージェントを通じた保険販売とされている。20世紀に入ると，保険
業が厳しく規制されるようになり，保険業を営む場合には当局の許可が必要に
なった。1929年には26社の外国保険会社が営業しており，第2次世界大戦ま
でに9社の保険会社が営業免許を取得した。

第2次世界大戦中（1939〜1945年）は多くの外国保険会社が営業を停止し
たことから，地場保険会社に活躍の機会が訪れた。終戦後は経済発展と共に保
険市場が拡大し，多くの保険会社が設立されて激しい競争の時代を迎えた。

1960年代には大手の生命保険会社が破綻し，被保険者に大きな影響を与え
た結果，保険業界は1970年代前半まで低迷することとなった。当局は再発防
止に向けて1967年に生命保険法を施行し，保険準備金の最低基準や投資規制

を整備するなどの規制強化を図った。

GATT[1]ウルグアイ・ラウンド（1986〜1994年交渉）では金融の自由化交渉が合意に達しなかったものの，世界貿易機関（WTO）で継続交渉されるなか，タイ政府は金融の自由化を検討した。1995年には10年以上禁止されていた保険会社の新設を許可し，1997年には12の生命保険会社が新たに免許を取得することとなり，生命保険会社の数は既存の13社と合わせて25社となった。

その直後に発生したアジア通貨・金融危機では，保険会社は当局の厳しい監督下にあったことから他業態に比して大きな影響を受けなかったものの，金融再編のための制度改革を進めることとなった。2006年には中長期的な保険業の発展に向けた保険業マスタープラン（Insurance Sector Master Plan, 2006〜2011年）が公表され，それ以降も保険システムの強化，保険会社の国際競争力の向上に力点を置いた改革が進められている。

第3節　生命保険監督

1. 生命保険の監督体制

(1) 監督法，根拠法規

タイでは，生命保険業を監督する法律として生命保険法（Life Insurance Act, 2015年）がある。生命保険法には，保険会社の登録や保険業の管理監督，自己資本および流動性資産の保有，生命保険エージェントおよびブローカー，アクチュアリー，契約者保護制度，罰則に関する規定が定められている。規定の詳細については，保険委員会通知（Insurance Commission Notification）等においても別途定められている。

初めて制定された生命保険法は1967年であるが，1992年には同法の廃止とともに新たな生命保険法が制定され，その後2008年と2015年の改正を経て現在に至る。なお，2008年の生命保険法改正では外資規制の緩和や生命保険基金の設置，公開株式会社への移行，リスク・ベース資本（RBC）規制の導入などが盛り込まれた。また2015年の生命保険法改正では外資規制の追加緩和，

国際基準および ASEAN 経済共同体（AEC：ASEAN Economic Community）基準への適合，およびガバナンスの向上などを目的に規定を見直している。

また保険契約に関する法律としては，ビジネスの一般法である民商法典（Civil & Commercial Code, 1925 年）があり。保険契約の定義，契約によって発生する権利や義務，契約の解除などの規定がある。

(2) 保険監督官庁

タイにおける保険監督は，保険委員会法（Insurance Commission Act, 2007）に基づき設立された財務省所管の保険委員会事務局（OIC：The Office of Insurance Commission）が運営している。

保険監督の歴史は 1929 年に商務通信省に設置された保険課（Insurance Division）に始まる。保険課は組織改編を経て 1979 年に局相当の保険事務所（Insurance Office）となり，1990 年には保険局（Department of Insurance）に改名された。そして 2007 年の保険委員会法により，保険監督について独立性を有する保険委員会を設置し，商務省保険局はその事務所に改組され，現在に至る。

OIC は，保険業を生命保険業（Life Insurance）と損害保険業（Non-Life Insurance）に分け，それぞれを規制・監督することにより，保険業の継続的な発展を促すと共に契約者利益を保護する責務を担っている。生保会社に対する免許の付与・取消しおよび財務省令・通知については OIC の推奨に基づいて財務省が執り行うが，OIC は生保会社の健全性基準の遵守状況の確認，立入検査，商品の認可，エージェント・ブローカー・アクチュアリーに対する免許交付など日常的な監督権限を有している（保険委員会法第 12 条）。

また OIC は保険業の戦略的計画を策定するほか，大衆向けに保険の啓発活動も行う。現在，OIC は 2016 年 1 月に公表した第 3 次保険開発計画（2016〜2020 年）を掲げており，その全体的な目標は世界貿易機関および ASEAN 経済共同体の下での自由化に備え，タイの保険市場の信頼性を強化し，構築することである。目標達成に向けての方針は① 業界標準の全体的な向上とコーポレート・ガバナンスの改善，② 効率性の向上と競争環境の構築，③ 保険思想の醸成と人的資源の能力向上といったように多岐に渡る。

2. 生命保険業の諸規制

(1) 会社形態

タイにおいて生命保険業を営むことができる会社は，公開株式会社法に基づく公開株式会社，もしくは外国生命保険の支店に限られ，相互会社は認められていない（生命保険法第7，8条）。

なお，以前認められていた非公開株式会社は2008年の生命保険法改正によって5年内の公開株式会社への転換が義務付けられた。期限に間に合わない場合には3年の延長措置が認められる一方で新規契約が不可能となり，その延長期限が切れた場合には事業免許が停止される措置が執られた。

(2) ライセンスの種類

① 生命保険会社

生保会社の事業免許手続きとしては，内閣の承認により財務大臣が生命保険事業の営業を許可した後，生保会社は会社設立登記日から6カ月以内に営業保証金2000万バーツを預託し，最低資本金5億バーツを保持することが求められる。財務大臣はこれらの手続きが完了した時点で許可書を発行する。この営業保証金と最低資本金は現金やタイ政府債など，OICが規定した要件に従わなければならない（生命保険法第7，20，27条）。

生損保の兼営は禁止されており，生命保険会社が損害保険事業の免許を取得すること，反対に損害保険会社が生命保険事業の免許を取得することはできない（生命保険法第33条）。なお，この旨を定めた1992年の生命保険法の改定前から営業を行っていた会社に対しては条件付で事業継続が認められていたが，2008年の生命保険法の改定後は8年以内に新設の会社に損害保険部門を引き継ぐこととなった。

② 保険エージェントおよび保険ブローカー

エージェントおよびブローカーとしての業務を行う者はOICから許可書を取得しなければならない。エージェントまたはブローカーになることを望む者は学士レベルの学位を有し，OICが定める教育プログラム（ユニバーサル保

険およびユニットリンク保険を販売するための別途の教育プログラムあり）を受け資格試験に合格する必要がある。またエージェントは一社専属制であることから許可書にどの会社のエージェントであるかを示す必要があるほか，（個人ではなく）法人の形態を望むブローカーはタイ国内に本店を有する法人であり，当該許可書を保持する従業員がいること等の要件も定められている。なお，エージェントとブローカー（個人）の両方を兼ねることはできない。それぞれのライセンスの有効期間は1年であるが，3回目の更新以降は5年に延長される（生命保険法第68, 69, 70, 71, 72, 73, 77条）。

エージェントまたはブローカーが生命保険法やOICの布告した規定に違反，許可書申請時に要する資格の喪失などの場合には，OICは許可書の取消しを命じることができる。また生保会社は自社のエージェントが起こした損害に対し，エージェントと共同で責務を負う（生命保険法第70/1, 81条）。

③ アクチュアリー

会社がOICに対して報告する書類上の責任準備金などの保険数理計算はアクチュアリーの保証を得ていなければならない。アクチュアリーとなる者はOICから許可書を取得しなければならず，またタイ・アクチュアリー協会の正会員でなければならない[2]。なお，ライセンスの有効期間は2年である。（生命保険法第83/1〜83/3, 83/5条）

(3) 外資参入規制

タイの生命保険業は，生命保険法において外資出資比率の上限が原則25％まで，また外国人取締役の数が全体の4分の1未満に制限されている（生命保険法第10条）。タイでは株主総会の特別決議に際し出席株主の4分の3以上の賛成が必要（公開会社法第76条, 107条）であるが，同規制により外国資本は拒否権を行使することができないことになる。

しかし，同規制には例外規定が設けられている。OICが認めた場合には外資出資比率の上限を49％まで，外国人取締役の数を全体の2分の1未満まで引き上げることが可能となる。この例外規定はタイ生命保険業の強化に繋がるほか，保険会社の財務状況が改善するといった状況において認められる。

さらに OIC の推奨に基づき財務省が許可した場合には，外資出資比率の上限が49％超（最大100％），外国人取締役の数が全体の過半数を占めることも可能となる。この例外規定が認められる要件として，資本十分性比率（CAR）150％以上，国際的格付会社の信用格付けが最低 A ランクの保険会社（または保険関連会社），総利用可能資本額（TCA）40億バーツ以上などがある。

このほか，タイでは原則すべてのサービス業への外資の参入を規制する外国人事業法（Foreign Business Act, 1999）がある。同法は外資比率50％以上の企業は「外国人」として同規制の対象となり，商務省から事業免許を取得する必要がある。しかし，同規制は2016年2月に緩和され，保険業については外資比率50％以上の場合においても商務省から許可を得る必要はなくなった。

(4) 健全性規制

① ソルベンシー規制

OIC は，保険会社が予想外の損失または資産下落に備えるための資本バッファーの保有を通じて経営を健全化し，保険契約者等の利益を保護することを目的としてリスク・ベース資本（RBC：Risk-Based Capital）フレームワークを2011年9月に導入した。

RBC フレームワークでは，最低限保持しなくてはならない資本十分性比率（CAR：Capital Adequacy Ratio）が定められており，各社が求められているソルベンシー資本要件は CAR が140％以上 [3]（2014年1月以降）となっている。なお，なお，生命保険業全体の CAR は379％（2015年末時点）と規定値を大きく上回っている。

資本十分性比率（CAR）は，保険会社が晒される各リスク（保険リスクと市場リスク，信用リスク，集中リスク，解約リスク）を評価合算した必要資本額（TCR：Total Capital Required）に対する利用可能資本額（TCA：Total Capital Available）の割合であり，図表4-1のとおり算出される。

OIC は，2013年9月より国際的要件が含まれた RBC フレームワークのフェーズ2（RBC2）の開発に取り組んでおり，RBC 規制は今後も変わる見込みである。RBC2の枠組みは未確定かつ導入日も未定であるが，リスク捕捉の強化や資本の質の向上を通じて規制が厳格化される予定である。保険会社に対

100 第4章 タイ

図表 4-1 資本十分性比率（CAR）の計算方法

項目	計算方法
資本十分性比率（CAR）	資本十分性比率（CAR）＝ $\dfrac{\text{総利用可能資本額（TCA）}}{\text{総必要資本額（TCR）}}$ × 100%
利用可能資本額（TCA）	利用可能資本額（TCA）＝ Tier1 資本＋ Tier2 資本－控除金額 ・Tier1 資本：資本金，資本剰余金，内部留保等の質の高い資本 ・Tier2 資本：償還条項のない累積的優先株式，土地再評価差額金 ・控除金額：自己株式，のれん，無形資産，繰延税金資産等
必要資本額（TCR）	必要資本額（TCR）＝① 保険リスク賦課＋② 市場リスク賦課＋③ 信用リスク賦課＋④ 集中リスク賦課＋⑤ 解約リスク賦課 ① 保険リスク賦課：長期契約（1 年超）リスク賦課と短期契約リスク賦課の合計 　　長期契約リスク賦課＝ GPV（注1）（信頼水準 95%）－ GPV（信頼水準 75%） 　　短期契約リスク賦課＝最良推定負債×（1 ＋ PAD（注2））× PAD ×リスク・ファクター ② 市場リスク賦課：株式，外国通貨，商品，不動産，合同運用型投資の時価に対応するリスク賦課を乗じた額の合計＋金利変動に伴う債券価額の増減 ③ 信用リスク賦課：債券や不動産担保融資，貸付，再保険，その他資産の時価に対応するリスク賦課を乗じた額の合計 ④ 集中リスク賦課：特定の会社への投資に関して制限を超過した額の合計 ⑤ 解約リスク賦課：解約返戻金から解約時の負債評価額とリスク賦課① ～④ の合計を差し引いた額 ※リスク量計算に使用する VaR の 1 年間の信頼水準は 95%

（注1）営業保険料式責任準備金（GPV）：最良推計負債に PAD を上乗せして算出。
（注2）金額不利な変動に対する安全割増（PAD）：最良推計負債に上乗せされる逆偏差のためのマージンで，信頼水準 75% で算出する。
（出所）OIC，現地保険会社資料をもとに作成。

しては必要資本額（TCR）にオペレーショナルリスクチャージを追加，利用可能資本額（TCA）からグループリスクに該当する資本の相互持ち合い額を控除，フレームワークの信頼水準を現在の VaR95% から 99.5% まで引き上げるなどの方向性を示して市場テストを実施し，RBC2 規制導入に伴う影響の評価を行っている。

② 最低資本金

OIC の規定により，生命保険会社は 5 億バーツの最低資本金を保有しなければならない（2017 年 1 月時点）。OIC は今後導入する RBC2 規制のもとで最低資本金を 10 億バーツに引き上げる予定である。この場合，生命保険会社は

第3節　生命保険監督　　*101*

5年の経過措置期間中に自己資本を積み増さなければならない。

③ 保険準備金

　生命保険会社は将来の支払い義務を有する保険証券について，保険準備金として OIC が規定した要件や割合に従い，現金・預金や公社債，株式などの資産を積み立てなければならない（生命保険法第23，27/4条）。

　OIC の通知によると，裏付資産は準備金などの負債を上回る金額を常時保有しなければならない。その裏付資産の種類は現金・預金（全体の5％未満）や公共債，公開会社の株式および社債，ユニット型投資信託，生命保険法で認められた外国資産等である必要がある。

　また保険準備金の繰入については税制上，当会計年度の収入保険料（再保険保険料控除後）の65％まで損金参入が認められる（内国歳入法第65条）。

④ 早期是正措置

　生命保険会社は毎月，自己資本保持の報告書を作成して OIC に提出することが求められ，その資本の保有水準に応じて段階な管理監督措置がとられる（図表4-2）。資本十分性比率（CAR）が必要な自己資本の水準を下回る場合には，会社は新たな保険引き受けまたは既契約の保険金の増額，その他事業投資などの事業拡大はできなくなる（生命保険法第27/5，27/6条）。

　OIC は会社の事業および財務状況を検査する権限を有しており，会社に対して書類および証拠の要求し，また関係者に対して尋問または事実関係の説明をさせることができる（生命保険法第48条）。

　会社が業務改善計画を OIC に提出しない，または承認を受けた計画に基づいて実施しないといった状況において，会社の財務状況や業務遂行状況が契約者または公益を侵害すると判断した場合，OIC は会社に対して財務ポジションや業務遂行の是正を命じる，または増資もしくは減資を命じる権限を有する。（生命保険法第27/7，53条）

　OIC の業務改善命令にもかかわらず，会社の財務ポジションおよび業務遂行状況が改善されない場合には，財務大臣は OIC にその会社を管理，または事業免許の取消しを命じる（生命保険法第55条）。

102 第4章 タ イ

図表 4-2 資本十分性比率（CAR）に応じた管理監督措置

CAR 比率	管理監督措置
140%～	行政介入なし
100～140%	OIC は保険会社に CAR が減少した理由と改善計画を提出させ，必要に応じて保険会社を検査し，是正措置を講じる
～100%	OIC の管理下で保険会社を再建または清算手続きをとる

（出所）OIC，生命保険法をもとに作成。

(5) 経営内容の開示

① 決算報告・ディスクローズ

　生命保険会社は，会計監査人が監査した財務諸表（四半期毎，暦年毎）と年次事業報告書，アクチュアリーに保証された責任計算年次報告書を作成し，OIC に提出しなければならない。OIC の通知によると，財務諸表の提出期限は四半期分が期末から 45 日以内，年次分が 5 カ月以内，年次事業報告書の提出期限は期末から 4 カ月以内と定められている。なお，外国生命保険会社の支店については，さらに外国生命保険会社の年次報告書を期末から 5 カ月以内に OIC に提出しなければならない（生命保険法第 43，47 条）。

　年次事業報告書が正しくない，または十全でない場合には，OIC は保険会社に対して期限を定めて是正を命じることができるほか，必要に応じて事業活動に関する報告や書類を翌月末までに提出させ，その内容について保険会社に説明させることもできる（生命保険法第 44，45 条）。

　対外向けに公表する資料として，貸借対照表および損益計算書は OIC 提出日から 15 日以内に発行部数の多い日刊新聞 1 紙以上に 3 日以上掲載，会社の本店・支店に 1 カ月以上掲示しなくてはならない。さらに OIC は会社に対して財務ポジションおよび業績，保険契約状況に係るデータを四半期末から 60 日以内，年度末から 5 カ月以内に一般公開するよう命じる権限を有する（生命保険法第 46，46/1 条）。

② 会計基準

　タイの会計年度は 1-12 月である。会計基準は度々改定されているが，国際会計基準（IAS：International Accounting Standards），国際財務報告基準

（IFRS：International Financial Reporting Standards）に準じたタイ会計基準（TAS：Thai Accounting Standards），タイ財務報告基準（TFRS：Thai Financial Reporting Standards）の大部分が2011年度から適用されている。なお，2011年度時点では除外されていたIFRS第4号「保険契約」については2016年1月に導入され，生保会社は負債十分性テストを実施する必要が生じることとなった。

(6) 商品・販売・募集に係る規制
① 約款，契約書等
　生命保険会社が保険契約者に交付する保険証券，保険証券の構成書類（約款を含む）または添付書類については，OICが承認した内容および形式に従っていなければならない。また保険契約者または保険金受取人に対して，外貨による金額を示した保険の販売は禁止されている（生命保険法第29，31条）。

② 保険料率
　生命保険会社は保険料率についてもOICから承認を得る必要があり，OICが相当と判断した時または保険会社が要求した時，OICは保険料率の変更を命じることができる（生命保険法30条）。OICの承認は，類似の既存商品がある場合には1〜2日の自動認可となるが，新しいタイプの保険商品の場合には認可まで7日間〜数カ月間かかる。
　保険料率は，OICが保険業界の経験値を用いた予定死亡率（TMO2008など）と最低2％の予定利率，商品種類毎に定められた予定事業費率などをもとに上下限を定めており，各生保会社はその範囲内で自社商品の保険料率を設定する。

③ 手数料率
　個人保険契約によってエージェントおよびブローカーに支払われる手数料は制限がある。OICの通知によると，生命保険では初年度の手数料率は年間保険料の40％以下，次年度は初年度手数料率の40％以上，第3年度は初年度手数料率の25％以上と定められている。また団体保険契約の手数料はOICから

承認を得る必要がある。

こうした通常支払われる手数料以外に，生保会社がエージェントおよびブローカーに対して金銭等を支払うことが禁止されている（生命保険法第33条）。しかし，実際には手数料に関する規制が機能していないとの指摘もある。

④ 銀行窓販規制

タイでは，2002年に銀行窓口での生命保険販売（バンカシュアランス）が解禁された。一つの銀行が複数の保険会社の商品を扱う乗合に関する規制はないものの，実際的には乗合は少なく，1社専属とする銀行が多い。なお，バンカシュアランスの募集人はブローカーライセンスを有する銀行員でなければならない。

(7) 投資規制
① 投資管理

会社は，投資行動とその他事業活動を監督する投資委員会を立ち上げる必要がある。投資委員会では，投資方針の策定や投資行動の承認，投資状況のモニタリング，透明性の維持と説明責任の継続，取締役会への結果報告などを行う。

会社は投資計画や投資方針，投資の政策枠組み，投資およびその他事業に関するリスクマネジメント手続，投資マニュアルを毎年OICに提出しなければならない。

② 資産運用関係

生命保険会社の資産運用は，OICが定める要件に従わなくてはならず，具体的には投資適格債券は投資資産の60％以上である必要がある。また国債や中銀債への投資に対して制限は設けられていないが，金融債は投資資産の15％以下，国際機関債は15％以下，外国債券は5％以下，REITは10％以下，貸付は5％以下，その他投資は5％以下など投資資産毎に量的規制が定められている。

不動産の取得については，営業用や従業員の福祉目的，OICが規定するそ

の他事業投資，債務返済または抵当権実行による取得（保有期間5年以内）の場合に限って認められている（生命保険法第33条）。

③ その他事業投資

　生命保険会社は，生命保険以外にも OIC が布告規定した事業に限って投資することができる（生命保険法第28条）。具体的には，土地・建物のリース事業，バックオフィスサービスの提供，外国保険会社の株式10％保有（OIC の許可必要），ブローカーなど保険関連業の株式20％保有（OIC の許可必要），証券業務（関係当局の許可必要）などへの投資が認められている。

(8) 消費者保護

① 預託金への特別優先権

　生命保険会社は営業保証金2000万バーツと保険準備金の25％以内で OIC に規定された金額を OIC に預託する必要があり，また預託金の資産内容は現金や国債等の流動性の高い資産と定められている（生命保険法第20，24条）。

　この預託金は会社が廃業するまで差し押さえの対象とはならず，生保会社が解散する際には保険契約者は他の特別優先権を有する債権者より前に預託金から債務弁済を受けることができる。また生保会社が免許停止となる際には，保険契約者は他の特別優先権を有する債権者と同位で預託金から債務弁済を受けることができる。なお，預託金以外の財産については，民商法典に基づく租税請求権を有する債権者と同位に扱われる（生命保険法第26条）。

② 支払保証制度

　生命保険会社が破産または事業免許を取り消された場合に備え，保険契約者をはじめとする債権者の保護および生命保険事業の安定を目的とする生命保険基金（Life Insurance Fund）が設置されている（生命保険法第84条）。各債権者は生保会社から受けた債務弁済額が不足している場合，基金から100万バーツ／人を上限として債務弁済を受けることができる（生命保険法第85/5条）。

　同基金の運営資金は，その前身である生命保険事業開発基金（The

Development of the Life insurance Business）から譲受した金銭および財産，生命保険会社に課される拠出金や追徴金，政府の支援金などから構成される。拠出金については，同期間の保険料の0.5％までとする上限があり，現在は納金前の6カ月間に会社が受け取った保険料の0.1％を年2回（1月，7月）納金することになっている。（生命保険法第85，85/3条）

第4節　生命保険市場の状況

1. 市場規模（保険料，保険契約高，件数）

　タイの生命保険市場は一貫した拡大傾向が続いている。2015年の収入保険料は5240億バーツ（前年比6.2％増）と，国内経済の減速とともに収入保険料の伸びも低下しつつあるが，経済成長率を上回るペースで生命保険市場が拡大する傾向に変わりはない（図表4-3）。収入保険料の2000～2015年の年平均成長率（CAGR：Compound Annual Growth Rate）は14.0％増と，二桁増のペースで拡大している。

　また保有契約件数と保有契約高についても，収入保険料と同様に一貫した拡大傾向が続いている。2015年の保有契約件数は2194.7万件，保有契約高は12.1兆バーツと，それぞれ2000～2015年のCAGRが7.2％増，15.0％増のペースで拡大している（図表4-4）。

　近年の市場拡大の主因としては，まず経済成長に伴う中間層の増加[4]が挙げられる。所得が増加し，将来の不安や万が一の場合に備えて生命保険に加入する者が増えてきている。また社会保障の整備が遅れるなか，核家族化や少子・高齢化，医療費の高額化が進んでいることも退職準備関連商品や医療保険への感心を高めている。このほか，多様化する消費者ニーズに合わせた商品開発および販売チャネルの開拓，エージェントの専門性の向上（CFPやAFPT[5]の資格取得など），IT技術を駆使した販売サポートツールやアフターサービスの開発といった企業努力や生命保険業の成長に資する柔軟なルール・規制の実施や税制優遇[6]といった政府のサポートも市場拡大の後押しとなっている。

第 4 節　生命保険市場の状況　107

図表 4-3　正味収入保険料の推移

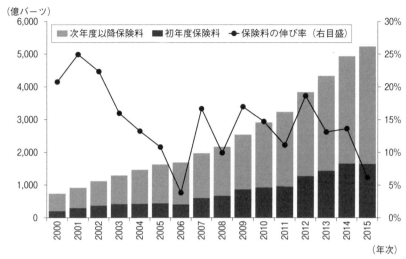

（出所）OIC.

図表 4-4　保険契約高と保有契約件数

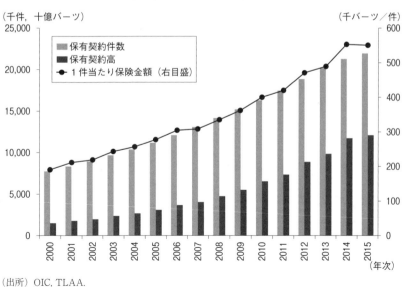

（出所）OIC, TLAA.

2. 普及率（GDP当たり保険料と1人当たり保険料）

「保険密度」を表す国民1人当たりの生命保険料を見ると，タイは一貫して上昇傾向にある（図表4-5）。2015年の1人当たり生命保険料は7710バーツ／人と，2000年の1170バーツ／人から約6倍まで増加している。

次に，「保険浸透度」を表すGDP当たりの生命保険料を見ると，タイは緩やかな上昇傾向が続いていることが分かる（図表4-5）。2015年のGDP当たりの生命保険料は3.8％と，2000年の1.4％から2.5倍ほど伸びている。

生命保険市場の急速な拡大により，保険密度と保険浸透度はそれぞれ上昇しているが，タイの水準は国際的に見れば高くない。スイス再保険会社によると，タイの1人当たり生命保険料は215ドル（2015年）であり，日本の2717ドルはもちろん，世界平均の345ドルも下回る水準に止まっている。また保険浸透度についても，タイの3.8％は日本の8.3％を大きく下回り，世界平均の3.5％を若干上回る水準に止まっている。つまり，日本をはじめとする先進国と比べると生命保険の普及状況は十分ではないということだが，このことを裏

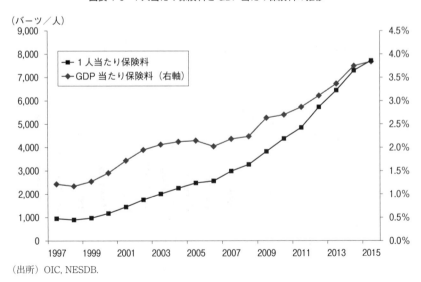

図表4-5　1人当たり保険料とGDP当たり保険料の推移

（出所）OIC, NESDB.

返せばタイの生命保険市場は将来の成長余地が十分にあることを意味する。

3. 保険商品（保険種類別，商品別）

現在，タイの生保会社が取り扱っている商品は，大きく分類すると，個人保険，団体保険，簡易保険，個人傷害保険がある。会社によって主力分野は異なるが，個人向け保険が中心である。2015年時点の保険種類別保険料シェアをみると，個人保険が全体の8割強，団体保険が約1割を占めており，このほか低所得者向けの簡易保険や傷害保険，年金，ユニットリンク保険，ユニバーサル保険があるものの，それぞれ1％程度のシェアで取り扱いは少ない状況である（図表4-6）。

（1）個人保険

個人向け保険は，終身保険や養老保険，定期保険等，様々な商品が販売されている。保険料シェアで見ると，養老保険は個人保険全体の約7割を占め，続いて終身保険が2割を占めている（図表4-7）。定期保険等の保障性商品と比べて養老保険等の貯蓄性の高い商品が好まれる背景としては，①富裕層を中

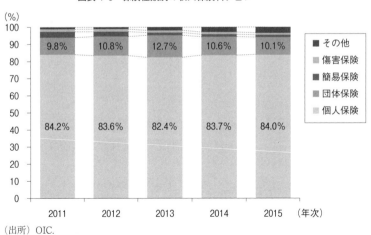

図表4-6　保険種類別の収入保険料シェア

（出所）OIC.

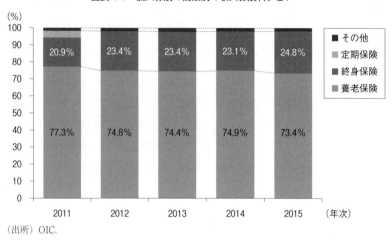

図表 4-7　個人保険の商品別の収入保険料シェア

（出所）OIC.

心に資産運用ニーズが高いこと，また② 保険に対する国民の理解が十分に進んでいないこと，③ 家族間の結びつきが強く，死亡保障へのニーズがそれほど高くないこと，④ これまで市中金利が高く運用成績が良好であったこと等がある。

なお，医療保険については，生命保険会社は主契約に付帯した契約（特約）として販売している。具体的には癌・脳卒中・心筋梗塞など特定疾病を対象とする保険や病気や怪我による入院・通院費用に対する保障に重点を置いた保険などがある。医療保険の収入保険料は，概ね生命保険全体の約1割を占めており，ここ数年は二桁を上回るペースで拡大している。

(2) 団体保険

団体保険は，福利厚生を目的として企業が従業員のために加入する団体定期保険が中心となっており，金融機関が貸付の際に担保として利用する団体信用保険もある。

団体定期保険は従業員の死亡や怪我による後遺障害が発生した場合などに所定の金額が支払われる保険である。タイの特徴的な点は，多くの契約に医療保険特約がセットになっていることである。タイにおいては民間企業を対象とし

た公的医療保険制度である「被用者社会保障制度（SSS：Social Security Scheme）」が存在し，すべての民間企業は全従業員に関して強制加入となっているが，自由診療と比較した場合，診療を受けられるのが予め登録した病院のみであり，長時間待ちを強いられるほか，医療サービス自体が劣るといった問題がある。従って，多くの企業は医療保険特約を付加，もしくは医療費の補助を行うケースが多い。

4. 販売チャネルと販売制度

タイの生保会社の販売チャネルとしては，保険料シェア（2015年）の大きい順にエージェント（51.5％）と銀行窓販（バンカシュアランス）（42.3％）が全体の9割強を占めている（図表4-8）。このほかブローカーと代理店，直販（テレマーケティング，ダイレクトメール），その他（コンビニエンスストア，インターネット販売など）があるものの，現在のところ取扱いは少ない状況である。

エージェントは，日本と同様に伝統的かつ最大の販売チャネルとなっている。エージェントは兼業が可能なことから登録者数が約27.5万人（2015年）

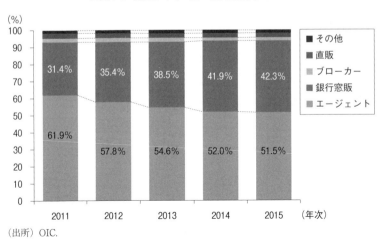

図表4-8　販売チャネル別の収入保険料シェア

（出所）OIC．

112 第4章 タ イ

と，マーケットの規模が格段に大きい日本の 22.9 万人（2015 年度）を上回る
水準に達している。しかし，エージェントの教育や管理が行き届かず，顧客
サービスレベルが低下しやすいという問題もある。顧客ニーズと販売チャネル
の多様化が進むなか，いかに質の高いエージェントを多く育成するかが各社の
課題となっている。

　バンカシュアランスは 2002 年に解禁されて以降，急速に拡大しており，直
近 5 年間の CAGR は 18.2％と市場全体の同 11.5％増を大きく上回る。タイは
支店数が 1000 店以上もある四大銀行を中心に保険会社との結びつきが強く，
取引先企業や個人顧客に対して銀行窓口で保険を販売しているほか，分かりや
すい商品設計や銀行に対する信頼の高さなども販売実績を押し上げている。近
い将来，バンカシュアランスがエージェントを抜いて最大の販売チャネルとな
る可能性は高まっている。

5. 競争環境

　タイにおける生命保険会社数は 2015 年時点で 24 社（内訳は元受保険会社が
23 社，再保険会社が 1 社）存在しており，生命保険市場の規模が大きくない
割には多数の会社が競争している。また多くの生命保険会社が外資と資本関係
ないしは提携関係にあり，保険料シェア（2015 年）の上位 10 社を見ると，純
粋な地場系生保会社は SCB ライフに限られている（図表 4-9）。もっとも，
SCB ライフについても 2000〜2011 年にかけては米大手保険会社ニューヨーク
ライフの出資を受けていた。なお，外国保険会社の支店は，業界最大手である
AIA の 1 社のみである。AIA は 1938 年に進出した当時，外資出資比率規制が
なかったために単独出資が認められている。

　保険料シェアの大きい会社を見ると，1 位は AIA（21.1％），2 位がムアンタ
イ・ライフ（16.8％），3 位がタイ・ライフ（13.0％）と続き，上位 7 社で収入
保険料シェアの 85％を占めている。2000 年頃は市場シェアの約 5 割を占める
AIA をはじめ，タイ・ライフ，アユタヤアリアンツ CP・ライフ，オーシャ
ン・ライフの 4 社で全体の 85％を占める寡占状態にあったが，これら 4 社は
主力の販売チャネルがエージェントであり，近年バンカシュアランスの販売が

第 4 節　生命保険市場の状況　*113*

図表 4-9　主な生命保険会社および市場シェアの動向

順位	会社名	市場シェア（%）				特徴
		00 年	05 年	10 年	15 年	
1	AIA	49.9	42.9	30.9	21.1	旧 AIG のアジア部門 AIA の在タイ支店
2	MUANG THAI LIFE	5.2	4.9	10.0	16.8	カシコン銀行系列，ベルギー系アジアスが 31%出資
3	THAI LIFE	19.3	15.5	12.4	13.0	明治安田生命が 15%出資
4	KRUNGTHAI AXA LIFE	0.3	1.6	6.0	10.3	クルンタイ銀行傘下，仏アクサが 45%出資
5	SCB LIFE	1.1	5.2	8.3	10.2	サイアム商業銀行傘下，地場系（2011 年まで米 NY ライフが出資）
6	BANGKOK LIFE	3.6	5.7	8.9	8.5	バンコク銀行傘下，日本生命が約 25%出資
7	AYUDHYA ALLIANZ C.P. LIFE	8.0	11.8	6.1	5.4	アユタヤ銀行，地場財閥 CP グループ，独アリアンツ（24%出資）の合弁
8	FWD LIFE	0.2	1.5	3.2	3.1	香港 FWD（パシフィック・センチュリー・グループ傘下）が 49%出資
9	PRUDENTIAL LIFE	0.5	1.1	3.3	3.1	英プルデンシャル現地法人
10	OCEAN LIFE	7.4	4.7	3.8	2.7	第一生命が 24%出資
	上位 10 社計	95.5	95.0	92.9	94.1	

（出所）OIC，各社公表資料をもとにニッセイ基礎研究所にて作成。

好調を続けるなかでシェアを落としている。一方，四大銀行系の保険会社，すなわちカシコン銀行系列のムアンタイ・ライフ，サイアム商業銀行傘下の SCB ライフ，クルンタイ銀行傘下のクルンタイアクサ・ライフ，バンコク銀行傘下のバンコク・ライフはバンカシュアランスが好調で近年シェアを伸ばしている。

6.　収支動向

2015 年の経常収益は 6185 億バーツ（前年比 6.5%増），経常費用は 5625 億バーツ（同 6.2%増），その差額である経常収支は 560 億バーツ（同 10.0%増）を計上した（図表 4-10）。

経常収益は 2015 年こそ伸び悩んだものの，2000 年以降は一貫した保険契約の増加にリンクして二桁増のペースで拡大してきた。経常収益のうち 80%強

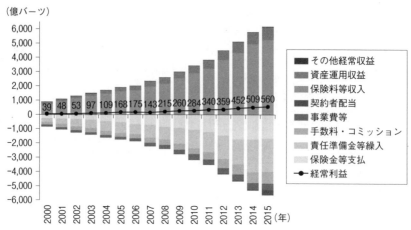

図表 4-10　生命保険業の収支動向

（出所）OIC.

を占める保険料等収入と同じく 15％前後を占める資産運用収益は概ね同水準の伸びを続けており，収益構造に大きな変化は見られない。

　経常費用も同様に 2000 年以降は保険金等支払（全体の 3 割強），責任準備金等繰入（同 4 割前後）を中心に二桁増のペースで拡大してきた。もっとも事業費や手数料・コミッション，そして（保険料率の調整という意味をもつ）契約者配当の伸びが抑えられ，経常費用は経常収益を若干下回る伸びが続いている。スケールメリットが働いたことやバンカシュアランス解禁によって販売効率性が高まったことなどがコストの増加を抑制したと考えられる。

　結果，経常収支は順調に拡大しており，利益率（経常収支／経常収益）は 2000 年代前半の 6％前後から 2010 年代前半には 8％強まで上昇している。

7. 資産運用

　2015 年の投資環境を振り返ると，株式市場はタイ経済の伸び悩みや中国経済の減速，米国の金融引き締めなどネガティブな材料が重なって下落した。また国債市場についてはタイ中央銀行の 3 月と 4 月の利下げや株式市場からの資

金流入などにより，タイ10年国債金利は2％台後半の低水準で推移した。その結果，2015年の資産運用収益は970億バーツ（前年比7.0％増）と，世界金融危機の影響で落ち込んだ2009年以来の一桁台の伸びとなった。

こうした厳しい運用環境のなかでも生保会社の運用収益がプラスであるのは，運用の中心が国債や社債であり，安定した利息収入があるためだ。公共債は運用資産全体の65％を占めており，その利息収入は587億バーツと収益全体の6割を占めている。このほか，民間債（ウェイト18％）の利息収入は198億バーツ，株式等（ウェイト10％）の配当収入は87億バーツ，貸付金利息（ウェイト5％）が72億バーツ，預金（ウェイト2％）の利息が20億バーツ，その他投資（ウェイト0.7％）の収入が7億バーツとなっている。こうした資産運用収益に保険料収入が加わった結果，2015年の運用資産残高は前年比12.1％増の2兆4410億バーツ（約7.1兆円）と増加した。

外国証券は利回りが高いものの，量的規制がある上，外貨建て保険が禁止されているなかで為替リスクを負う必要性も乏しい。また固定利率を保証するという保険負債の性質を踏まえると，国内株式のウェイトを引き上げることもリ

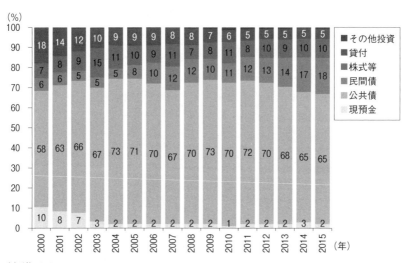

図表4-11　生命保険業の運用資産構成割合の推移

（出所）OIC．

スクとなる。結果，今後も低金利環境が続いたとしても，国内債券が大きな
ウェイトを占めることには変わりないだろう。生保各社はより魅力のある商品
を提供するため，資産利回りの改善に向けた運用資産構成割合の変更やデュ
レーションマッチング等の手法を活用している。

8. 市場の見通しと課題

　タイ生保市場は拡大傾向が続いているものの，最近は景気の伸び悩みや低金
利環境などを背景に市場の拡大ペースが鈍化している。今後についてもタイ経
済の成長速度はごく緩やかに落ちていくものと予想され，現在の低金利環境は
長期化する可能性も見込まれる。ミュンヘン再保険の『Insurance Market
Outlook』（2016年5月）によると，タイの2016年～2025年までの生命保険料
の年平均成長率は前年比4.6％増（全40カ国中第11位）と予測されている。
同期間の世界の生命保険料の年平均成長率が同3％増であることを踏まえる
と，タイ生保市場は相対的に魅力的な市場といえるが，2000年以降の二桁成
長はもちろん，2015年の同6.2％増をも下回る伸びへと鈍化していくことにな
りそうだ。
　市場の拡大ペースは落ち着いたものとなるが，タイは今後も所得向上や少
子・高齢化，核家族化など経済社会構造の変化は続くことから，人気商品は貯
蓄性商品のみならず，日本と同様に保障性商品や医療保険，年金保険のニーズ
がさらに高まっていくものと考えられる。したがって，多様化する顧客ニーズ
に合わせた商品開発やマルチチャネル化，IT技術の活用など，今後は生保各
社の戦略がこれまで以上に試されることになるだろう。

9. 保険関連団体

　タイには，日本の生命保険協会に相当する団体としてタイ生命保険協会
（TLAA：The Thai Life Assurance Association）が存在する。生命保険事業
の免許を有する全24社（2015年12月時点）が会員となっている。TLAAは
1956年にタイの生命保険協会として公式に設立された任意加盟の団体であり，

第4節　生命保険市場の状況　*117*

生命保険会社および関連団体の中心的な役割を果たしている。具体的には，TLAA は生命保険業の継続的な発展の促進，保険規制を策定する政府への支援・調整，保険会社の規制遵守の確保，生保会社間の調和の取れた関係の奨励，生命保険の普及啓発を目的とした多様な活動を行っている。

　また教育研修機関・研究機関としては，タイ保険研究所（TII：Thai Insurance Institute）と OIC 上級保険研究所（OICAII：OIC Advanced Insurance Institute）がある。TII は主に保険会社社員を対象に研修を実施し，OICAII は保険監督者や保険仲介者，保険会社の経営者を対象により高度な内容の研修を実施する。

　このほか，タイ・アクチュアリー協会（SOAT）があり，アクチュアリーの専門職としての職務能力の維持・向上に向けて調査・研究，会員の認定，育成・教育，情報提供活動を行っている。

[注]
1）General Agreement on Tariffs and Trade の略称。
2）2016 年 1 月まではアクチュアリー資格の申請時の要件として「特定の大学における保険数理課程の学士以上の資格を取得後 5 年以上の実務経験を有する者」も認められていた。
3）ソルベンシー資本要件は 2012 年までは CAR125％以上，2013 年以降は CAR140％と段階的に引き上げられている。
4）1 人当たり GDP が 5000 米ドルを超えると生命保険が飛躍的に普及すると言われており，タイは 2011 年頃にこの水準を超えている。
5）CFP（CERTIFIED FINANCIAL PLANNER），AFPT（Associate Financial Planner Thailand）はそれぞれファイナンシャルプランナーの資格。
6）政府は社会保障制度の整備の遅れを背景に保険の加入を奨励しており，生命保険契約者は以下の保険料控除を受けることができる。生命保険は最大 10 万バーツ（保険契約期間が 10 年以上，死亡保障に対応する保険料が対象），年金型生命保険は最大 20 万バーツ，医療保険は最大 1.5 万バーツ。

[主要参考文献]
余部信也（1999），「タイの生命保険市場と契約者保護」上田和勇・生命保険文化研究所編『東アジアの生命保険市場—契約者保護からみた各国の現状—』生命保険文化研究所。
加藤学（2006），「タイ国の生命保険業について」『2006 年 4 月度所報』，盤谷日本人商工会議所。
加藤学（2011），「タイの公的・私的医療保険について」『2011 年 11 月度所報』，盤谷日本人商工会議所。
損害保険事業総合研究所（2015），『アジア諸国における損害保険市場・諸制度の概要について（その2）』。
タイ・アクチュアリー協会（SOAT）ウェブサイト https://www.thaiactuary.org/
タイ生命保険協会（TLAA）ウェブサイト http://www.tlaa.org/

タイ保険委員会（OIC）ウェブサイト http://www.oic.or.th/

タイ保険研究所（TII）ウェブサイト http://www.tiins.com/

Thai Law Forum ウェブサイト http://www.thailawforum.com/

野村総合研究所（2015），『タイにおける金融インフラ整備支援のための基礎的調査報告書』，平成26
　　年度金融庁委託調査。

Anon Vangvasu (2017), *Thailand Update 2016.*

Bangkok Life Assurance (2015a), *Company Basic Background.*

Bangkok Life Assurance (2015b), *Pricing in a nutshell.*

Bangkok Life Assurance (2015c), *Reserve Calculation.*

Bangkok Life Assurance (2016), Life Insurance Capital Regulations RBC 1& RBC 2.

Melanie S.Milo (2003), "State of Competition in the Insurance Industry: Selected Asian Countries",
　　Philippine Institute for Development Studies.

Milliman (2016), *Draft Risk-Based Capital 2 Framework for Thailand.*

Office of Insurance Commission (2016), *Annual Report 2015.*

Swiss Reinsurance Company (2016), "World Insurance in 2015: Steady Growth amid Regional
　　Disparities," *Sigma* (No.3/2016).

The Thai Life Assurance Association (2016), *Annual Report 2015.*

Timetric (2017), *The Thai Insurance Industry.*

TOWERS WATSON (2014), *OIC RBC2 Stage3-Parameters and overview of market testing.*

TOWERS WATSON (2014), *OIC RBC2 development.*

（斉藤　誠）

第5章

インドネシア

はじめに

　インドネシア（インドネシア共和国）の生保市場には，オーストラリアや欧米，日本から数多くの有力保険グループが参入しており，ランキングの上位を外資が占めている。

　人口の多さ，経済発展による生活水準向上と中間層の増加見込み，それでありながらの現状の低い保険普及率等が好感され，インドネシアの生保市場としてのポテンシャルを評価する声は高い。

　世界の生保先進各国の有力保険会社が一堂に会する状況は，インドネシア生保市場の将来が明るいとの期待感が強いことを示している。

　本章ではインドネシア生命保険市場のこれまでの成長と現状を概観する。

第1節　政治・経済・社会

1. 国土と環境

　赤道直下，南北 1800 km，東西 5100 km の海上に展開する 1 万 3466 の島々がインドネシアの国土である。総面積は 189 万 km² で，日本の約 5 倍。特に面積が大きい島は，スマトラ島，ジャワ島，カリマンタン島，スラウェシ島，ニューギニア島の 5 島。インドネシアは ASEAN 諸国の中で面積が最大の国である。天然資源の埋蔵量も大きい。

120　第5章　インドネシア

2. 人口

　人口は約2.55億人（2015年）で，わが国の約2倍。米国に次いで世界第4位の人口大国である。インドネシアは人口においてもASEAN最大の国である。

　総務省統計局の「世界の統計2017」によれば，インドネシアの2010年の中位年齢は26.9歳，65歳以上人口の割合は4.9％，15歳未満人口比は23.5％とたいへん若い国である。2014年の合計特殊出生率は2.46人。2050年になっても65歳以上人口割合は22％と予測されており，現在のところ，少子高齢化とは無縁の社会である。

　2015年の平均寿命は男女総合で69歳，男性67歳，女性71歳。今後都市化が進むとともに，いっそうの平均寿命の伸びが予想される。

3. 経済

　2015年の経済規模（名目GDP）は8349億ドルと，これもまたASEAN最大である。1997年のアジア通貨・金融危機後，IMFとの合意に基づく経済構造改革を実施し，高い経済成長を達成してきた。しかし，2013年から2015年はマイナス成長となる等，近年，成長の伸びは鈍ってきている。

　2015年の1人当たりGDP（名目）は，3346ドル。シンガポール，タイ，マレーシア等に後れを取ってきたが，2010年以降，3000ドルを超えるようになった。

　通貨はルピア。2017年5月9日現在の為替レートは，1ドル＝1万3352ルピア，1円＝117.66ルピアであり，1兆ルピアを日本円にすると84.99億円となる。

4. 歴史

　1602年にオランダがジャワに東インド会社を設立して以降，オランダの影響を強く受けている。1799年にオランダが直接統治下におき植民地化，以後，

第1節 政治・経済・社会　*121*

太平洋戦争中（1942年〜）の日本軍による占領期を除き，1945年8月17日の独立宣言，独立戦争を経て，1949年に独立を達成するまで，オランダの統治が続いた。

　1955年にジャワのバンドンで，第2次世界大戦後に独立したアジア・アフリカの諸国による「アジア・アフリカ会議」が開催され，東西冷戦下で第三世界の結集を目指す平和十原則の共同宣言が発表された。

5．政治

　大統領制，共和制の政治体制がとられている。独立戦争を指導したスカルノ大統領（第1代）をはじめ，スハルト（第2代：在任は1968-1988年，軍人出身），ハビビ（第3代），ワヒド（第4代），メガワティ（第5代：スカルノ氏の長女），ユドヨノ（第6代），ジョコ・ウィドド（2014年〜現在，第7代）と続く歴代大統領はわが国でもよく知られている。

　現ジョコ政権は経済・社会政策を最優先課題に，鉄道，電力・エネルギー等のインフラ整備と社会保障の充実を目標に掲げている。

6．社会，文化

　公用語はインドネシア語である。

　宗教別人口割合を見ると，同国憲法第29条で信教の自由は保障されているが，イスラム教徒が87.21％と大半を占めている。次に続くのがキリスト教（9.87％），ヒンズー教（1.69％），仏教（0.72％），儒教（0.05％）となっている（2013年，宗教省統計：外務省ホームページより）。

　日々の礼拝や食生活等，イスラムの戒律が生活に浸透しているとされる一方で，ハロウィンなど宗教色の薄い季節イベントもさかんであるようで，必ずしも戒律が生活のすべてを支配しているという訳ではないようである。

122　第5章　インドネシア

7. その他

　経済統合を推進している ASEAN（東南アジア諸国連合）の本部がジャカルタに設けられており，日米中をはじめとする 50 カ国あまりが ASEAN 大使を任命し，ジャカルタに常駐させている。

第2節　生命保険略史

　日本に近代的生命保険が紹介された 19 世紀半ば頃，インドネシアにはすでにオランダから近代的生命保険事業が導入されていた。

　1859 年，インドネシア初の生命保険会社「蘭印生命保険会社ニルメイ」が発足。同社は現在も，国有生命保険会社「ジワスラヤ」として存続している。

　1912 年，初の民間生保会社「ブミプトラ 1912」が，教員の相互組合の形で発足。なお同社も今日まで存続してきたが，2013 年に経営危機が発覚，その処理がインドネシア生保市場の喫緊の課題となった。

　オランダ系を中心とする外国会社とインドネシア内国会社が共存する状態は長く続いたが，1957 年から 1960 年にかけての西イリアン解放闘争の過程で外国会社が接収され，生命保険会社はすべて内国会社となった。

　1988 年 12 月，外資導入を図る金融規制緩和が実施され，その一環として，外国保険会社にインドネシアの生命保険市場が開放された。

　1992 年 2 月，インドネシア初の保険業法である 1992 年保険法（Undang-Undang Republik Indonesia Nomor 2 Tahun 1992 Tentang Usaha Perasuransian）が制定された。

　1997 年，アジア通貨・金融危機が発生。インドネシア経済も危機に飲み込まれ，IMF（国際通貨基金）による支援が実施された。インドネシア生保業界は，新契約の減少，失効の増加，経営赤字等に見舞われたが，時の破綻制度の不明確もあって，1 社の破綻も発生しなかった。

　インドネシア政府は IMF との合意に基づき，経済構造改革を断行。政治社会情勢や金融が安定し，個人消費も拡大したこと等を背景に，インドネシア生

保市場は順調に拡大を続けた。この間，外資規制の緩和もあり，外資保険グループの市場参入が多く，外資系生保会社が大きなマーケットシェアを有するようになった。

2014年，1992年保険法に代わる新たな保険法として2014年保険法（Undang-Undang Republik Indonesia Nomor 40 Tahun 2014 Tentang Perasuransian）が制定された。現在はこれを受けた規制の見直しが順次行われているところである。

第3節　保険監督体制

1．保険監督官庁

金融サービス庁（OJK：Otoritas Jasa Keuangan）が，保険会社を含むすべての金融機関の監督を担当している。

OJKは2013年1月1日に発足した新しい監督機構である。それまでは，インドネシア財務省の資本市場監督庁（Bapepam-LK）が，資本市場や保険会社を含むノンバンク金融機関の監督を担当していた。

アジア通貨・金融危機時にIMFの支援を仰がねばならなかった反省から，金融監督機構の改革も検討されてきたが，財務省，インドネシア中央銀行等，当局間の足並みの乱れ等もあって，実現は当初予定から10年近くずれ込んだ。発足1年後の2014年1月1日からは，銀行もOJKの監督対象に加わった。

保険会社・再保険会社は，OJK内のノンバンク金融機関部門の管轄下に置かれている。

Bapepam-LK時代に発出されたすべての関連規則は，取り消されたり改正されたりしない限りは有効に存続する。

2．監督・管理法，根拠法規

2014年10月に新しい保険法（2014年保険法）が施行された。同法は，保険

会社，再保険会社，イスラム保険会社，イスラム再保険会社，保険ブローカー，保険エージェント，リスクアジャスターを含む，すべての保険関連事業者に適用される。

2014年保険法は1992年に制定された旧保険法（1992年保険法）に代わるものである。

大まかな規定のみを定めておいて，執行は行政機関からの規則に委ねた1992年保険法の下では規則が錯綜し不安定となったとの反省から，2014年保険法は法規制の枠組みを明確化することを目的の一つとして制定された。新たに盛り込まれた重要条項も多い。

ただしその規定ぶりにはいまだ抽象的なものも多く，やはり，その執行には補完する規則の制定が不可欠で，2014年保険法は，その施行から2年半の内に政府またはOJKが規則を発令すると規定している。

それら規則が発令されるまでの間は，2014年保険法の規定に抵触しない範囲において，1992年保険法の下，発出された旧来の規則が適用される。また新たな規則が出されても新規則が触れていない部分については旧来の規則が適用される。そのため規則が錯綜して分かりにくい状況となっている。

なお本章を執筆している2017年4月はまさに2014年保険法の施行から2年半という規則制定の最終期限にあたる時期である。そのため，本章脱稿後，新たな何らかの変更の動きがあることも考えられる。

3. 保険会社の設立

(1) 免許

インドネシアの保険市場で事業を行おうとする者は，行うことを意図する保険事業種類の免許をOJKに申請し，免許を受けることを要求される（保険法第8条）。保険事業を営むためには免許が必要不可欠である。

免許を受けるべき保険会社はインドネシアで設立されていなければならない。

第3節　保険監督体制　　125

(2) 保険会社の会社形態

認められる保険会社の形態は以下の3形態のみである（保険法第6条）。

a．有限責任会社（Limited liability corporation）＝株式会社

b．協同組合（Cooperative）

c．既存の相互会社（法人として扱われる）＝既存の「ブミプトラ1912」
　のみ

(3) 保険会社の所有者

保険会社の設立・保有の形態（保有者の国籍）は以下のいずれかのみと定められている（保険法第7条）。

(i) 「インドネシアの市民」および／または「インドネシアの市民によって直接または間接に所有されるインドネシアの法人」により設立・保有される形態，または

(ii) 「インドネシアの市民」および／または「インドネシアの市民によって直接または間接に所有されるインドネシアの法人」が，設立・保有しようとする保険会社と同じ保険業種に属している外国の保険会社と合弁会社の形で設立・保有する形態。

外資の保有上限については保険法上の規定はないが，規則で80％とされている（80％上限規制の概要および2014年保険法の規定に対応した措置については「第4節3.外資参入規制」を参照）。

(4) 単一持株政策（Single Presence Policy）

2014年保険法は単一持株政策と呼ばれる方針を採用した。これは支配持分を保有できる保険会社の数は，下記各分類毎に1社ずつとする政策である。

・生命保険会社　　・損害保険会社　　・再保険会社

・イスラム生命保険会社

・イスラム損害保険会社（および／または）イスラム再保険会社

2014年保険法が施行された2014年10月に，同一の分類に属する複数のインドネシアの保険会社の支配持分を保有していた株主は，施行後3年以内に，対象となる会社の持分を非支配持分となるまで売却するか，独立した状態で複

数保有していた対象会社を合併その他の方法で統合しなければならない。

2016年12月23日に発出（12月28日施行）されたOJKの規則67号は，単一持株政策に応じた保険会社持ち分の整理につき，実施計画を立て，株主の承認を得て，2017年6月28日までにOJKに提出し，承認を得なければならないと規定している。

(5) イスラム保険事業のスピンオフ

保険会社または再保険会社が，通常の保険事業とイスラム保険事業をあわせ行っている場合には，2014年保険法の施行から10年以内に，イスラム保険事業を別会社として切り離さなければならない。

なお，保険会社または再保険会社が営むイスラム保険事業が当該保険会社の保険ポートフォリオ全体の50％を越えることとなった場合には，当該保険会社はイスラム保険事業を直ちに切り離さなければならない。

2016年12月23日に発出（12月28日施行）されたOJKの規則67号は，イスラム保険事業のスピンオフにつき，実施計画を立て，株主の承認を得て，2020年10月17日までに（イスラム保険分野のウエイトが高まって50％を超えたため即座の対応が必要になった場合にはそれから3カ月以内に），OJKに提出し，OJKから承認を得なければならないと規定している。

4. 保険業務の範囲

(1) 固有業務，生損保の兼営禁止，第3分野の生損保乗り入れ，他業の禁止

2014年保険法は，生命保険会社を，「生命保険事業および／またはイスラム生命保険事業を運営する会社である（第1条6）」と定義し，「生命保険会社は生命保険事業のみを行うことになっており，その生命保険事業には，年金事業，医療保険事業，個人傷害保険事業を含む。（第2条（2））」と規定している。

同じく第2条（1）は，「損害保険会社は以下のみを行うことになっている」として，具体的に「a. 損害保険事業，医療保険事業と個人傷害保険事業を含む，b. 他の損害保険会社のリスクの再保険事業」と規定している。

「生命保険会社は生命保険事業のみを行う」，「損害保険会社は以下のみを行

うことになっている」という書きぶりから，生命保険事業，損害保険事業それ
ぞれに固有分野があって，生損保の兼営は認められていないこと，他業を行う
ことはできないことがわかる。

　また，わが国の第3分野の保険に該当する医療保険分野，個人傷害分野が生
保・損保両方の事業に含まれると規定されており，わが国におけると同様，生
命保険会社，損害保険会社の両方が行える分野となっていることがわかる。

(2) 事業の拡大

　2014年保険法第5条は「第2条で定める損害保険事業，生命保険事業，お
よび第3条で定めるイスラム損害保険事業，イスラム生命保険事業，の範囲
は，社会のニーズに応じて拡大しえる」，「損害保険事業，生命保険事業，イス
ラム損害保険事，イスラム生命保険事業の拡大は，資金運用の結果に基づいて
給付額の増加が決まる形で行われることができる」，「損害保険事業，生命保険
事業，イスラム損害保険事業，イスラム生命保険事業の範囲の拡大に関するさ
らなる規定はOJKの規則で示される」と規程し，事業の拡大に言及している。

　これを受け，2016年12月23日に発出され12月28日から施行されたOJK
の規則第69号は，業務拡大につき，以下のように規定した。

　「規則第69号の下，保険会社は事業の範囲を，他の金融機関の非保険商品
（ミューチュアルファンド等）の販売および他の会社の従業員年金プログラム
や健康施設のマネージメントに拡大する」。

　「保険会社（イスラムおよび通常）は次の条件の下，事業範囲を拡大するこ
とができる。

　　a．損害保険会社は実施する事業を以下に拡大できる。

　　　ユニットリンク事業，フィーベース事業，信用保険および保証事業，政府
　　　からの任命に基づくその他の事業

　　b．イスラム損害保険および損害保険会社のイスラム保険部門は事業を以下
　　　にまで拡大することができる。

　　　ユニットリンク事業，フィーベース事業，政府からの任命に基づくその他
　　　の事業

　　c．生命保険会社，イスラム生命保険会社，生命保険会社のイスラム生命保

険部門は，事業をフィーベース事業まで拡大することができる。」

なお，同規則は，「フィーベース事業とは，従業員給付に関連する管理サービスオンリー（ASO）事業と他の免許を受けた金融サービス機関の非保険商品および非再保険商品（ミューチュアルファンド等）の販売でなければならない」とし，フィーベース事業をこの２種に限っている。

こうした事業の拡大を行うためには，保険会社が以下の条件を充たさなければならない。

　・OJK に承認される事業計画に，事業拡大計画が含まれること
　・保険会社が可解性レベルの必要条件を満たすこと
　・保険会社が OJK による事業制限命令を受けていないこと
　・OJK がその保険会社の危険レベルを低いか中程度であると確定すること

第４節　保険会社の諸規制

1. ソルベンシー規制

インドネシアで保険事業を遂行している保険会社は，2012 年 12 月に財務省から発出された最低資本計算ガイドラインに従い，損失のリスクに対処するために要求される資金の額としての最小限のリスクベースの資本（MMBR）を維持することを，要求される（2013 年 1 月 1 日発効）。

MMBR の計算は，わが国のソルベンシー・マージン比率規制と同様，様々なリスクのタイプをベースに，それぞれに相応しい数式を使って行われる。考慮されるリスクは例えば以下のようなものである。

　・想定された保険金支払いを大幅に超える保険金支払い
　・予想を越えた資産運用の失敗
　・資産と負債予測の大幅なアンバランス

インドネシアで営業している保険会社のリスクベースの資本は，計算された MMBR の 100％未満であってはいけない。

インドネシア政府は保険会社に 120％の RBC 比率（リスクベースドキャピ

タル比率）を維持することを要求している。つまり目標とするリスクベースの資本は，MMBRの120％にセットされている。

いずれかの会社がRBC比率を120％に維持することができず，100％にまで落ち込んだ場合，当該保険会社は，120％の要件を回復するための不特定の期間を与えられる。

OJKは，以下の場合，その保険会社の保険契約の全部または一部を別の保険会社に売却すること等を要求，強制することができる。

・OJKが保険会社を事業活動を制限される状態におき，および／または，保険会社が必要なRBC比率を達成することができない場合

・保険会社のRBC比率が40％より小さい場合

RBCフレームワークの下，計算と責任準備金の決定が生保会社のアクチュアリーにより実行されなければならない。生保会社が常にアクチュアリー（アポインテッドアクチュアリー）を雇用していることは義務的なこととされている。

2. 資本規制（最低資本金）

保険事業の運営に関する2008年の政府規則No.39により，2014年12月31日までに達成し，以後維持すべき最低払込資本の額が保険会社の種類毎に提示され，規制が実施されてきた（下表左側の旧規制）。

その後，2016年12月23日に発出され，12月28日に実施されたOJK規則第67号が以下のとおり，最低資本金のさらなる高額化を実施した（下表右側の新規制）。

保険会社の種類	旧規則による最低払込資本金（兆ルピア）	新規則による最低払込資本金（兆ルピア）
生命保険／損害保険	1,000	1,500
イスラム生命保険 / イスラム損害保険	500	1,000
再保険	2,000	3,000
イスラム再保険	1,000	1,750

既存の会社は，オーナーシップの変更が起こる場合（資本注入，新株主への

130 第5章 インドネシア

株式移転等）に，新規制による最低払込資本の要件を遵守しなければならない。

新しい会社を設立する場合には，当初から新規制による最低資本要件が適用される。

また OJK は保険会社のイスラム保険部門についても，最低運転資本要件を以下のように増額させた。

保険会社の種類	旧規則による最低運転資本金（兆ルピア）	新規則による最低運転資本金（兆ルピア）
保険会社のイスラム保険部門	250	500
再保険会社のイスラム保険部門	500	750

3. 外資参入規制

外国の保険会社の支店は認められない。インドネシア保険市場に参入するには，インドネシアに保険会社を設立するか買収しなければならない。その際，外資が保有できる当該保険会社の持分割合の上限は 80％である。

さらに外資株主は，以下を示すことができなければならない。

・自身が参入予定であるインドネシアの保険事業と同じ保険事業を引き受ける（同種事業を行う）保険会社であること，または，その投資ポートフォリオの大多数をそのような保険会社に投じている持株会社があること
・国際的に認められた格付機関から最低でも A 評価を受けていること
・インドネシアの保険会社への投資額の少なくとも 5 倍以上の資本を持っていること

なお，これまで適用されてきた規制によれば，新株引受権の株主割当発行等に際して，インドネシア側の合弁株主が資本投入できないような事態があれば例外的に，外資側は，その分だけ，株式保有を増やすことだけができることとされてきた。この例外は健全性規制を導入するために，外資が資本投下してインドネシアの保険会社の健全性を高めることを可能とすべく設けられた。

80％の上限枠は，1992 年保険法の下，保険法本体ではなく，2008 年政府規則 No.39 の中に規定されていた。2014 年保険法も同じく，外資上限に関する

具体的な規定は本法にはなく，2008年政府規則 No.39 の80％上限に変更を加えることもなく現在に到っている。

ただし2014年保険法は，インドネシア内国資本による持分保有であるかどうかを判断する基準に関して1992年保険法より厳格なアプローチを採用した。1992年保険法では，外資上限の80％を超える20％部分を出資するインドネシア内国資本の出し手は，「インドネシア国籍を持つ市民」または「インドネシアの市民または他のインドネシアの法人が全額出資するインドネシアの法人」のいずれかであればよかった。

これによれば，外資がインドネシアの保険会社または再保険会社の80％の持分を直接的に保有し，残り20％を外資が出資するインドネシアの法人を親会社とするインドネシアの法人が保有することによって，実質的には，外資による100％保有を行うことが可能であった。

しかし2014年保険法は，「第3節 3. 保険会社の設立（3）保険会社の所有者」に記述したように，内国資本の内国性を最終株主まで遡って見ることとしたので，こうした抜け道は使えない。またインドネシア側の株主が対応できない資本増強への対応を通じた80％超えという例外措置についても，今後は不安定な状況にある。

報道によれば，2014年末現在，5つの損害保険会社と11の生命保険会社が外資80％の上限を超えていたとされる。

これらの外資系保険会社は，2014年保険法施行後5年以内（2019年まで）に上限を超えて保有する持分を売却もしくは調整する，当該保険会社のIPO（株式公開）を実施するといった措置を講じることを求められる可能性がある。

2016年12月23日に発出されたOJKの規則第67号は，外資上限規制を5年以内に順守するための実施計画を立て，株主の承認を得て，2017年6月28日までにOJKに提出し，承認を受けることを求めている。本章執筆時点においては，何らかの既得権に関する情報は見あたらない。

なお2014年保険法に関する議論の中では，外資上限を49％に縮小する案が議論されたという。また2016年早々に，上限を30％に縮小する提案がなされたともされるが，2017年5月現在，外資の80％上限は維持されている。ただし，上限を引き下げるべきとの意見は根強くあり，予断は許されない。

4. 販売規制

　インドネシアにおける生命保険の主な販売チャネルは保険エージェントとバンカシュアランスである。

(1) 保険エージェント
① 保険法の規定から

　2014年保険法第1条28は，保険エージェントを「自営または企業内で働く個人」で，「保険会社またはイスラム保険会社のために，または，それらを代理して」「保険会社またはイスラム保険会社の商品を市場に販売する者」と定義している。わが国の生命保険市場における営業職員や保険代理店とほぼ同じ形態である。

　2014年保険法はさらに第27条で「保険ブローカー，再保険ブローカー，および保険エージェントはOJKへの登録を要求される」，「保険ブローカー，再保険ブローカー，および保険エージェントは十分な知識，能力，良好な評判を持っていなくてはならない」とOJKへの登録，資質について規定し，第31条では，「保険エージェント，保険ブローカー，再保険ブローカーと保険会社は，保険契約者，被保険者または参加者にサービスし，取り引きするにあたって，すべての技術，注意，正確さを適用しなければならない」，「保険エージェント，保険ブローカー，再保険ブローカーと保険会社は，契約者，被保険者，参加者に対して，提供する保険商品またはイスラム保険商品のリスク，ベネフィット，義務，コストの負担等に関して，偽り，間違った，ミスリーディングな情報を提供してはならない」と規定し，プロとしての行動と適正な情報提供を求めている。

② 登録とエージェント契約

　保険エージェントは原則としてOJKに登録することが義務付けられている。また生命保険を販売する保険エージェントはAAJI（生命保険協会）から認証を受けることが求められている。

　保険エージェントを通じて自社の商品を販売する保険会社は，保険エージェ

ントとエージェント契約を結ばなければならない。

またエージェント契約の期間の間，保険会社は教育と継続的なトレーニングをエージェントに提供しなければならない。

③ 最新規則によるエージェントの取扱い

2016年12月23日にOJKが発出（施行は12月28日）した規則2016年第69号は，保険エージェントについても以下を定めている。

ⅰ）エージェント契約に最低限盛り込む事項

規則第69号の発効日以後結ばれる新しいエージェント契約には，以下の条項が含まれなければならない。

a．倫理規定（code of ethics），b．倫理規定を遵守しなければならないとのエージェントの義務，c．エージェントが保険料または拠出金を保険会社に提出するまでの期間の制限

ⅱ）専属エージェントの例外

規則第69号は，ある保険会社の保険エージェントは，その保険会社の承認を得て，保険のビジネスラインが重ならない別の保険会社の保険エージェントになることができると明確化した。

これはそれまでの，エージェントは1度に一つの保険会社でしか働くことができないとの1社専属義務を緩和したものである。異なる事業ラインを有するいくつかの保険会社がある保険グループの中で，複数の生保会社の保険エージェントとして働くような形が想定されている。

この規制面の動きからは，インドネシアでは，保険エージェントは原則1社専属エージェントで，乗合エージェントは認められておらず，ようやく今回の規則第69号により，所属保険会社の承認を得た場合にのみ，保険の事業ラインが重ならない他の保険会社との乗合代理店が認められたように見える。

しかしインドネシア生命保険市場の実態面での状況を伝えるレポートには，近年，乗合エージェントが増えてきているとするものがある。

この点，損害保険事業総合研究所の報告書『アジア諸国における損害保険市場・諸制度の概要について（その2）』は，「現地保険会社の説明によれば，家族や知人の名義を借りて複数の保険会社の商品を販売する等，実態として乗り

合いエージェントに近いエージェントも少なくないとされている。」,「法規制はある程度整備されているものの，法規制が守られていないケースが多いとされている。背景にはエージェントやブローカーをモニタリングし，法規制を守らせるための人材，人員が監督当局に不足していることなどが挙げられている。」と記載している。

iii）別の保険会社とエージェント契約を結ぶまでの6カ月の待ち期間の廃止

上記ii）とも関連するが，それまでの規則は，他の保険会社とのエージェント契約を残している保険エージェントと新たな保険会社がエージェント契約を結ぶことを禁じており，ある保険会社とエージェント契約を結んでいた保険エージェントは，当該保険会社とのエージェント契約を解除した日から6カ月間は，新しい保険会社とエージェント契約を結ぶことができなかった。

規則第69号は，以降，この6カ月間の待ち期間はないと明確化した。

iv）エージェントの辞職に伴う顧客への情報提供

保険会社は顧客に，エージェントが辞職することを知らせなければならず，そのエージェントの後を継ぐエージェントまたはカスタマーサービス職員に関する情報を提供しなければならない。

v）商品についてのトレーニングの提供

保険会社は自社の商品についてのトレーニングを保険エージェントに提供しなければならない（少なくとも年に2回）。トレーニングに使う教材には販売手順と給付の支払い手順に関するものを含まなければならない。

(2) バンカシュアランスによる販売

2014年保険法には「バンカシュアランスは，銀行で保険会社の保険商品を販売する，保険会社と銀行の間の協働活動である」との定義がある。

バンカシュアランスにおいては，保険会社はバンカシュアランス契約を締結する前にOJKの承認を得る必要がある。保険会社は，承認を受けた後14日以内に，関連銀行と取り交わした協働契約書をOJKに提出しなければならない。なお銀行はバンカシュアランス契約を締結する前にインドネシア中央銀行の承認を得る必要がある。

2010年にインドネシア中央銀行が発出した規則では，販売する商品によっ

て，委託型，協働型，統合型という3つのモデルに分類され，モデル毎に異なった規制に服することとなった。

- ・紹介型：銀行は顧客を紹介する，または，顧客に商品を推薦する。これにより顧客と保険業者の間の仲介者の役割を果たす。
- ・協働販売型：銀行は保険契約の特徴，メリット，デメリット等についてのアドバイスを顧客に提供する。保険商品のマーケティングに直接的に関与する。
- ・商品統合型：銀行の商品を保険商品を統合したりカスタマイズすることにより，パッケージ商品とし，銀行は顧客に商品を直接販売する。

5. 資産運用規制

生命保険会社の資産運用のガイドラインを定めているのは，2012年4月3日発行の財務省規則第53号である。

(1) 主な投資対象と投資上限

保険会社が投資目的で保有することができる主な資産類型とそれらへの投資の上限は以下のとおり。投資上限は会社の総投資資産額に対する当該投資資産への投資額の割合。

- ・インドネシアの銀行への定期預金…1行につき15%が上限。
- ・インドネシアの銀行への譲渡性預金…1行につき15%が上限。
- ・証券取引所で取引される株式…40%が上限。同一銘柄は10%が上限。
- ・BBB相当以上の格付の社債…50%が上限。同一発行人の社債は15%が上限。
- ・BBB相当以上の格付の会社イスラム債…50%が上限。同一発行人のイスラム社債は15%が上限。
- ・BBB相当以上の格付のインドネシアまたは他国のコマーシャルペーパー…10%が上限。
- ・BBB相当以上の格付のインドネシア中央銀行またはインドネシアがメンバーまたは株主である多国籍機関によって発行されたコマーシャルペー

パー…50％が上限。単一の発行者については 15％が上限。
- ・ミューチュアル・ファンド…50％が上限。単一投資マネージャーのミューチュルファンドは 15％まで。
- ・BBB 相当以上の格付の不動産投資信託…20％が上限。個々の投資マネージャーについては 10％まで。
- ・金…10％が上限。
- ・抵当担保貸付…10％が上限。
- ・海外への投資…20％が上限。投資できる資産は，証券取引所に上場された株式，会社イスラム債，社債，インドネシア以外の国によって発行されたコマーシャルペーパー，インドネシアがメンバーであるか株式を持っている多国籍機関により発行されたコマーシャルペーパー，ミューチュアル・ファンド，非上場株式。

(2) ユニットリンク保険資産の運用規制

ユニットリンク保険資産の運用は他の保険商品の資産とは別の勘定で運用されるが，不動産関係および貸付関係の運用は行えない。また海外への投資の20％上限がある他は投資対象毎の投資上限は原則設けられていない。

第5節　消費者保護

1.　支払保証制度

(1)　契約保証プログラム（Policy Guarantee Program）

2014 年保険法は法定の契約者保護制度を導入した。

保険契約者，被保険者，参加者を保護するため，あらゆる保険会社とイスラム保険会社は契約保証プログラムに参加しなければならない（第 53 条）。

契約保証プログラムは，保険会社が整理されるプロセスにある，または，その営業免許が OJK によって取り消されたというシナリオの中で，保険契約者または顧客の権利の全部または一部の返済を確保することを目的とする。

このプログラムは，銀行セクターにおける預金保護スキームを保険版に転用することを方針としている。プログラムが実施されるためには，さらなる法律が制定されることが必要で，法律は2014年保険法の施行（2014年10月）後3年以内に提出されなければならないとされている。

(2) 保証基金の保有

（1）の契約保証プログラムが発足するまでの間は，保険会社は最小限の保証基金（保険会社が整理される場合，保険契約者を保護するための最後の手段としての保証を構成するための基金）を保有していることを要求される。

生命保険会社が保有することを求められている保証基金の最低額は，以下のうち，より大きな方である。

・要求自己資本の20%
・投資リンク保険については保険料積立金の2%，その他の商品については保険料積立金の5%の合計額

（1）の契約者保証プログラムが実施されると同時に，保険会社は保証基金を維持する義務から解放される。

2. 消費者保護制度

(1) 苦情対応制度

① 裁判外紛争解決（Alternative dispute resolution＝ADR）

2014年，OJKが規則第1号を発出し，LAPS（Lembaga Alternatif Penyelesaian Sengketa＝裁判外紛争解決手続のための研究所）と呼ばれる，金融セクターを対象とするADR機構が設立された。

保険会社はLAPSのメンバーである。

顧客からの苦情は，当初は，保険会社による解決に回されるが，解決できなかった場合で，裁判による解決が選択されなかった場合には，LAPSによる裁判外解決が適用される。

論争和解手順とLAPSを通しての解決については，保険会社は秘密を保持しなければならない。

② 少額支払いの解決に関する新しい手順の導入

2015年8月7日に，インドネシア最高裁判所が少額支払いの解決手順に関する2015年第2号規則を発出した。

これは2億ルピア未満の少額支払いに関する苦情の解決手続きである。

この手続きでは，最初の審理の後，手続きに25日以上がかかってはいけないこととされている。

審理をリードする裁判官が1人任命される。原告1人と被告1人が手続きに関与しなければならない。

(2) 最近の消費者保護向上規制

① 2013年の消費者保護向上策

2013年7月に発出されたOJKの2013年規則第1号は，消費者保護を確実にするため，保険会社に以下の遵守要件を課している。

- ・契約書類，広告等において，保険会社は，詳細かつ正確で完全な情報を書面で提供しなければならない。
- ・新しい商品・サービスまたは既存のものの変更に関する情報は最新版に更新されなければならない。
- ・消費者の権利と義務についてはローカル言語で説明する。
- ・難しい用語，シンボル，サイン，図等は説明されなければならない。
- ・商品やサービスのコストは文書で言及されなければならない。
- ・契約の条件は明確に言及されなければならない。
- ・上記の各条項の変更は，変更が影響を与える30日前に，消費者に通知されなければならない。

② 2016年の消費者保護向上策

また2016年12月23日に発出され28日に施行されたOJK規則第69号は，消費者保護に関しても，いくつかの最新規制を設けている。

- ・保険会社は保険会社が保険料を受領した日から10営業日のうちに顧客が保険契約を受領できることを保証しなければならない。
- ・マイクロインシュアランスでない商品で1年を超える保障商品について

は，保険会社は顧客に契約を見なおす14日間のクーリングオフ期間を与えなければならない。

・保険会社は支払いの適正さを評価するために鑑定人を任命することができる。保険会社は鑑定人を任命した場合には，鑑定人の決定を，強くて合理的な理由がない限り，無視することができない。

・保険会社は顧客と支払う保険金の額について合意した日の後30日以内に保険金を支払われなければならない。

・保険会社のウェブサイトは最低限，以下の事項を提供しなければならない。

　a．会社の概要（OJKから受けている事業免許への言及，組織構造，事務所の住所，連絡先番号を含む）

　b．商品の概要

　c．契約処理手続きの詳細

　d．保険金・給付金支払いの手続き・サービスの詳細

　e．保険エージェントのリスト

　f．会社のアニュアルレポートで述べられているマネジメント情報

　g．他の規制により要求されるその他の情報および必要と考えられるその他の情報

　h．投資ファンドのパフォーマンスに関する詳細情報

これらの情報に変化が生じた場合には，20営業日以内にアップデートすることが必要である。

第6節　生命保険市場の状況

1．収入保険料推移

インドネシア生保市場は90年代以降，アジア通貨・金融危機，世界金融危機という2度の大きな危機に見舞われたが，その都度後退しては再び成長軌道に戻るという形で，総じて順調な成長を遂げてきた。

図表5-1　生命保険料収入の推移

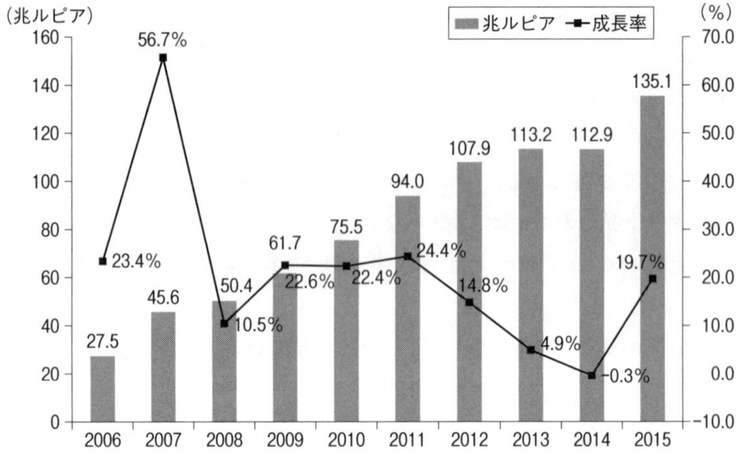
(兆ルピア)
(%)
兆ルピア
成長率
160
140
120
100
80
60
40
20
0
70.0
60.0
50.0
40.0
30.0
20.0
10.0
0.0
−10.0
27.5
45.6
50.4
61.7
75.5
94.0
107.9
113.2
112.9
135.1
23.4%
56.7%
10.5%
22.6%
22.4%
24.4%
14.8%
4.9%
−0.3%
19.7%
2006
2007
2008
2009
2010
2011
2012
2013
2014
2015

（出所）OJK「STATISTIK PERASURANSIAN INDONESIA 2015」より。

図表5-1は，2006年から2015年まで10年間のインドネシアの生命保険料につき，金額を棒グラフ，その対前年の伸び率を折れ線グラフで表したものである。インドネシア生保市場は2006年から2012年まで対前年比2桁の高い伸びを達成し，2006年に27.5兆ルピアであった生命保険料は2012年には4倍弱の107.94兆ルピアにまで拡大した。

しかし2013年に対前年4.9%増と急ブレーキがかかり，2014年には対前年マイナスに落ち込んだ。それが2015年になると，対前年19.7%増と再び勢いをとりもどし，2013年，2014年の低成長を挽回するとともに，一気に過去最高の水準135兆1300億ルピアとなった。

全般的に新興市場の高い成長が感じられる。

2. 普及率

(1) 「人口1人当たり生命保険料」，「GDPに対する生命保険料の割合」で見たインドネシア生保市場の普及度合い

ここでは，スイス再保険が毎年発表してきた世界の生命保険料に関するデー

第6節　生命保険市場の状況　*141*

タを使用する。スイス再保険のデータはドル換算して作成されているので為替変動による影響を避けられないが、各国比較をすることができる。

まずドル換算ベースのインドネシアの生命保険料が世界全体の生命保険料の何パーセントを占めるか（世界シェア）およびそのシェアが全世界第何位に位置するかを見ると、2000年のインドネシア生保市場の世界シェアは0.05％、世界順位は第38位であった。これが2015年には、世界シェア0.43％、世界順位第29位にまで上昇している。いまだシェアは小さいながら、インドネシアの生保市場は着実に世界での地位を上げてきた。

次の図表5-2は、1999年以降のインドネシアのドル換算ベースの「人口1人当たり生命保険料」と「総生命保険料の対GDP割合」をプロットしたものである。1999年には、「人口1人当たり生命保険料」が5.1ドル、「生命保険料の対GDP割合」が0.8％であったものが、2015年にはそれぞれ42.7ドル、1.3％にまで上昇した。

グラフには、インドネシアの1人当たりGDPが1000ドル、2000ドル、3000ドルを超えた時点を示してある。「1人当たりGDPが〇〇ドルを超えると生命保険の成長が加速する」という言い方があるが、たしかに、これらは節目としての区切り点を示しているようにも見える。

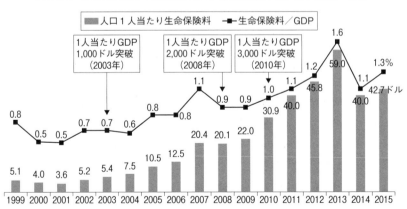

図表5-2　「人口1人当たり生命保険料」と「生命保険料の対GDP割合」の推移

（注）人口1人当たりGDPのデータは国連の国民経済計算データベースを使用。
（出所）スイス再保険「Sigma」各年の世界の生命保険料データ号より。

142 第5章 インドネシア

図表5-3 ASEAN内でのインドネシア生命保険市場の位置づけ

	生命保険料 （ドル換算）	世界シェア （ドル換算生命保険 料の世界シェア）	人口1人当たり 生命保険料 （ドル換算）	生命保険料の 対GDP割合
シンガポール	16,256 ドル	0.64%	2,931.5 ドル	5.55%
タイ	14,619 ドル	0.58%	215.1 ドル	3.70%
インドネシア	11,013 ドル	0.43%	42.7 ドル	1.28%
マレーシア	9,588 ドル	0.38%	315.6 ドル	3.37%
フィリピン	4010 ドル	0.16%	39.8 ドル	1.37%
ベトナム	1,583 ドル	0.06%	16.9 ドル	0.83%

（出所）スイス再保険「Sigma No.3/2016」より。

(2) ASEAN内でのインドネシア生命保険市場のポジション

　図表5-3は，図表5-2と同じスイス再保険のデータを使って，ASEANの主要国，シンガポール，タイ，マレーシア，フィリピン，ベトナムと，インドネシアの生保市場に関する諸指標を書き出したものである。

　これら6カ国中，人口が最大のインドネシアは，全体ボリュームとしての総生命保険料でこそシンガポール，タイに次いでASEAN第3位であるが，生命保険普及度合いの尺度である「人口1人当たり生命保険料」では第4位，「生命保険料の対GDP割合」では第5位に沈む。しかも両指標では，シンガポール，マレーシア，タイとの差は大きく，フィリピンと接戦を演じている段階にある。

3. 保険商品

　インドネシア生命保険市場で販売されている商品は，投資性・貯蓄性が強い養老保険とユニットリンク保険が中心で，保障性商品の比率は低い。個人年金等，年金商品はいまだ未発展である。ユニットリンク保険は欧州で主力商品となっている商品で，投資対象とする資産の価格変動やユニット価格の変動にあわせて保険積立金の額が変動する保険である。

　インドネシアでは2015年末現在，55社ある生保会社の内33社がユニットリンク保険を提供している。

(1) 初年度収入保険料で見た新契約販売の商品別構成（個人保険・団体保険総合）

図表5-4の左側は，2015年にどの商品がどの程度販売されたかを，新規販売された契約からの初年度保険料の商品別構成比として表したものである。

これを見ると，養老保険が46.0％と一番多く，次がユニットリンク保険の22.1％で，両者をあわせた貯蓄性・投資性商品の販売が68.1％を占めている。保障性商品である定期保険（14.2％），医療保険（5.2％）の比率は小さい。

(2) ネット収入保険料で見た保有契約の商品別構成（個人保険・団体保険総合）

図表5-4の右側は，新契約だけでなく既存の契約を含むすべての契約から収入される生命保険料を，その源にある商品別に分類したグラフである。

こちらのグラフでは，ユニットリンク保険がほぼ半分の49.2％を占め，養老保険が30.5％で続く。両者をあわせた投資性・貯蓄性商品の比率は8割近くになる。保障性商品である，定期保険（9.1％），医療保険（4.7％）が後に続くが，初年度保険料におけるよりもさらに比率が小さい。

以上見たように，大方のアジアの生命保険市場と同様，インドネシアでも，貯蓄性・投資性商品が主力の生保市場が形成されている。

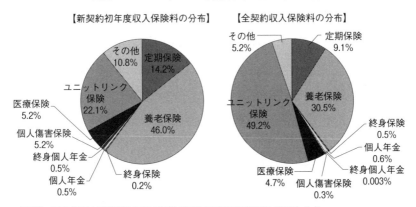

図表5-4　インドネシア生命保険市場の商品（2015年）

（出所）OJK「STATISTIK PERASURANSIAN INDONESIA 2015」より。

144 第5章 インドネシア

(3) ユニットリンク保険の販売動向が生保会社の業績を左右

近年，インドネシアでは株式のパフォーマンスが好調であったため，それに引きづられるように，ユニットリンク保険の販売が急増し，収入保険料等も大きく伸びた。しかし，2013年6月にジャカルタ株式市場のパフォーマンスが急降下したため，ユニットリンク保険の販売が急減，保険料収入も2013年，2014と対前年比マイナスの業績となった（図表5-1参照）。しかし株価が持ち直すとともにユニットリンク保険の販売は急回復，2015年には，収入保険料も従前のペースに戻った。

(4) ユニットリンク保険に特約として付加される保障商品

インドネシアではユニットリンク保険に特約として保障商品が付加されて販売されることが通例である。このため，ユニットリンク保険は国民への保障の提供にも寄与している。

4. 料率

インドネシアでは，地震保険，財産保険，自動車保険はタリフ料率，その他の保険種目は自由料率となっている。生命保険商品の保険料率は，各社毎に異なっており，各社のアクチュアリーが保険料設定を行っている。

新商品および既存商品の改定時の商品内容や保険料については，届出制が採用されている。

なお，インドネシアの保険市場は非常に競争的で，損害保険分野に属する自動車保険，財産保険では「タリフウォー」と呼ばれるダンピング合戦が発生したことで知られている。この状況に対処するため，OJKは自動車保険と財産保険に関して，リスクが適切に計算された上で価格設定されていることを確実とするために，保険料率を規制する規則を発出した。

5. 販売チャネルと販売制度

図表5-5はインドネシア生保市場における保険料をベースとした販売チャネ

第6節　生命保険市場の状況　　*145*

図表 5-5　インドネシア生保市場における販売チャネルシェアの推移（保険料による）

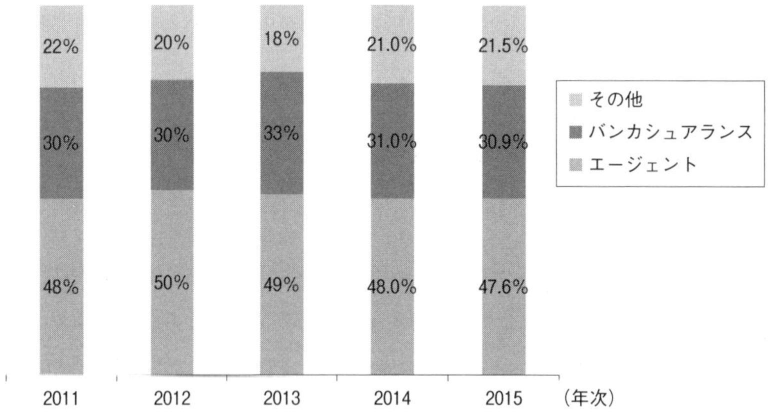

（出所）Timetric「Life Insurance in Indonesia, Key Trends and Opportunities to 2020」より。

ルシェアの推移である。

（1）保険エージェント

　インドネシアの生保市場では，伝統的に保険エージェントがメインチャネルであった。

　2014年末現在インドネシアには45万4706人の保険エージェントがいる。ただし事務所への出勤義務がなく，報酬はフルコミッションの出来高払い制であるため，実働しているエージェントの数はそれほど多くはないと見られている。

　保険エージェントは現在でもインドネシア生命保険市場のメインチャネルであるが，図表5-5で見られるように絶対的なチャネルではなくなっている。2011年以降，保険エージェントの販売シェアは48～50％を前後しており，2015年には47.6％で終わっている。中長期的には販売チャネルの多様化が進み，保険エージェントの販売シェアは微減していくと予想される。

　ただし，生保会社の多くが保険エージェントを増員する動きを見せていたり，上位の有力外資生保会社が高能率のエージェント網を中心チャネルにしたりと，保険エージェントをてこ入れする動きもある。また小さな島々に分断さ

146　第5章　インドネシア

れているインドネシアではバンカシュアランス網を隅々まで巡らすことは難し
い。このため保険エージェントが販売チャネルの中心である状況は今後も続く
と考えられる。

(2) バンカシュアランス（銀行窓販）

　図表5-5に見られるように，インドネシア生保市場においても近年，バンカ
シュアランスがエージェントに次ぐ第2のチャネルとして定着している。

　2011～2015年の間，バンカシュアランスの販売シェアは30％強で推移して
いる。特定の生保会社と銀行の間で排他的な販売提携がなされたというリリー
スが頻繁に行われている。

　外資系の生保会社が進出し，各社がインドネシア現地への適応に気を払いな
がら，自らの母国風の生保経営をインドネシアにもたらしている。そうしたこ
との例として，バンカシュアランスによる販売の成長，ユニットリンク保険の
販売急増等があると言えるだろう。

(3) その他

　図表5-5では「その他」チャネルが20％を超える販売シェアを持っており，
無視できない存在となっている。

　具体的にいかなるチャネルが「その他」チャネルに区分されているのかにつ
いては不明であるが，ブローカー，通販，電話販売，eメール販売，Eコマー
スなどが該当するだろう。

　インドネシアにもデジタル化やフィンテックの波が押し寄せている。そうし
た中，生命保険のオンラインショップやEコマースが発達することが期待され
ている。ただし，これらが大きなシェアを獲得することまでは想定しづらい。

6.　競争環境

(1) 生命保険会社数

　2015年末現在，インドネシアには55の登録生命保険会社がある。内訳は，
内国会社が33社，外資との合弁会社が22社である。

第6節 生命保険市場の状況 *147*

図表5-6 インドネシアの生命保険会社数の推移

	2006	2007	2008	2009	2010	2011	2012	2013	2014	2015
生命保険会社	51	46	45	46	46	45	47	49	50	55
内国会社	35	29	27	28	29	26	28	30	31	33
外資合弁会社	16	17	18	18	17	19	19	19	19	22

（出所）OJK「STATISTIK PERASURANSIAN INDONESIA 2015」より。

図表5-7 収入保険料上位10社（2015年）

順位	会社名	会社種別	収入保険料	シェア
1	PT Prudential Life Assurance	外資合弁会社	250,342	20.1%
2	PT Asuransi Allianz Life Indonesia	外資合弁会社	98,891	7.9%
3	PT Indolife Pensiontama	内国会社	86,308	6.9%
4	PT AIA Financial	外資合弁会社	85,666	6.9%
5	PT Asuransi Jiwasraya（Persero）	内国会社	85,277	6.8%
6	PT AXA Mandiri Financial Services	外資合弁会社	72,480	5.8%
7	PT Asuransi Jiwa Manulife Indonesia	外資合弁会社	66,183	5.3%
8	PT Asuransi Jiwa Sinar Mas MSIG	外資合弁会社	61,133	4.9%
9	PT Asuransi Jiwa Adisarana Wanaartha	内国会社	48,709	3.9%
10	AJB Bumiputera 1912	内国会社	40,761	3.3%

（出所）OJK「STATISTIK PERASURANSIAN INDONESIA 2015」より。

　収入保険料で計算した2015年のシェアで見ると，内国会社のシェアが32.7%，外資との合弁会社のシェアが67.3%となっており，市場の3分の2を外資合弁会社が押さえているという構造になっている。

　さらに収入保険料上位10社を見ると，上位に外資系生保会社が数多くランクインしていることがわかる。

　ただし，先述の単一持株政策の導入，外資参入規制の見直しと徹底への対応等を有力外資が求められる状況もあると考えられ，今後の動きが注目される。

(2) イスラム保険（シャリア生命保険またはタカフル生命保険）の状況

　インドネシアは人口の約9割がイスラム教徒という宗教的な側面を持つ国である。そしてイスラム教徒の世界には，一般的な生保事業とは別途のイスラム

148 第5章 インドネシア

の教義に即したイスラム生命保険（世界的にはタカフル生命保険と呼ばれることが多い）がある。

インドネシアにおいてもイスラム生命保険の提供がなされている。

図表5-8ではインドネシアにおいてイスラム生命保険事業を営む会社数の推移をまとめている。2015年末現在，イスラム生命保険専業会社が5社，イスラム生命保険を提供する部門（イスラミック・ウィンドウ）を持つ生保会社が19社存在する。

また図表5-9はイスラム生命保険事業の業績数値と一般の生命保険事業の業績数値を対比したものである。イスラム生命保険事業の規模は2015年，被保険者数で一般生命保険事業の8.3％，保険料で6.1％，総資産で5.7％の大きさとなっている。

今後，インドネシア経済の発展とともに国民の間に生命保険へのニーズが高まることが予想される。その際には，イスラム教徒の何割かはイスラムの教義に則ったイスラム生命保険を選択することが考えられる。そのためイスラム生命保険事業の将来性は明るいと考えられており，これが全体としてのインドネシア生命保険市場の魅力を高めることともなっている。イスラム生命保険事業の発展を見越して多くの生命保険会社が取組を開始した。

図表5-8　イスラム生命保険を提供する会社数の推移

	2011	2012	2013	2014	2015
イスラム生命保険会社	3	3	3	3	5
生命保険会社のイスラム保険部門	17	17	17	18	19

（出所）OJK「STATISTIK PERASURANSIAN INDONESIA 2015」より。

図表5-9　イスラム生保事業と一般の生保事業の規模比較

	件数／被保険者数（万人）		グロス保険料（兆ルピア）		総資産（兆ルピア）	
	2014	2015	2014	2015	2014	2015
一般の生命保険	5,751	5,706	113	135	368	378
イスラム生命保険	472	476	8	8	18	22
イスラム生命保険／一般の生命保険	8.2％	8.3％	7.4％	6.1％	4.9％	5.7％

（出所）OJK「STATISTIK PERASURANSIAN INDONESIA 2015」より。

なお，「第3節 3. 保険会社の設立 (5)イスラム保険事業のスピンオフ」で見たように，OJK はイスラム生命保険事業を一つの部門（イスラミック・ウィンドウ）として行っている生命保険会社に対し，イスラム生命保険部門を分社化することを求めている。これに応じ 2015 年には 2 つのイスラム生命保険専業会社が発足した。これからこうした動きが広がると考えられる。

7. 収支動向

インドネシア生命保険業界全体の収支状況の推移は図表 5-10 のとおりである。

2015 年には，前年より収入保険料が増加し，支払保険金が減少するという形で，保険業務の収支が改善する一方で，低金利の影響等から，資産運用利益が−2 兆ルピアと大きく落ち込んだため，税引後利益は 11 兆ルピアと前年を下回った。

株価が低迷したため，ユニットリンク保険の収入保険料が伸び悩み，解約等の支払いが増加した 2014 年を除けば，趨勢的には保険関連の収支は順調と考えられる。

図表 5-10 インドネシア生保業界の収支状況

(兆ルピア)

	2011	2012	2013	2014	2015
収入保険料	90	100	103	101	123
支払保険金	79	92	82	104	97
資産運用利益	14	22	8	39	▲ 2
税引後利益	7	9	7	13	11

(出所) OJK「STATISTIK PERASURANSIAN INDONESIA 2015」より。

8. 資産運用

　投資資産（総資産から非投資資産を除いたもの）の運用状況が次の図表5-11である。

　定期預金・CD（16.6％）や国債等（15.0％）といった安全性の高い資産に投資している一方で、上場株式（29.5％、ミューチュアルファンド（25.9％）といったリスク性の運用対象への投資割合があわせて55.4％と半分強を占めていることが目を引く。

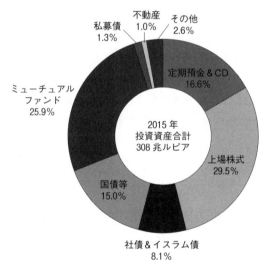

図表5-11　インドネシア生保の投資資産の構成（2015年末）

（出所）OJK「STATISTIK PERASURANSIAN INDONESIA 2015」より。

9. 業界団体

(1) インドネシア生命保険協会 AAJI（Asosasi Asuransi Jiwa Indonesia）

当初，すべてのインドネシアの生命保険会社は，次項のインドネシア保険会議（DAI）に加盟するのみであった。

しかし2002年1月23日，DAIの第10回年次総会において，AAJIがインドネシアの生命保険業界のための母体団体であると宣言された。

AAJIは，生命保険の成長と発達を促進し，生命保険に関する問題を洗い出し，法律の施行に関しては監督機関との調和を図ることを目的とする。

AAJIには51の生命保険会社と5つの再保険会社が加盟している。

また，AAJIは生命保険エージェントに免許を与えるインドネシア唯一の組織である。

(2) インドネシア保険会議 DAI（Dewan Asuransi Indonesia）

すべての保険分野の国営保険会社，内国会社，外資合弁保険会社が参加している団体である。

インドネシアの保険事業の品質を改善すること，そのメンバーおよび海外合弁先の間で均一性を維持することを目的とする。

DAIの機能は，以下のとおり。

・保険事業を発展させようとする活動を調整する。
・保険料率と保険商品の条件を規制する。
・インドネシアの保険事業を発展させるため，政府と調整する。

(3) インドネシアアクチュアリー協会（THE SOCIETY OF ACTUARIES OF INDONESIA）

1964年に発足したアクチュアリーを会員とする団体である。

2014年1月現在，会員は181名のフェローと166名のアソシエイトで構成されている。

152 第5章 インドネシア

[参考文献]

石原晃・佐藤康夫・佐々木辰雄 (2013),「インドネシア生命保険市場」『生命保険経営』第81巻第5号, 2013年9月。

外務省ホームページ「国・地域」。

公益財団法人 損害保険事業総合研究所 (2015),『アジア諸国における損害保険市場・諸制度の概要について（その2）』。

財団法人 生命保険文化研究所 (1999),『東アジアの生命保険市場—契約者保護からみた各国の現状—』。

総務省統計局 (2017),『世界の統計2017』。

OJK (Otoritas Jasa Keuangan), *Statistik Perasuransian 2015*.

OJK ホームページ「REGULATION」。

Swiss Reinsurance Company (2016), "World Insurance in 2015: Steady Growth amid Regional Disparities," *Sigma* (No.3/2016).

Timetric (2017), *Life Insurance in Indonesia. Key Trends and Oppotunities to 2020.*

（松岡 博司）

コラム　イスラム教徒向けの保険——タカフル

京都大学大学院特任准教授　吉田　悦章

1．アジアや中東で成長するイスラム保険「タカフル」

　本文で展開されているアジアにおける保険市場とは別の文脈で，「タカフル」と呼ばれるイスラム式の保険がアジアや中東などのイスラム圏を中心に成長を続けている。

　通常の保険はイスラムの教えに反する要素を多く含む。よく知られるようにイスラムでは利息の授受が禁じられるが，定期的な保険金支払額の総額を上回って満期に保険金が得られる貯蓄型保険などの商品の場合，その差額分は利息と捉えられてしまう。またそもそも，特定の事由が生じた場合に保険会社から保険金が支払われるようなスキームは，ある種の確率的事象に基づいた金銭の授受であり，これがギャンブル性と解釈され教義の禁じるところとなる。

　こうした性質を極力排除し，むしろイスラムの教えの観点では望ましいような取引が「タカフル＝イスラム保険」である。下図をみながら説明していこう。

　被保険者に相当する加入者が支払う保険料は，タカフル会社の所有ではなく，その管理する基金に属する。多くの加入者（A〜D）があるもとで，その1人（図ではD）に保険金支払事由が発生して保険金が支払われると，それは他の加入者（A，B，C）がDを助けたことになる。困っている人を助けるのはイスラ

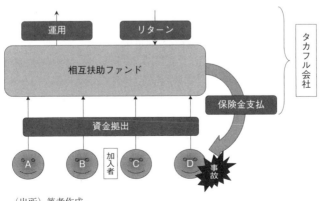

（出所）筆者作成。

ムの美徳でもある。もともとタカフルの語が，相互扶助を意味するカファラから来ていることをみても，イスラムの美徳に沿った金融商品と言える。

　実務的には，上記で述べたような利息の部分やギャンブル性などイスラムの禁じる要素がないことにつき，教義に関する有識者によるスクリーニングを経て初めて，イスラム保険として認識される。シャリアと呼ばれるイスラム教義の有識者で構成されるスクリーニング機関はシャリア・ボードなどと呼ばれ，通常3人程度の有識者で構成される。経営からは独立した機関であり，「宗教的デュー・ディリジェンスを担う社外委員で構成される専門委員会」と捉えることもできるだろう。

　タカフルは，1979年にスーダンで産声をあげた。爾来順調に成長を続け，2015年末時点の世界市場規模（拠出金残高ベース）は149億ドルと推計されている（データはGlobal Takaful Report 2017）。イスラム金融全体の資産規模が2兆ドル前後であることを考えるとその1％にも満たないが，ここ4年，13％の平均成長率で市場が拡大している点では有望産業とみることができる。地域別シェアをみると，湾岸諸国が8割弱を占め，東南アジアは15％に過ぎない。通常の保険同様，生命保険と損害保険があるが，前者はファミリー・タカフル，後者はジェネラル・タカフルと呼ばれる。

2. タカフルの捉え方

　さて，このようなタカフルも，イスラム金融の一部である。そのため，拙著『はじめてのイスラム金融』で示したようなイスラム金融の基本的性格はタカフルにも当てはまる。特に初学者にとっては，誤解されがちなイスラム金融を正確に理解するための出発点でもあるため，イスラムに付きまといがちなネガティブなイメージを一旦忘れて読み進めて頂きたい。

　基本的性格の第1として「非ハラム原則」がある。ハラムとは，教義の面で禁じられていることであり，広く知られるようになったハラル（＝教義の面で許された，の意）の対義語である。通常，イスラムの教義に関する有識者が，金融商品に教義面の問題がないことを確認した上で商品が提供されるが，その際「禁じられた部分がないこと」がチェックされる点を捉えて，「非ハラム」と表現した。第2の性格として，「近接性原則」がある。通常の保険とタカフルとの間に，経済的効果の違いはない。違うのは，教義に反さないものとするため内部の取引ストラクチャや契約書に工夫を加えた点である。タカフルといえど

保険商品であるため，通常のものとの近接性があるものと認識すべきである。第3の性格として「非限定原則」がある。ムスリムでなくともタカフルを利用できるし，タカフルを提供する会社に非ムスリムが勤務することもある。東京海上グループが非ムスリムを中心に日本のパイオニアとしてタカフル業務を切り拓いてきた事例について，拙著『イスラム金融入門』の第5章を読めば一層理解が進もう。

3. 市場の先端

　以上にみたようなタカフル業界は，この先，二つの質的な変容を伴いながら成長を続けていくと考えられる。一つは，タカフルにおける社会的側面の取り込みである。例えば，貧困層向けの保険であるマイクロインシュアランスに相当するイスラム保険としてマイクロタカフルがある。そもそも，公平を重視し貧困解消がその使命としても求められるイスラム金融としては，一定の商業的成功を収めた今，社会的側面をも重視することが一つのトレンドとなっている。

　もう一つの質的な変容としては，情報通信技術を高度に活用した，いわゆるフィンテックの一部としてのタカフルにも注目したい。例えば，上記のようなマイクロタカフル関連の送金に，ケニアでは，現地で発達した貧困層向けの銀行を経由しない小口送金システム「M-PESA」が利用されている。これは立派なフィンテックである。これに限らずとも，一般消費者を顧客として想定する際，フィンテックの活用が大きな効果を生むケースは多いだろう。

　相互扶助という側面も持つ社会の公器として，タカフルの将来には今後も注目したい。

第6章

ベトナム

はじめに

　ベトナム（ベトナム社会主義共和国）は，今後の発展が大いに期待できる，将来の「伸びしろ」が大きい生保市場である。

　9000万人を超える人口を有し，近年の経済成長率は5〜6％で推移しており，今後も高い経済成長が見込まれる。

　ASEAN（東南アジア諸国連合）諸国中，生保市場の規模としてはいまだ非常に小さく（生保収入保険料はタイの1割弱程度の約1800億円），生命保険浸透率（GDPに対する生保収入保険料の割合）も低い（0.8％）。

　しかしながら，2015年の生保収入保険料の伸び率は，アジア主要国の中でも屈指の水準となっており，人口構造上も，2040年まで人口ボーナス期（15〜64歳の生産年齢人口が，子どもと高齢者の人口の2倍以上である状態）が続くことを踏まえれば，今後の発展の可能性がきわめて高い，有望な潜在的市場であるものと考えられる。

　保険市場については，1964年設立の国営保険会社ベトナム保険会社（現在の金融グループバオ・ベト・ホールディングスの前身）による寡占体制が長らく続いたが，1986年，ドイモイ政策が打ち出され，1994年に外資系保険会社の事務所設立が，1996年に外資系保険会社とベトナム国内社との合弁会社設立が，1999年には外資系保険会社の100％子会社設立が認められた。

　法制面では2000年に保険業法（Luật kinh doanh bảo hiểm）が整備され，同法に基づき，財務省（Bộ Tài chính）の保険監督庁（Cục Quản lý giám sát bảo hiểm）が保険監督を行っている。

　2015年には生保社17社，損保社30社の計47社が営業しており，外資

系保険会社も多数進出している（わが国からは第一生命，住友生命，東京海上グループなど）。

　生保市場においては，定期保険や終身保険などの保障性商品の販売占率は少なく，おもに貯蓄性商品が販売されている。

　本章では，こうしたベトナム生保市場について概観することとしたい。

第1節　政治・経済・社会

　ベトナムは，正式名称をベトナム社会主義共和国（Cộng Hoà Xã Hội Chủ Nghĩa Việt Nam，漢字表記は共和社会主義越南）と称し，共産党を唯一の合法政党とする社会主義国である。

　首都はハノイ（Hà Nội，漢字表記は河内）で，人口は709万人である（人口最多のホーチミン市（旧サイゴン市）は798万人）。

　インドシナ半島の東シナ海沿いに位置し，南北1600kmにわたる細長い国土の面積は32万9241km²（日本の約9割），人口は9270万人，GDPは約2019億米ドル，1人当たりGDPは2215ドルとなっている。

　主要民族は人口の9割近くを占めるキン族（người Kinh，漢字表記は京族＝いわゆるベトナム人）である。

　漢から唐までの約1000年間，中国の支配下に置かれた。10世紀に中国から独立，李朝，陳朝，黎朝，阮朝を経て，1887年にはカンボジアとともにフランス領インドシナとなり，第2次世界大戦後，独立を果たすも南北に分断され，ベトナム戦争を経て1976年7月2日，南北統一が実現した。

　1075年〜1919年まで科挙が実施されるなど，中国文明圏であったが，現在，漢字使用は廃止され，ベトナム語はアルファベットと6声調アクセント符号で表記されている（クオック・グー（Quốc Ngữ）と呼ばれる）。

　1986年12月，ベトナム共産党第6回党大会で，市場経済システムの導入と対外開放を柱としたドイモイ（Đổi mới，変化・新しい，刷新）政策を採択，1995年7月には，アメリカとの国交正常化，ASEAN（東南アジア諸国連合）加入を実現している。

1989年頃よりドイモイの成果が上がり始め，1995年，1996年には9％台の経済成長率を記録した。2007年にはWTO（世界貿易機関）に加盟している。

アジア経済危機の影響から一時成長が鈍化したものの，海外からの直接投資の増加を受け，近年の経済成長率は，5～6％で推移している。

通貨は「ドン」（1円が約200ドン：2017年7月5日時点）である。

コメを主食とする稲作民族で，勤勉・粘り強さ・親切などといった国民性はわが国と共通する。

第2節　生命保険略史

保険市場については，1976年の南北ベトナム統一後，南ベトナムの既存保険会社は消滅し，1964年に当時の北ベトナムで設立された国営保険会社であるベトナム保険会社（現在のバオ・ベト・ホールディングス（バオ・ベト損保，バオ・ベト生保などの持株会社である金融グループ）の前身）による1社独占体制が長らく続いた。

1986年，ドイモイ政策が打ち出されて以降，保険市場の開放も進み，1994年に外資系保険会社の事務所設立が，1996年に外資系保険会社とベトナム国内社との合弁会社設立が，1999年には外資系保険会社の100％子会社設立がそれぞれ認められた。

また，1994年には国営保険会社として新たにベトナム再保険会社，バオ・ミン損保が設立され，ベトナム保険会社による寡占体制が終了した。

こうした保険市場開放政策を受け，1996年，バオ・ベト（51％出資），わが国の東京海上グループとCommercial Unionがそれぞれ24.5％出資して初の外資系合弁保険会社であるベトナム・インターナショナル・アシュアランス社が設立された。東京海上がCommercial Unionの持株を買い取り，2010年9月にバオベト・トキオ・マリン社に社名変更，2016年5月には東京海上の出資比率が49％から51％に引き上げ（バオ・ベトは49％出資）られている。

1999年には外資系保険会社の100％子会社としてプルデンシャル，マニュライフが生保会社を設立した。

以降，AIA（2000 年），ACE ライフ（2005 年）などの海外生保会社進出が相次ぎ，2007 年 1 月にはわが国の第一生命がベトナムの生保会社バオ・ミン CMG 社を 100％買収し，買収後第一生命ベトナムと社名変更した。

2012 年 12 月には，わが国の住友生命がバオ・ベト・ホールディングスと業務提携し，同社の発行済株式の 18％を約 7.1 兆ベトナムドン（当時約 280 億円）で取得した。

2016 年 4 月には，かんぽ生命，第一生命とベトナム郵便会社が 3 社の生命保険サービスに関する協力関係に関する覚書を締結するなど，わが国の生保会社，損保会社による進出も続いている。

第 3 節　保険監督体制

1. 保険監督官庁

保険監督官庁は，財務省（Bộ Tài chính）の保険監督庁（Cục Quản lý giám sát bảo hiểm）である。

長官官房，保険市場開発部門，損害保険監督部門，生命保険監督部門，保険ブローカー監督部門，検査・試験部門，統計部門の 7 部門のほか，保険研究所を傘下に有する。

2. 監督・管理法，根拠法規

保険業法（Luật kinh doanh bảo hiểm，2000 年 12 月 9 日制定，2001 年 4 月 1 日施行）に基づいて，保険監督が行われている。

保険業法については，保険業法の一部の条項を補足，改正する法律（Sửa đổi, bổ sung một số điều của Luật Kinh doanh bảo hiểm，2010 年 11 月 24 日制定，2011 年 7 月 1 日施行）により，保険業の免許の種類を生命保険，損害保険の 2 区分から生命保険，損害保険，医療保険の 3 区分に変更するなどの改正が行われている。

160 第6章 ベトナム

　保険業法は，第Ⅰ章（一般規定），第Ⅱ章（保険契約），第Ⅲ章（保険会社），第Ⅳ章（保険代理店，保険ブローカー企業），第Ⅴ章（財務，会計，計算書類），第Ⅵ章（外国企業による保険会社，保険ブローカー企業の設立），第Ⅶ章（国家による保険業の管理），第Ⅷ章（表彰，罰則），第Ⅸ章（施行）から構成されている。

　保険監督に関する条項以外を規定する特徴的な条項として，第Ⅱ章（保険契約）がある。

　第Ⅱ章（保険契約）においては，生命保険契約の当事者以外の者を被保険者とする死亡保険契約（他人の生命の死亡保険契約）に加入する際の被保険者の同意（第38条第1項），死亡保険金を支払わない場合（第39条，被保険者の2年以内の自殺，契約者や保険金受取人による被保険者の故殺，死刑の執行。この場合，解約返戻金を支払い）など，わが国においては保険法で制定されている条項が制定されている。

　また，第Ⅱ章（保険契約）第31条においては，個人保険の契約者について，被保険者自身，被保険者の配偶者，子，親，兄弟姉妹，その他被保険者が扶養する者，保険会社が被保険者との関係で保険加入を妥当と認めた者との制限があり，他人の生命の死亡保険契約に加入する際の被保険者の同意に加え，被保険利益について厳格な規定が置かれている。

　さらに，第Ⅱ章（保険契約）第38条第2項においては，死亡保険契約について，成人年齢である18歳未満の者（親または保護者が契約者となり，18歳未満の者を被保険者とするケースを除く），精神に障がいのある者は，保険契約の当事者となれないとの規制がある。

3. 保険会社の設立

　保険業法では，財務省が保険会社の営業に対する免許を付与する権限を有している（第62条）。

　また，免許申請後60日以内に，財務省は免許付与または書面で理由を付した免許拒絶を行うこととされている（第65条）。

　保険会社は株式会社のほか，相互会社も認められている（第70条）。

4. 保険業務の範囲

保険業の事業免許は，生命保険，損害保険，医療保険の 3 つに区分されている（2011 年改正保険業法第 7 条，従来は生命保険と損害保険の 2 区分）。

生命保険の区分は，従来，終身保険（bảo hiểm trọn đời），学資保険（bảo hiểm sinh kỳ）養老保険（bảo hiểm hỗn hợp），定期保険（bảo hiểm tử kỳ），定期支払保険（bảo hiểm trả tiền định kỳ），その他政府の規制による保険（Các nghiệp vụ bảo hiểm nhân thọ khác do Chính phủ quy định）とされていたが，2011 年改正保険業法により，その他政府の規制による保険に代えて，投資リンク保険（bảo hiểm liên kết）および個人年金保険（bảo hiểm hưu trí）が追加された。

生命保険事業と損害保険事業の兼営は禁止されているが，生命保険事業と医療保険事業，損害保険事業と医療保険事業の兼営は認められている（第 60 条第 2 項）。

第 4 節　保険会社の諸規制

1. ソルベンシー規制

ソルベンシー規制については，保険業法第 77 条で保険会社のソルベンシー（支払余力）維持が求められている，

詳細は政令 No.73/2016/ND-CP に規定されている。

同第 63 条で，保険会社は，保険事業継続のために，ソルベンシー（同第 65 条で，財務省の定める流動資産から負債を除いた金額とされている）を維持することが求められ，最小ソルベンシーがあればソルベンシーが維持されているものとみなされている。

同第 64 条で，生保会社の最小ソルベンシーは，ユニット・リンク保険の場合は責任準備金の 1.5％と保険金額の 0.3％，ユニバーサル保険の場合は責任準備金の 4％と保険金額の 0.3％，その他の保険契約では，保険期間が 5 年以下の保険契約の場合は責任準備金の 4％と，保険金額の 0.1％，保険期間が 5 年

超の保険契約については責任準備金の4%と保険金額の0.3%とされている。

同第67条で，最小ソルベンシーを下回った場合，財務省は，保険会社に対し，増資，事業の全部または一部の停止，経営統合や保険契約の移転などを要求することができるとされている。

2. 資本規制（最低資本金）

資本規制（最低資本金）については，政令No.73/2016/ND-CPに規定されており，同第10条で，生保事業の最低資本金は6000億ドン（損保会社は3000億ドン）とされている。

3. 外資参入規制

保険業法第59条で，保険会社は国営保険会社，株式会社，相互会社，合弁会社，100％外資出資の保険会社に区分されている。

2011年改正保険業法第105条で，外国保険会社の参入は，有限責任保険会社，外国損保会社の支店，駐在員事務所の形態が認められている（駐在員事務所においてはベトナムにおける保険事業は認められていない）。

なお，改正前の保険業法では，合弁会社，100％外資出資の保険会社，駐在員事務所の形態が認められていたので，新たに損保会社の支店方式が認められたこととなる。

参入の際の要件は，政令No.73/2016/ND-CP第7条に規定されている。

第1に，本国の保険監督当局から，ベトナムで営業予定の保険事業について認可を取得していること，第2に，本国で10年以上保険事業を継続していること，第3に参入前年の総資産が20億ドル以上であること，第4に3年以上，重大な法令違反をしていないことである。

4. 販売規制

保険業法で規定されている保険募集を行う者は，保険代理店と保険ブロー

カー会社である。

なお，保険販売手法としては，政令No.73/2016/ND-CP第38条により，保険会社による直接販売，保険代理店または保険ブローカー会社による販売，入札による販売，電子取引による販売，法令に準拠したその他の販売手法が認められている。

保険代理店は，保険会社の代理人として保険契約の募集，保険契約締結の媒介，保険料の収受，保険金支払いの媒介などを行う（保険業法第85条）。

保険代理店の要件は，ベトナムに居住する18歳以上の完全な市民としての能力を有するベトナム市民で，ベトナム保険協会が認定した研修を修了した個人およびそうした個人が雇用されている法人とされている（保険業法第86条）。

保険会社と保険代理店の契約には，1. 保険代理店の名称および住所，2. 保険会社の名称と住所，3. 保険会社および保険代理店の権利，義務，4. 保険代理店の活動の範囲，5. 保険代理店手数料，6. 契約条件，7. 紛争解決のためのルールを規定するものとされている（保険業法第87条）。

また，保険代理店が法令や契約に違反して保険契約者に損害を与えた場合には，保険会社も責任を負い，保険会社が保険契約者に補償した場合は，保険代理店はその金額を保険会社に弁済する必要があるとされている（保険業法第88条）。

政令No.73/2016/ND-CP第83条により，ある保険会社の保険代理店が，新たに他の保険会社の保険代理店となる場合（乗合代理店となる場合）には，従来契約していた保険会社の承認が必要である。

一方，保険ブローカー会社は，保険契約者の代理人として，保険会社の情報を提供し，保険契約者の要望に沿った保険商品の提案を行い，保険契約締結の媒介などを行う（保険業法第90条）。

保険ブローカー会社は，保険契約者の公正な代理人であり，保険契約者に不利となる情報を保険会社に提供してはならず，保険契約者に損害を与えた場合には，自身が責任を負う（保険業法第91条）。

保険契約者への損害賠償責任に備え，保険ブローカー会社は，専門職損害賠償責任保険に加入しなければならない（保険業法第92条）。

164 第6章 ベトナム

保険ブローカー会社は営業に当たり，財務省の免許を得る必要があり，免許申請手続きについては保険会社に準ずる（保険業法第93条）。

5. 資産運用規制

保険会社の資産運用は，安全，効率的で，保険契約により定期的に保険金を支払うことを前提とした運用でなければならないとされている。

具体的な運用先としては，国債，株式や社債，不動産，他の企業への投資，貸付，預金が示されている（保険業法第98条）。

生保会社の運用規制は，政令No.73/2016/ND-CP第62条に規定されており，国債，政府保証債，預金については制限がない。

株式，社債，出資証券は，資産の最大50％までに制限される。

不動産，他企業への投資は資産の最大20％までに制限される。

なお，損保会社の運用規制は，国債，政府保証債，預金については制限がない点は生保会社と同様であるが，株式，社債，出資証券は，資産の最大35％まで，不動産は資産の最大10％までに制限されているなど，生保会社の運用規制より厳格な取扱いとなっている。

第5節　消費者保護

1. 支払保証制度

2011年改正保険業法第97条により，保険会社は，ソルベンシーを確保するために必要な強制積立金として，税引後利益の5％を毎年積み立てなければならないとされている。

同条には，保険会社が破綻し，支払不能に陥った場合に，保険契約者の権利を保護するため，保険契約者保護基金を設立することも盛り込まれた。

これを受け，2014年9月9日，財務省は，各保険会社が収入保険料の0.1％を事前拠出し，万一の保険会社の破綻の際に資金を援助する「保険契約者保護

基金」（Quỹ bảo vệ người được bảo hiểm）を発足させた。

保険契約者保護基金においては，万一の保険会社の破綻の際は，原則として責任準備金の 90%が補償されることとなっている。

2. 消費者保護制度

保険約款，保険用語，保険料率については，政令 No.73/2016/ND-CP 第 39 条に次のような規制がある。

第 1 は，ベトナムの法律，慣行，倫理，文化や慣習に適合していなければならないとする点である。

第 2 は，保険約款，保険用語で使用される言語は，理解しやすく正確な，シンプルな言葉遣いでなければならないとする点である。

加えて，保障内容を特定するために必要な専門用語については，保険約款で定義する必要があるとしている。

第 3 は，保険会社の責任の範囲や保険金の支払方法，紛争が発生した場合の解決方法などを含め，保険の対象についての説明を明確化，透明化する必要があるとする点である。

第 4 は，保険料率は，保険会社のソルベンシー（支払余力）を確保し，統計情報に基づいて支払責任を充足するように設定されなければならないとする点である。

第 6 節　生命保険市場の状況

1. 収入保険料推移

2015 年の収入保険料は生命保険 38 兆 2710 億ドン，損害保険 31 兆 8940 億ドンに達している。

2014 年の収入保険料と比較すると，生命保険で約 35%の増加，損害保険で約 16%の増加と，GDP の成長率（約 6.4%）と比べて大きく成長している。

166　第6章　ベトナム

図表6-1　ベトナムの収入保険料の推移

（10億ドン）

	2011年	2012年	2013年	2014年	2015年
生命保険	15,998	18,397	23,330	28,355	38,271
損害保険	20,554	22,851	24,521	27,522	31,894
合　計	36,552	41,248	47,851	55,877	70,165

（出所）「ベトナム保険市場アニュアルレポート2015」（Niên giám thị trường bảo hiểm Việt Nam năm 2015）により筆者作成。

また，収入保険料では従来生命保険より損害保険の方の大きかったが，2014年以降逆転している。

2. 普及率

生命保険浸透率（GDPに対する生保収入保険料の割合）は低いが，2013年0.6％，2014年0.7％，2015年0.8％と着実に増加している。

1人当たり保険料は，17ドル（2015年）とASEAN諸国中最も低いが，今後の進展が期待できる。

3. 保険商品

新契約収入保険料ベースで生保販売商品を見ると，従来，9割以上を占めた養老保険（生死混合保険，bảo hiểm hỗn hợp）の販売占率は低下したものの，なお約5割（49.7％，2014年）を占め，2009年から発売された，ユニバーサル保険などの投資リンク性商品（bảo hiểm liên kết đầu tư）の販売占率（46.4％）と拮抗している。

定期保険（bảo hiểm tử kỳ）や終身保険（bảo hiểm trọn đời）などの保障性商品の販売占率（それぞれ3.8％，0.1％）は少なく，貯蓄性商品の販売がほとんどとなっている。

2014年は約3万3千件（約3％）が販売されたが，2015年は約4千件と急減した。

第6節 生命保険市場の状況　　167

図表6-2　ベトナムの生保販売商品（新契約収入保険料ベース）の推移

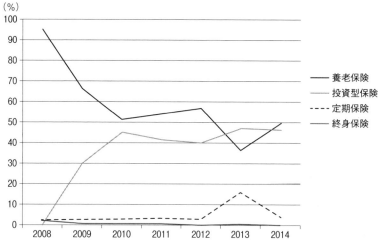

（出所）「2014年ベトナム保険市場の概要」（Tổng quan thị trường bảo hiểm Việt Nam năm 2014, ベトナム保険協会）により筆者作成。

　件数ベースで見ると，2015年の新契約件数は約129万件で，前年と比べ2割以上増加している。
　うち，保障と貯蓄を兼ね備えた養老保険（bảo hiểm hỗn hợp）が約54.5万件（約42％），ユニット・リンク保険やユニバーサル保険など投資リンク性商品（bảo hiểm liên kết đầu tư）が約46.1万件（約36％）と，貯蓄・投資性商品の販売が大半を占める。
　現在，17生保会社のうち15社がユニバーサル生命保険を販売している。
　これに対し，定期保険（bảo hiểm tử kỳ）は約27.4万件（約21％），終身保険（bảo hiểm trọn đời）は2千件弱に過ぎない。
　また，2013年から個人年金保険の販売も開始されており，2014年は約3万3千件（約3％）が販売されたが，2015年は約4千件と急減した。
　全商品の保有契約件数は約561万件に達し，前年と比べ約14％増加している。
　うち，養老保険が約61％，投資リンク性商品が約29％と，新契約と同様，貯蓄・投資性商品の販売が大半を占める。

168　第6章　ベトナム

4.　販売チャネルと販売制度

　保険ブローカー会社の 2015 年販売シェア（収入保険料ベース）は，損害保険市場の約 8 割，医療保険市場の約 2 割を占めるが，生命保険市場ではわずか 0.03％である。

　生命保険市場の主な販売チャネルは各生保会社の専属営業職員や各生保会社への乗合も可能な保険代理店のほか，近年，銀行窓販も行われている。

　生保代理店は，2015 年末で個人代理店が約 21 万，法人代理店が約 530（所属するエージェントが約 27 万名）で，計 48 万名を超えている。

5.　競争環境

　図表 6-3 のとおり，2015 年には生保会社 17 社，損保会社 30 社の計 47 社が営業している。

　かつての国営保険会社バオ・ベト生命（2004 年設立），バオ・ベト損保（1964 年設立）は 2007 年 5 月に株式会社化され，現在，バオ・ベト・ホールディングスの 100％子会社である（傘下に，ほかにバオ・ベトファンドマネジメント，バオ・ベト証券など）。

　バオ・ベト・ホールディングスの株式の約 7 割はベトナム政府保有で，実質的には国営会社となっている（18％は住友生命が保有）。

　生保会社としては，1999 年にベトナムに進出したプルデンシャル，マニュライフがもっとも古く，他に AIA（2000 年），バオ・ベト生命（2004 年），ACE ライフ（2005 年），第一生命ベトナム（2007 年）などがある。大手 6 社のうち，バオ・ベト生命以外はすべて外資系生保である。

　一方損保会社は，1964 年設立のバオ・ベト損保がもっとも古く，大手 5 社は国内損保となっている。

　2015 年収入保険料で生保会社のマーケット・シェアを見ると，上位 5 位はプルデンシャル（29.3％，1999 年設立），バオ・ベト生命（26.5％，2004 年設立），マニュライフ（11.8％，1999 年設立），第一生命ベトナム（9.3％，2007 年設立），AIA（9.2％，2000 年設立）である。

第6節　生命保険市場の状況　*169*

図表 6-3　ベトナムの保険会社数の推移

	2011 年	2012 年	2013 年	2014 年	2015 年
生保会社	14 社	14 社	16 社	17 社	17 社
損保会社	29 社	29 社	29 社	30 社	30 社
合　計	43 社	43 社	45 社	47 社	47 社

（出所）図表 6-1 と同じ。

図表 6-4　マーケット・シェア上位 5 社（収入保険料，2014 年⇒ 2015 年）

	第 1 位	第 2 位	第 3 位	第 4 位	第 5 位
2014 年	プルデンシャル （32.0%）	バオベト生命 （28.1%）	マニュライフ （11.6%）	第一生命ベトナム （9.0%）	AIA （8.6%）
2015 年	プルデンシャル （29.3%）	バオベト生命 （26.5%）	マニュライフ （11.8%）	第一生命ベトナム （9.3%）	AIA （9.2%）

（出所）　図表 6-1 と同じ。

　第 6 位は ACE ライフ（4.3 %，2005 年設立），第 7 位は PVI サンライフ（2.2%，2013 年設立，損保マーケット・シェア 1 位（20.3%）のペトロベトナム保険（PVI）とサンライフとの合弁会社）であり，バオ・ベト生命を除き，すべて外資系生保会社または合弁会社となっている。

　なお，損保会社のマーケット・シェアは，ペトロベトナム保険，バオ・ベト損保，バオ・ミン保険，ペトロリメックス保険，ポスト・テレコミュニケーション保険の 5 社のシェアが約 3 分の 2 を占めており，大手損保 5 社はすべて国内損保会社となっている。

　2014 年から 2015 年のマーケット・シェア上位 5 社（収入保険料ベース）の動向を見ると，順位は変わらないものの，プルデンシャル，バオ・ベト生命がシェアを減らす一方，第 3 位マニュライフ以下の会社がシェアを伸ばしている。

6.　収支動向

　収入保険料の着実な成長を受けて，責任準備金も大きく増加しており，2015年には 103 兆 8600 億ドンに達している。

170　第6章　ベトナム

　2014年の新契約件数約106万件，2015年の新契約件数約129万件に対し，2015年の初年度解約件数は約9.7万件，次年度解約件数は約11.2万件で，契約の継続状況は比較的良好である。

7.　資産運用

　2015年の生保会社の総資産127兆8090億ドンの資産運用先としては，国債・保証付社債が89兆3940億ドン（69.9%），現預金が23兆8290億ドン（18.6%）で，9割近くを占める。

　次いで貸付が6兆5960億ドン（5.2%），株式・保証なしの社債が5兆4620億ドン（4.2%），その他となっており，不動産は保有していない。

8.　業界団体

　生保会社，損保会社共通の業界団体として，ベトナム保険協会（Hiệp hội Bảo hiểm Việt Nam）がある。

［参考文献］

グィエン・ヴァン・タイン（2007），「ベトナム生保市場への外資系生保の進出に関する考察」『生命保険論集』第161号。

損害保険事業総合研究所　研究部（2015），『アジア諸国における損害保険市場・諸制度の概要について（その2)』。

ベトナム財務省（Bộ Tài chính）ホームページ［ベトナム保険監督庁（Cục Quản lý giám sát bảo hiểm）も内包］http://www.mof.gov.vn

ベトナム法務省（Bộ Tư pháp）ホームページ（保険業法や政令を掲載）http://www.moj.gov.vn

ベトナム保険協会（Hiệp hội Bảo hiểm Việt Nam）ホームページ　http://www.iav.vn/

（小林　雅史）

第7章

韓　国

はじめに

　韓国（大韓民国）では少子・高齢化の急速な進展に伴い，社会保障給付に対する韓国政府の支出が継続的に増加している。そこで，社会的リスクに対する政府の公的制度と共に，自助努力としての民間保険の必要性に対する認識がますます広がっている。韓国の高齢化率は2016年現在13.2％でまだ日本より低い水準であるが，その進行速度は日本より速く，2060年には高齢化率が39.9％に到達し，日本の高齢化率と変わらなくなると予想されている。韓国政府としては，老後所得保障の2階部分として生命保険を含む民間保険の活性化を望んでいるが，韓国の生命保険市場はすでに飽和状態に至っていると言われており，最近は若年層の保険離れが進んでいる。さらに，昨今の経済成長率は2％まで低下しており，今後も低い成長率が維持されることが予測されている。低成長時代の消費者は保険料水準に敏感に反応し，保険の解約までも考えるケースが多い。そこで，韓国の生命保険会社には低成長時代に合わせた商品の開発やマーケティング戦略の確立のための取り組みの強化が要求されている。

　本章の構成は，以下のとおりである。第1節では韓国の政治・経済・社会の概要を紹介し，第2節では韓国における生命保険の略史について説明している。第3節では，保険監督官庁と監督・管理法，そして保険会社の設立や保険業務の範囲などの保険監督体制を明らかにし，第4節では保険会社の諸規制について述べている。第5節では消費者保護に対する韓国政府の対策を，そして第6節では生命保険市場の現状についてまとめた。

　本章の内容が低成長・高齢化時代における韓国の生命保険制度を理解するのに少しでも有効であることを願うところである。

172　第7章　韓　国

第1節　政治・経済・社会

1.　社会

　韓国の面積は9万9720km^{2}で朝鮮半島全体の約45％を占めており，日本の約4分の1の大きさである。韓国の人口は，2016年現在5126万人で，まだ人口が増加中であるものの，出生率の低迷が続いており，2020年からは人口が減少すると予想されている。韓国の合計特殊出生率は2005年に1.08で過去最低を記録した以降，少しずつ改善されている傾向であるものの，2016年の出生率はまだ1.17で，日本の1.42（2016年）やOECD平均1.68（2014年）を大きく下回っている。一方，2016年における高齢化率は13.2％で日本の26.7％（2015年）よりかなり低いものの，少子高齢化のスピードが速く，ベビーブーム世代が高齢者になる2020年から高齢化率が急速に上昇し始め，2060年には39.9％に達すると推計されている。

　韓国では人口の49.4％がソウルと首都圏に居住するなど，人口の都心集中現象が顕著に現れている。韓国政府は，ソウルを中心とする首都圏への過度な集中を緩和し，国土の均衡発展のために2004年に国家均衡発展特別法を制定し，地域発展中長期計画を立案した。それに基づいて2012年から行政機関などのセジョン特別自治市への移転が始まり，「5＋2広域経済圏」という新地域発展政策が推進されている。

2.　経済

　韓国は，世界に類を見ないほどのスピードで経済成長を成し遂げてきた。1950年から1953年までの3年間の朝鮮戦争で国土がほとんど廃墟になった状態で成し遂げた経済成長は「漢江（ハンガン）の奇跡」と呼ばれるなど高く評価されている。韓国は，1988年にはソウルオリンピックを開催し，1996年12月には，世界で29番目で経済協力開発機構（OECD）に加入するなど，経済

第1節 政治・経済・社会 *173*

図表 7-1 韓国の主要経済および社会指標

区分	2010	2011	2012	2013	2014	2015
経済成長率（％）	6.5	3.7	2.3	2.9	3.3	2.6
GDP（兆ウォン）	1,265	1,333	1,377	1,429	1,485	1,559
国内総投資率（％）	32.1	32.9	30.8	29.0	29.0	28.5
総貯蓄率（％）	35.0	34.6	34.2	34.3	34.7	35.4
輸出（億ドル）	4,664	5,552	5,479	5,596	5,727	5,268
収入（億ドル）	4,252	5,244	5,196	5,156	5,255	4,365
経常収支（億ドル）	289	187	508	811	844	1,059
ウォン / ドル為替（1 ドル当たり）	1,156.26	1,108.11	1,126.88	1,095.04	1,053.22	1,131.49
ウォン / 円為替（100 円当たり）	1,320.56	1,391.31	1,413.14	1,123.41	996.19	934.56
総人口（千人）	49,410	49,779	50,004	50,220	50,424	50,617
人口増加率（％）	0.5	0.8	0.5	0.4	0.4	0.4
失業率（％）	3.7	3.4	3.2	3.1	3.5	3.6
消費者物価指数 （前年比％）	3.0	4.0	2.2	1.3	1.3	0.7

（出所）韓国統計庁ホームページから筆者作成。

的に先進国の仲間入りを果たすと期待されたものの，1997 年に発生したアジア経済危機によりむしろ大きな試練を経験することになる。この際，三美鉄鋼，真露酒造，起亜自動車など韓国を代表する上場企業が次々と倒産状態に陥り，町には失業者が溢れるなど韓国経済は大きな危機を迎えた。実際，韓国経済は，財閥と呼ばれる大企業を中心とした輸出主導型の経済構造を持っており，大企業の業績などが悪くなると韓国経済全体が大きな打撃を受ける仕組みになっている。

その後韓国経済は素早い回復を遂げ，成長の道を歩んでいるものの，最近は中国経済の減速などによる世界経済の停滞により貿易量が減り，経済成長率も 2％台まで低下するなど厳しい状況が続いている。

韓国における 2016 年時点の国内総生産（名目 GDP）は 1.4 兆ドルで，1 人当たり GDP は 2 万 7539 ドルまで増加しているものの，10 年間も 1 人当たり GDP が 3 万ドルを超えておらず，経済が勢いを取り戻していない状況である。

3. 政治

韓国の政治は，1948年8月15日に大韓民国政府が樹立されてから大統領を中心とした行政・立法（任期4年の国会議員300人（小選挙区253名，比例代表47名））・司法（大法院，任期6年の大法官14人）の三権分立体制をとっており，大統領に強力な権限が与えられている。

韓国の政治体制の基盤を定めているのは1948年に制定された「大韓民国憲法」であり，憲法改正は大統領または国会議員過半数の発議により提案することができる。改正案は，総議員の3分の2以上の賛成で国会がこれを発議し，国民に提案してその承認を得なければならない。国民の承認は国民投票において，その過半数の賛成を必要としている。韓国の憲法はこれまで9回にわたって改正されており，最近の改正は1989年に行われた。

大統領は国民が直接投票で選出する5年単任制であり，大統領が病気や事故，死亡などで職務を遂行できない場合は，国務総理もしくは法律で定められた国務委員の順番に，その権限を代行するようになっている。

韓国の国会は単院制を取っており，国会議員の任期は4年である。国会での

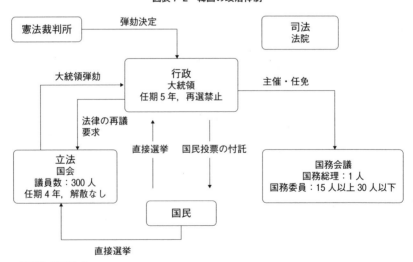

図表7-2　韓国の政治体制

（出所）筆者作成。

議会は 100 日間の定期会と 30 日間の臨時会に区分される。これは日本の通常
国会や臨時国会に当たる。議会では今回の朴槿恵前大統領の例のように大統領
を弾劾することもできる。弾劾決議は，国会在籍議員の過半数の発議を経て，
在籍議員の 3 分の 2 以上が賛成すると可決される。可決されると大統領の権限
は停止され，首相（国務総理）が職務を代行する。憲法裁判所は弾劾が適切か
どうかに対する最終的な判断をし，憲法裁判官 9 人中 6 人以上が賛成すれば弾
劾が決まる。

　韓国の国家行政機関は，中央行政機関である部処庁と特別地方行政機関，附
属機関，独立委員会で構成されている。部処庁は 17 部 5 処 16 庁から成り立っ
ており，日本の省庁に相当する。特別地方行政機関は，中央行政機関の業務を
地域で処理できるように地域に設置した行政機関であり，地方国税庁，地方検
察庁などがそれに当たる。また，附属機関は行政機関に付いてその業務を支援
する機関であり，国立科学捜査研究院，国立現代美術館などが挙げられる。独
立委員会は，大統領と国務総理の直属機関，およびその他の委員会に分けられ
る。

　韓国の地方行政制度は地方自治法に基づいており，地方自治団体としては
17 の広域自治団体（特別市・広域市・道・特別自治道）と 227 の基礎自治団
体（市・郡・自治区）になっており，基礎自治団体の下には行政組織として
3499 の邑・面・洞が設けられている。

第 2 節　生命保険の略史

　韓国における近代的な生命保険事業は 1891 年 1 月に日本帝国生命が代理店
の形で韓国に進出してから始まった。関連法が存在していなかった当時には，
韓国（当時は朝鮮）国内で会社を設立するか，外資系企業が本店や支店を設置
するためには「会社令[1]」に基づいて朝鮮総督府の許可を受ける必要があった。
つまり，この会社令が韓国における最初の保険関連法であると言える。

　1946 年に大韓生命の設立をはじめに，1946 年には協同生命と高麗生命が，
1950 年には興国生命が生命保険市場に進入した。そして，ついに 1950 年 2 月

には生命保険協会が正式に設立された。1950年6月25日に勃発した朝鮮戦争により，3年以上休業状態になった生命保険産業は，休戦後韓国政府が積極的な支援策を実施することにより，1954年10月以降，既存の会社に加えて5つの会社が新しく市場に参入し，商品を販売し始めた。

1960～1970年代に貯蓄を奨励する政策を実施した韓国政府は，生命保険会社を貯蓄機関として指定した。その結果，団体保険への加入が急増し，生命保険産業が急成長するきっかけとなった。

1962年には保険業法と商法が制定され保険事業の法律的基盤が構築された。また，1970年代半ばには標準約款の制定および契約書様式の統一，簡易生命表を補正した第1回調整国民生命表の導入など生命保険会社の運営のための制度が整備された。

1960年代以降，5回にわたって実施された経済開発計画が成功するなど，国の経済が発展することにつれ，生命保険業界も量的に成長の基盤を固めることになった。しかしながら，保険の専門性の欠如や国際競争力の脆弱などが相変わらず問題点として指摘されていた。そこで，韓国政府は，保険業界の質的成長のために1977年を「保険の年」に指定し，財務部は保険業界の近代化対策を示達した。同対策は，保険に対する認識改善，保険金支給の迅速化，保険市場の底辺拡大，保険産業の国際競争力強化などを主な内容にしている。また，1978年には保険監督体制を強化するための中間監督機関として韓国保険公社が設立され，大韓再保険公社が大韓再保険株式会社に名称を変更し，民営化された。

1987年にはアメリカ政府の保険市場開放に対する継続的な要求を受け入れた結果，LINA（Life Insurance Company of North America）生命保険が外資系の生命保険会社としては始めて韓国に支社を設立した。その後カナダ，オランダ，フランスなどに本社がある外資系の生命保険会社が次々と韓国で営業活動を始めることになった。さらに，1996年のOECD加入をきっかけに生命保険市場の開放はさらに進むことになった。一方，1997年のアジア経済危機によりIMFから強力な構造調整の要求を受けた韓国政府は，保険会社の株主資格および財政状況が不安定な保険会社のM&Aなどに関する基準を制定した。また，有価証券の時価評価制度の導入，預金者保護法の改正なども同時に実施

された。

1999年には金融監督院が設立され，保険会社などの金融機関に対する監督義務が強化された。2000年には保険価格の自由化が実施され，2001年からは変額保険が販売され始めた。また，2008年には優秀認定保険外交員[2]の資格制度や保険外交員の交差募集制度がスタートした。交差募集制度とは，保険外交人が所属した保険会社以外に他の業種の保険会社（1社に制限）の商品を販売できる制度である。例えば生命保険会社に所属している保険外交人がある損害保険会社と交差募集契約を締結すると，その損害保険会社の保険商品も同時に販売できる。

最近の代表的な改革としては2015年10月に金融委員会が発表した「保険産業競争力強化ロードマップ」が挙げられる。金融委員会は，韓国社会が直面している低成長・低金利・高齢化などを乗り越えるためには，今までの量的成長中心の戦略を見直し，保険産業の質的成長が必要だという判断の下でロードマップを策定した。

ロードマップの主な内容としては，保険商品の申告基準の明確化，保険商品の設計基準の自律化，危険率の調整周期に対する自律性の拡大，劣後債[3]および永久債[4]の発行基準の緩和，インターネットで保険を加入した際に多様な確認および認証方法の提供，連結財務諸表に基づいた支払余力比率（RCB）の算出が挙げられる。

第3節　保険監督体制

1．保険監督官庁

1997年1月21日大統領の直属委員会として設立された金融改革委員会は同年6月に発表した第2次金融改革報告書を通じて韓国の金融監督制度の全面的な改正を勧告した。そこで，韓国政府は1997年8月23日に金融監督委員会および金融監督院の設置による金融監督の一元化を主な内容とする「金融監督機構の設置などに関する法律」を国会に提出した。同法案は，1997年末のアジ

ア経済危機以降 IMF の勧告を受けて同年 12 月 29 日に国会で成立することになった。

この法律により，1998 年 4 月 1 日に国務総理の所属機関として金融監督委員会が設置された。金融監督委員会は既存の財政経済部の機能である① 金融監督に関する規定の制定および改正，② 金融機関の経営と関連した認可および許可，③ 金融機関に対する検査および監督，④ 証券および先物市場の監視，⑤ 金融産業の構造調整など，事実上，輸出入銀行などの 3 つの国策銀行を除くすべての金融機関の健全性と経営監督権を行使する役割を遂行することになった。

1999 年 1 月 2 日には金融監督委員会傘下の中間監督機関として既存の銀行監督院，保険監督院，証券監督院，信用管理基金を統合した金融監督院（Financial Supervisory Service）が設立された。金融監督院は，金融機関の健全性や公正な市場秩序を維持し，消費者を保護するために金融機関の業務および財産状況を調査し，違反事項があれば制裁を加えることができる。

その後，2008 年 2 月 29 日の政府組織法の改正により企画予算処と財政経済部が企画財政部に統合され，財政経済部の金融政策機能が金融監督委員会に移管されることにより，名称が金融委員会に変更され，現在に至っている。金融監督機構の設置などに関する法律では金融監督委員会，企画財政部，金融通貨委員会（韓国銀行の政策決定機構）が相互間に必要な資料を要求できるように規定するとともに韓国銀行と預金保険公社が業務上に必要な場合には金融監督院に金融機関に関する調査を要請することを許可している。

2. 監督・管理法，根拠法規

韓国では 1961 年の 5・16 軍事クーデター [5) 以後，保険監督法の制定が本格的に推進され，1962 年 1 月 15 日には保険会社の免許や他の事業への参加禁止などを決めた韓国最初の「保険業法」が制定された。また，同年には「保険業法施行令」，「保険募集取締法」，「外国保険事業者に対する法律」，「保険募集取締法施行規則」，「保険業法施行規則」，「大韓再保険公社法」が制定され，保険監督法の基本枠が構築された。

第3節 保険監督体制 *179*

韓国政府は 1977 年を「保険の年」と指定し，保険と関連したすべての法規を大きく改善・整備する方針で保険監督関連法の一元化作業を進めた。つまり，1977 年 12 月 31 日には保険業法，保険募集取締法，外国保険事業者に対する法律，大韓再保険公社法が現在の保険業法にすべて統合されることになった。

1987 年には生命保険市場がすべて開放されることにより，保険会社の監督体系に対する全面整備が要求された。そこで，1988 年 12 月 31 日には保険会社の資本金の上向調整（生命保険 100 億ウォン，損害保険 300 億ウォン），保険契約者保護預託金および保険保障基金制度の導入，大企業の保険業への進入制限など，保険契約者の保護や事後監督管理の強化のための改正が行われた。

2003 年の改正では，親保険会社から子会社に財産を無償で譲渡することや子会社が所有する株式を担保にした貸出を禁止するように保険業法が改正された。また，金融資本の産業資本の所有を制限するために，既存の銀行法と同様に保険会社が他の会社の議決権がある株式を 15% 以上所有することを禁止した。

3. 保険会社の設立

韓国政府は 1959 年 2 月に旧東亜生命が設立されてから 1987 年の生命保険市場の開放が行わるまで事実上新規生命保険会社の設立を禁止した。1987 年には生命保険市場が開放されるとともに生命保険会社の設立基準の一環として，株主の資格条件などに対する公式的な規制が初めて実施された。また，1987 年 6 月 15 日には外資系の生命保険事業者に対して国内支店設置許可基準が発表されたことを皮切りに地方生命保険会社設立許可基準（1987.12.29），合作生命保険会社設立許可基準（1988.3.18），全国規模の純粋国内生命保険会社の許可基準（1988.5.30）が次々と発表された。

外国の生命保険事業者に対しては，原則的に本国で全国的な生命保険事業を運営している場合に限って株主になれる資格が与えられた。一方，国内企業の場合は，初期には資産規模 15 位以内の企業に対しては生命保険業に進出することを禁止したものの，1996 年の 5 月 30 日以降は 5 大企業を除いて，生命保

険業に進出できるように規制を緩和した。さらに，1997年8月28日の保険業法改正では，資本力のある生命保険会社の育成と少数会社による保険市場の集中現象を防ぐために，保険会社の進入制限（株主資格）を全面廃止した。

その後，生命保険会社の設立基準は株主資格，審査基準などが段階的に改正され，アジア経済危機以降の金融機関の認・許可業務が既存の財政経済部[6]から金融監督委員会に移管されることにより，1999年7月23日に生命保険会社を含めたすべての金融機関の設立などに関する認・許可指針が統合・制定された。

銀行など他の金融機関による保険商品の販売は，不公正な募集行為が問題になると懸念され，「保険業法」により禁止されていたものの，2000年8月の規制改革委員会の勧告により2003年8月30日から銀行，証券会社などの金融機関が保険代理店または保険仲介人の資格で保険商品の販売を代行するバンカシュランス制度が施行された。また，バンカシュランスの導入に伴う保険外交人の販売低下や所得減少を防止するために2008年8月30日から交差募集制度を施行している。

4. 保険業務の範囲

韓国における民間保険は大きく，生命保険と損害保険，そして混合保険に区分することができる。生命保険は死亡保険，年金保険など主に人を保険の対象にすることと比べて，損害保険は火災保険，自動車保険，盗難保険など主に物を保険の対象にしている。また，混合保険は傷害，疾病，障害，看病などと関連した保険で生命保険会社と損害保険会社両方が扱っている。

第4節　保険会社の諸規制

1. 支払余力比率（RBC）

韓国における保険業法では，保険会社の支払余力比率を100％以上維持する

ように規定している（金融監督院は200％を勧告）。支払余力比率とは，保険業法で定められた保険会社の健全性を示す指標である。2015年における支払余力比率は，267.1％で保険業法の100％を大きく上回っているものの，2012年以降4年連続低下している（図表7-3）。

　金融監督院は，2013年8月12日に保険会社に対する連結支払余力制度（「連結RBC制度」）の施行計画を発表し，2016年10月から段階的に同制度を実施している。既存のRBC制度は，個別の保険会社の資本やリスク量を基準にRBC比率を算出したため，子会社のリスクをRBC比率に反映することはできないという問題点を抱えていた。連結RBC制度の実施により，子会社の資産，負債および資本が反映された連結財務諸表を基盤にRBC比率を算出することが可能になり，子会社など保険会社グループ全体の資本およびリスク量をRBC比率に反映することができるようになった。

2. 資本規制（最低資本金）

　韓国では1962年に保険業法が制定される以前には生命保険会社の設立に必要な資本金に関する規定がなく，アメリカ軍政当局が行政措置として設定した設立資本金1000万ウォン以上が適用されていた。その後1962年に制定された保険業法では，保険会社の設立のための資本金または基金を生・損保の区別なく一律的に5億ウォンに定め，その2分の1以上を納入するようにした。同年

図表7-3　生命保険会社の支払余力比率（RBC）の推移

(単位：兆ウォン)

	2010	2011	2012	2013	2014	2015
支払余力比率（％）	284.7	298.4	307.8	276.5	292.3	267.1
支払余力金額	67	74	89	82	97.4	105.3
支払余力基準金額	23	24	29	30	33.3	39.4

　（注）　1　支払余力比率（％）＝支払余力金額／支払余力基準金額×100
　　　　　2　支払余力金額＝予想以外の損失が発生したり，資産価値が下落しても保険契約者に対する債務を十分に履行できるように保有している財務的な能力
　　　　　3　支払余力基準金額＝保険会社が債務履行のために保有すべき基準額
　（出所）生命保険協会（2016a），『2016年生命保険Factbook』。

182 第7章 韓 国

行われた保険業法の第1次改正では資本金を生命保険は5000万ウォン以上に，損害保険は1億ウォン以上に差別化した。また，1971年の第2次改正では生命保険は2億ウォン以上に，損害保険は3億ウォン以上に最低資本金を引き上げた。さらに，1987年以降，生命保険市場の開放が進むことにより生命保険会社の設立許可基準が制定され，地方に本社がある生命保険会社は50億ウォン以上に，合作生命保険会社の中で首都圏に本社がある会社は60億ウォン以上に，全国規模の国内生命保険会社は100億ウォンに資本金が大きく引き上げられた。そして，保険会社の新規設立が本格化し始めた1988年には生命保険会社や損害保険会社の資本金がそれぞれ100億ウォンと300億ウォンに調整され，1997年には生損保ともに300億ウォン以上の資本金が適用されることになった。

　現在，保険会社には国際的な資本規制がなく，国や地域ごとに独自の基準が設定されている。このため，保険監督者国際機構（IAIS）は，すべての国の保険監督に共通的に適用される国際的に統一された保険資本規制である保険資本基準（ICS）を2019年までにまとめる計画である。専門家などは，韓国の場合，現在ICSの一次対象になるグローバル的な保険会社はないものの，中・長期的には国内の大手保険会社がグローバル化を推進することにより上記の基準が適用される可能性があるので，韓国の保険監督でまだ整備されていないグループ単位の連結監督やリスクとソルベンシーの自己評価（ORSA：Own Risk and Solvency Assessment）などを段階的に向上させる必要があると提案している。

3. 外資参入規制

　1962年1月20日に制定された外国保険事業者に関する法律は，外国保険事業者が国内で営む保険事業においてその保険者の監督と保険契約者，被保険者，その他利害関係者の利益を保護することを目的としている。

　外国保険事業者が国内の保険産業に進出することを希望する際には，企画財政部長官に保険業法施行規則に基づいた申請書を提出し，免許を受ける必要がある。また，外国保険事業者が保険事業の種類を変更しようとするときには，

その申込書に変更しようとする保険事業の種類を掲載するとともに，同様の保険事業を本国でも実施しているという本国の権限ある機関の証明書を添付して企画財政部長官に提出しなければならない。

外国保険事業者が保険業法の規定により供託をしたときは，供託書の写しを企画財政部長官に提出し，供託をした者が供託物の返還を希望するときには，事前に返還を希望する金額，品名および数量を，また有価証券のときには，種類および番号とその理由を記載した申込書を企画財政部長官に提出する必要がある。

4. 販売規制

販売規制に関してはバンカシュアランスに関する規制を紹介したい。バンカシュアランスは現在2つの規制が適用されている。一つはバンカシュアランスの商品種目を制限する規制で，現在は終身保険など個人保障性商品および自動車保険の販売は禁止されており，貯蓄性保険と混合保険（疾病保険，傷害保険，看病保険）に限って販売を認めている。また，もう一つの規制は，バンカシュアランスを扱う銀行などが新規で募集する保険商品の総額から，ある特定保険会社の商品が25％を超えてはならないという25％ルールである。但し，新規に保険市場に進入している農協生命保険はこの25％ルールの適用が2017年3月1日までに猶予されていた。しかしながら，金融委員会は，2017年2月22日に保険業法の施行令および監督規定を改正し，地域の農協に対するバンカシュアランス規制の猶予期間を2017年3月1日から2022年3月1日に延長することを決めた。

5. 資産運用規制

保険会社に対する資産運用規制の廃止を含めた保険業法改正案が2017年5月2日に国会で成立した。資産運用規制は同一法人が発行した債権や株式の保有限度，不動産の保有限度，外国為替や外国不動産の保有限度，派生商品の投資限度などに適用されており，総資産を基準として，外国為替は30％，派生

184 第7章 韓 国

商品は 6%，そして不動産は 15% 以内などと制限されている。保険会社に対する資産運用規制が廃止されたことにより，今後保険会社の海外投資などがより拡大されると予想される。

第 5 節　消費者保護

1. 支払保証制度

　韓国政府は 1988 年 12 月 31 日に保険業法を改正して，保険会社の経営不振による危険から保険契約者を保護するために，保険会社設立時の納入資本金の一定規模を保険監督院に預託するようにする保険契約者保護預託金制度（以下，保護預託金制度）を導入し，1989 年 4 月 1 日から施行している。保護預託金制度は納入資本金または基金の 30% に該当する金額を現金または保険監督院長が定める有価証券で預託する仕組みであり，保護預託金は保険事業者と協議して国債・地方債および特殊債の買い入れ，収益証券の買い入れ，金融機関への預置，信託会社に対する金銭あるいは有価証券の信託，外貨建ての有価証券の買い入れなどの方法で運用されていた。しかしながら，同制度は 1996年 6 月から預金者保護法が施行されることにより，制度の実効性がなくなり，2003 年 5 月 29 日の保険業法の全面改正時に廃止され，保護預託金は保険会社に返還された。

　また，当時の財務部は 1988 年 12 月 31 日に，保険会社の破産などの支払い不能時に保険契約者または保険金を受け取る者に対する保険金の支給などを保障し，保険産業に対する信頼性を高め，安定的な発展を図る目的で，保険保証基金制度を導入した。保険保証基金は生命保険と損害保険を区分して運営され，保険保証基金の管理・運用のために，保険監督院内に保証基金管理委員会を設置した。しかしながら，保険保証基金も預金者保護法の施行に伴い，保険保証基金のすべての財産と権利・義務が預金保険公社に継承されることになった。

　現在，生命保険会社の預金保険料率は 2009 年 6 月 9 日に改正された預金者

図表 7-4　保険会社に対する預金保険料率の変遷

区分	1989. 4	1997. 1	1998. 8	2000. 8	2009. 6
法律	保険業法	保険業法	預金者保護法	預金者保護法	預金者保護法
補償限度	5,000万ウォン	無制限	無制限	5,000万ウォン	5,000万ウォン
算出基準	収入保険料	収入保険料	責任準備金	(収入保険料＋責任準備金)/2	(収入保険料＋責任準備金)/2
保険料率	0.10%	0.15%	0.15%	0.30%	0.15%

(出所) 生命保険協会 (2016b), 『生命保険60年史』。

保護法の施行令により，(責任準備金＋収入保険料) ×1/2×0.15％が適用されている（図表7-4）。

2. 消費者保護制度

　韓国では消費者の基本権益を保護し，消費者保護の合理化のために1980年4月1日に「消費者保護法」が制定され，1982年9月13日から施行されている。また，1980年12月31日に制定された「独占規制および公正取引に関する法律（以下，公正取引法）」は事業者の市場支配的地位の濫用および過度の経済力の集中を防止し，不公正取引行為を規制して公正で自由な競争を促進することにより創意的な企業活動を助長するとともに，消費者を保護することと国民経済の均衡ある発展を図ることを目的としている。

　公正取引法が制定されてからしばらくの間は，同法の適用例外条項（第47条）が保険事業に適用されたため，生命保険業界にはこの法律が適用されないと判断されていた。しかしながら，生命保険会社が6社体制に運営され，新しい会社の新規進入が排除されると，生命保険業界にも公正取引法が適用されるべきだという経済企画院の意見が反映され，1984年10月20日から金融・保険業も公正取引法の適用対象に含まれることになった。その後1990年1月13日に公正取引法が改正されることにより一部の例外事項を除いて金融・保険業も公正取引法の適用対象になった（1999年2月5日からは相互出資に関する項目を除き，すべての項目に適用）。

　金融監督院は1999年1月2日発足後，金融消費者の基本権利を保障するた

186 第7章 韓 国

めに，消費者保護室を設置し，消費者の金融関連苦情に対して一括（One-stop）サービスを提供している。また，金融消費者に対してより快適な相談環境と質の高いカウンセリングサービスを提供する目的で，金融消費者保護センターという相談窓口を開設した。

　一方，1997年1月13日の保険監督院の「休眠保険金処理指示」により生命保険会社は 四半期ごとに1回以上，実効契約の解約返戻金を受け取るように連絡をすることを義務化した。また，2007年8月3日には「休眠預金管理財団の設立などに関する法律」と「休眠預金移替に関する特別法」が制定され，2008年3月27日には休眠預金管理財団が設立された。

第6節　生命保険市場の現状

1．収入保険料推移

　2015年の収入保険料は終身保険など保障性保険の販売が増加することにより，対前年比6兆6384億ウォン（6.0%）増加した117兆2137億ウォンになった。終身保険の収入保険料は，23兆119億ウォンと前年に比べて13.2%（2兆6914億ウォン）も増加した（図表7-5）。一方，特別勘定の場合は退職年金の収入保険料が15.9%急増することにより，対前年比1兆8490億ウォン（5.7%）増加した34兆3421億ウォンになった。

　収入保険料の払込方法は，月納が80.0%で最も高く，次が一時納（13.5%），年納（6.4%）の順であり，月納の割合が毎年低下していることに比べて，年納の割合は増加傾向にあった（図表7-6）。

　景気に敏感に反応する初回保険料は，即時年金[7]など年金保険の販売減少により対前年比0.8%（1450億ウォン）減少した。初回保険料の払込方法は，バンカシュアランスが52.1%で最も高く，次は職員販売（21.5%），保険外交員（20.0%）の順であった。2回以降の保険料の払込は，自動振り込みが68.5%で最も高い割合を占め，その次は代理店（8.1%），直納（6.4%）の順であった（図表7-7）。

第6節　生命保険市場の現状　187

図表7-5　収入保険料の推移

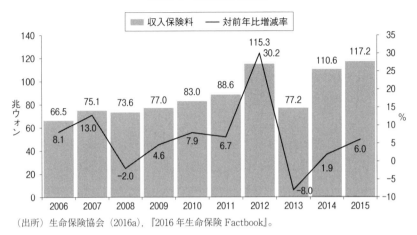

(出所) 生命保険協会 (2016a),『2016年生命保険Factbook』。

図表7-6　保険料の払込方法の推移

(単位：億ウォン)

		月納	3月納＆2月納	6月納	年納	一時納	合計
2011	金額	743,081	487	324	36,218	105,769	885,879
	割合	83.9	0.1	0.0	4.1	11.9	100
2012	金額	831,347	625	723	32,304	288,087	1,153,086
	割合	72.1	0.1	0.1	2.8	25.0	100
2013	金額	651,806	590	464	35,819	83,689	772,368
	割合	84.4	0.1	0.1	4.6	10.8	100
2014	金額	904,387	731	1,058	56,997	142,580	1,105,753
	割合	81.8	0.1	0.1	5.2	12.9	100
2015	金額	938,136	682	617	74,783	157,919	1,172,137
	割合	80.0	0.1	0.1	6.4	13.5	100

(出所) 生命保険協会 (2016a),『2016年生命保険Factbook』。

次は保険研究院の最新資料を用いて収入保険料の詳細を見たものである。2016年第3四半期における生命保険会社の保険料収入総額は27.3兆ウォンで，前年同期の27.2兆ウォンから少し増加した。保険料収入総額で個人保険が占める割合は93.5％で，団体保険の6.5％を大きく上回っていた。但し，団体保

188 第7章 韓 国

険の保険料収入総額は前年同期に比べて11.5％も増加しており，個人保険の前
年同期比増減率−0.1％を大きく上回った。最近，団体保険の保険料収入が増
加している理由としては退職年金の加入増加により保険料収入が継続的に増加
していることが挙げられる。

2016年第3四半期における生命保険の商品類型別保険料収入は，生存保険
の場合，初回保険料が大きく減少し，継続保険料も2016年第1四半期から減
少に転じた結果，前年同期に比べて14.6％も減少した。死亡保険や生死混合保
険の場合は，初回保険料が大きく減少したにもかかわらず，継続保険料が増加
したことにより前年同期に比べてそれぞれ6.9％，10.5％増加している。そし
て変額保険の場合は，初回保険料は増加傾向にあるものの，継続保険料が減少
した結果，減少傾向が続き前年同期に比べて5.4％も減少するという結果と
なった（図表7-8）。

図表7-7　払込方法別収入保険料

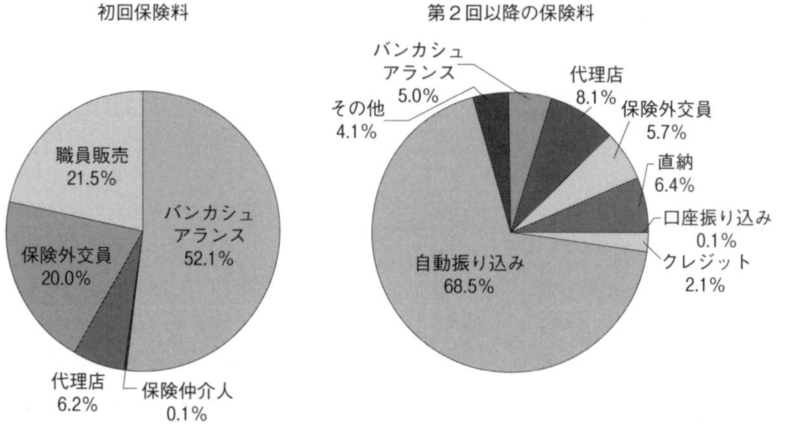

初回保険料

- バンカシュアランス 52.1%
- 職員販売 21.5%
- 保険外交員 20.0%
- 代理店 6.2%
- 保険仲介人 0.1%

第2回以降の保険料

- 自動振り込み 68.5%
- バンカシュアランス 5.0%
- その他 4.1%
- 代理店 8.1%
- 保険外交員 5.7%
- 直納 6.4%
- 口座振り込み 0.1%
- クレジット 2.1%

（出所）生命保険協会（2016a），『2016年生命保険 Factbook』。

図表7-8 生命保険の商品類型別保険料収入の推移

（単位：億ウォン，％）

区分		2015年					2016年		
		第1四半期	第2四半期	第3四半期	第4四半期	年間	第1四半期	第2四半期	第3四半期
生存	保険料（対前年同期比増減率）	62,882	61,157	61,327	61,482	246,868	57,044	53,363	52,363
		(8.4)	(0.8)	(4.3)	(-2.3)	(2.7)	(-9.3)	(-12.4)	(-14.6)
	初回保険料	17,646	15,243	15,071	14,238	62,198	11,565	8,542	7,872
	継続保険料	45,237	45,914	46,256	47,244	184,650	45,479	45,021	44,491
死亡	保険料（対前年同期比増減率）	89,041	88,434	90,538	92,349	360,361	96,491	95,863	96,798
		(9.5)	(7.7)	(8.9)	(8.3)	(8.6)	(8.4)	(8.4)	(6.9)
	初回保険料	6,432	4,015	5,346	4,479	20,272	7,470	4,252	4,082
	継続保険料	82,609	84,418	85,191	87,871	340,089	89,022	91,611	92,716
生死混合	保険料（対前年同期比増減率）	51,932	53,500	51,152	57,187	213,771	66,400	56,050	56,533
		(2.4)	(3.6)	(4.0)	(16.6)	(6.6)	(27.9)	(4.8)	(10.5)
	初回保険料	11,628	10,807	8,719	12,015	43,169	22,310	13,059	12,424
	継続保険料	40,304	42,693	42,433	45,172	170,602	44,090	42,990	44,109
変額	保険料（対前年同期比増減率）	51,122	53,539	52,629	49,140	205,431	48,231	48,052	49,786
		(-1.5)	(-4.5)	(2.0)	(-5.4)	(-0.1)	(-5.7)	(-10.2)	(-5.4)
	初回保険料	2,343	3,942	4,168	2,377	12,831	2,152	2,624	4,380
	継続保険料	48,779	49,597	48,461	46,763	193,600	46,079	45,428	45,406
個人合計	保険料（対前年同期比増減率）	254,977	256,631	255,646	260,158	1,027,412	268,166	253,528	255,479
		(5.4)	(4.5)	(5.3)	(4.4)	(4.9)	(5.2)	(-1.2)	(-0.1)
	初回保険料	38,048	34,008	33,304	33,109	138,470	43,497	28,477	28,757
	継続保険料	216,929	222,623	222,342	227,049	868,942	224,669	225,051	226,722
団体合計	保険料（対前年同期比増減率）	18,381	21,895	15,979	88,471	144,725	21,767	29,755	17,821
		(17.9)	(13.5)	(24.3)	(12.5)	(-4.5)	(18.4)	(35.9)	(11.5)
	初回保険料	6,816	4,183	4,606	29,112	44,717	4,952	5,400	3,553
	継続保険料	11,564	17,712	11,373	59,359	100,008	16,815	24,355	14,267
合計	保険料（対前年同期比増減率）	273,358	278,525	271,624	348,629	1,172,137	289,933	283,283	273,300
		(6.2)	(5.1)	(6.3)	(-6.4)	(6.0)	(6.1)	(1.7)	(0.6)

（出所）保険研究院（2015），「2015年保険消費者アンケート調査」，保険研究院（2016），「2016年保険消費者アンケート調査」を参考に筆者作成。

2. 普及率

　保険研究院が2015に実施したアンケート調査[8]の結果によると，2016年における生命保険の世帯加入率は81.8%で，2015年の87.2%に比べて5.4%ポイント減少した。また，生命保険加入世帯の平均加入件数も3.4件で2015年の3.5件に比べて0.1件減少している。生命保険の加入率が前年に比べて大きく減少した理由としては，郡地域（2015年95.8%→2016年66.0%）や60歳以上年齢階層（2015年84.1%→2016年66.1%）の加入率が大きく減少した点が挙げられる（図表7-9）。

　2015年における生命保険の商品別世帯加入率は，疾病治療重点保障保険[9]が78.7%で最も高く，次が終身保険（34.6%），年金保険（23.8%），致命的疾病保険[10]（12.3%），貯蓄性保険（13.6%），変額保険（5.3%），教育保険（4.2%）の順であった（図表7-10）。

　疾病治療重点保障保険の加入率が高い理由としては，早いスピードで高齢化が進展していることや公的医療保険の自己負担率[11]が高いことが挙げられる。つまり，年齢が上昇するとともに病気にかかる確率も高くなり，一度病気にかかると治療期間も長期化していくが，公的医療保障制度である「国民健康保

図表7-9　韓国における生命保険の世帯加入率や生命保険加入世帯の平均加入件数の動向

（出所）保険研究院（2015），「2015年保険消費者アンケート調査」，保険研究院（2016），「2016年保険消費者アンケート調査」を参考に筆者作成。

図表7-10　生命保険の商品別世帯加入率の推移

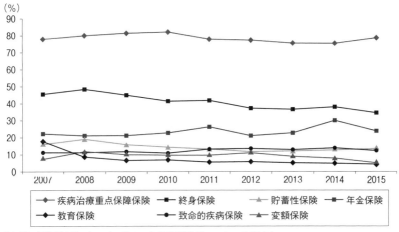

（出所）保険研究院（2015），「2015年保険消費者アンケート調査」。

険」の重大疾病に対する保障性が低いために，人々が疾病治療重点保障保険への加入を高めたと考えられる。

　2016年からは商品の基準が変わったので，2015年以前と比較することが難しくなったものの，疾病治療重点保障保険に近い疾病保障保険の世帯加入率が69.4％で最も高く，次は実損医療保険（28.5％），死亡保険（21.9％），災害（傷害）保険（17.4％）の順であった（図表7-11）。

　一方，生命保険の個人加入率は2015年の78.9％から2016年には73.4％に大きく減少した。2016年の既婚者の加入率（75.1％）や加入件数（1.6件）はそれぞれ，未婚者の加入率（67.2％）や加入件数（1.1件）を上回った。2015年調査と比べて，既婚者の加入率や加入件数がともに減少したこととは対照的に，未婚者の加入率や加入件数はともに小幅増加した。また，既婚者の中では子どものいる世帯の加入率が70％以上で，子どものいない世帯の加入率62.2％より高いという結果となった（図表7-12）。

　男女別の個人加入率は，女性（76.9％）が男性（69.9％）より高く，所得階層別には高所得層（81.4％）の加入率が中所得層（76.4％）や低所得層（57.1％）の加入率を上回った。一つ注目すべきことは2012年以降，継続的に増加傾向

192　第 7 章　韓　国

図表 7-11　生命保険の商品別世帯加入率の内訳（2015 年）

（単位：%）

	実損填補型の医療保険	疾病保障保険	災害(傷害)保険	看病保険	死亡保険	貯蓄型保険	年金保険	子ども保険	変額保険
世帯加入率	28.5	69.4	17.4	3.4	21.9	8.4	16.3	9.4	10.1
生命保険加入世帯の平均加入件数	2.1	2.3	1.9	1.6	1.5	1.2	1.2	1.5	1.2

子ども保険：0 歳から満 18 歳未満の子どもが対象で，災害や疾病が原因の医療費やいじめ，
　　　　　学校暴力，誘拐等による精神的被害を補償してくれる商品

（出所）保険研究院（2015），「2015 年保険消費者アンケート調査」。

図表 7-12　韓国における生命保険の個人加入率や個人加入件数の動向（婚姻状態や子どもの数別）

区分		個人加入率（単位：%）			個人加入件数（単位：件）		
		2015	2016	対前年比加入率の変化（%ポイント）	2015	2016	対前年比加入件数の変化（件）
婚姻状態	既婚	82.4	75.1	-7.3	1.7	1.6	-0.1
	未婚	65.0	67.2	2.2	1.0	1.1	0.1
既婚者の子どもの数	なし	78.7	62.2	-16.5	1.4	1.1	-0.3
	1 人	81.6	78.2	-3.4	1.7	1.5	-0.2
	2 人	86.4	78.3	-8.1	1.9	1.7	-0.2
	3 人以上	80.4	70.0	-10.4	1.8	1.8	0.0

（出所）保険研究院（2015），「2015 年保険消費者アンケート調査」。

であった低所得層の加入率が 2016 年には大きく減少したことである [12]。最近，韓国経済の低迷が低所得層の所得減少に繋がった結果ではないかと判断される（図表 7-13）。

　年代別の個人加入率は，40 代（82.2%）が最も高く，次は 50 代（82.1%），30 代（78.8%），60 代以上（61.5%）の順であった。一方，20 代の加入率は 62.4% で，2015 年の 67.2% に比べて 4.8% ポイントも減少した。最近の若者の深刻な就職難が原因であると考えられる。

　学歴別の個人加入率は，学歴が高いほど，加入率や加入件数が高いという結果が見られた。特に中卒以下の個人加入率や加入件数はそれぞれ 43.6%，0.7

第6節　生命保険市場の現状　*193*

図表7-13　所得階層別個人加入率

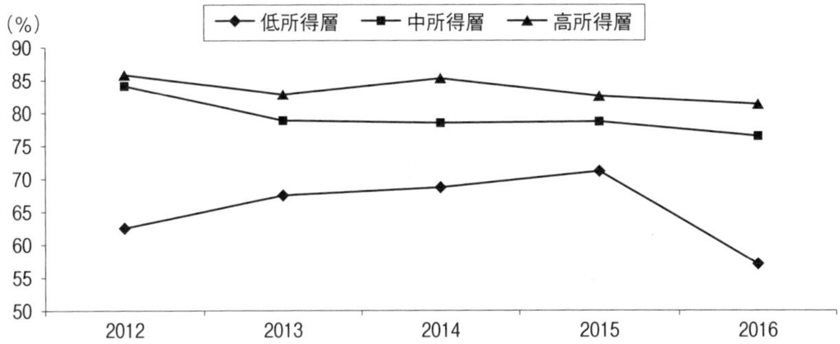

(出所) 保険研究院 (2015),「2015 年保険消費者アンケート調査」, 保険研究院 (2016),「2016 年保険消費者アンケート調査」を参考に筆者作成。

件で, 高卒の 77.0％, 1.6 件と大学在学以上の 78.2％, 1.6 件を大きく下回った。

3.　保険商品

　韓国における生命保険商品は基本的に生存保険, 死亡保険, 生死混合保険に分類される。

　生存保険は, 被保険者が保険期間満期日まで生存した時にのみ, 保険金が支払われる保険であるものの, 現在, 韓国で販売されている生存保険はほとんど被保険者が保険期間中に死亡しても死亡保険金を受け取ることができるように設計されている。生存保険の代表的な商品としては教育保険と年金保険がある。

　死亡保険は生存保険とは反対に, 被保険者が保険期間中に死亡した際に保険金が支給される保険である。この保険は保険期間をあらかじめ決めておいて被保険者が保険期間内に死亡した際, 保険金を支給する定期保険と一定の期間を定めず, 被保険者がいつ死亡しても保険金を支給する終身保険（終身保險）に分けられる。

　生死混合保険は被保険者が一定期間内に死亡したときに死亡保険金を支給する定期保険と満期まで生存した時に満期保険金を支給する生存保険を合わせたものである。つまり, 生存保険と死亡保険の長所と短所を相互に補完したもの

194 第7章 韓 国

図表 7-14 生命保険の種類別新契約の動向

(単位：千件，億ウォン)

年	区分	生存保険		死亡保険		生死混合保険		合計	
		件数	金額	件数	金額	件数	金額	件数	金額
2010	数値	1,538	638,772	12,625	2,177,344	1,513	346,793	15,676	3,162,909
	割合	9.8%	20.2%	80.5%	68.8%	9.7%	11.0%	100%	100%
2011	数値	1,618	666,868	9,990	2,338,729	1,420	351,507	13,028	3,357,104
	割合	12.4%	19.9%	76.7%	69.7%	10.9%	10.5%	100%	100%
2012	数値	1,942	777,645	10,427	2,581,733	1,331	441,424	13,700	3,800,802
	割合	14.2%	20.5%	76.1%	67.9%	9.7%	11.6%	100%	100%
2013	数値	1,062	392,825	8,134	1,906,764	673	209,551	9,869	2,509,140
	割合	10.8%	15.7%	82.4%	76.0%	6.8%	8.4%	100%	100%
2014	数値	1,382	521,601	8,477	2,617,513	954	283,547	10,813	3,422,661
	割合	12.8%	15.2%	78.4%	76.5%	8.8%	8.3%	100%	100%
2015	数値	1,256	470,323	8,623	2,778,474	778	240,968	10,657	3,489,765
	割合	11.8%	13.5%	80.9%	79.6%	7.3%	6.9%	100%	100%

(出所) 生命保険協会 (2016a)，『2016年生命保険Factbook』より筆者作成。

として死亡保険金の保障機能と生存保険の貯蓄機能を同時に兼ね備えた商品だと言える。

　図表7-14は，生命保険の種類別新契約の動向を示しており，死亡保険の件数や金額の割合が高いことが分かる。

　最近，韓国で注目されている商品としては「子供保険」と「実損填補型医療保険」が挙げられる。子供保険は子供と青少年期に現れる疾病と傷害などを重点的に保障するために開発された商品で，子どもが経済的に独立する以前に親が死亡した場合に学資金または養育費などを支給する教育保険の性格が加味された商品もある。

　実損填補型医療保険とは，公的医療保険の自己負担分や公的医療保険が適用されない診療費や差額ベッド代など，実際にかかった費用を支払うタイプの保険であり，韓国では2003年に導入されてから急成長している。実損填補型医療保険の保有契約件数は，2012年3月の2662万件から2015年12月には3265万件に増加した。

4. 保険料率

　韓国における生命保険の保険料率は 1960 年代以降，保険契約者と保険産業の育成という側面から政府による規制が行われてきた。その結果，すべての保険会社に同じ保険料率が適用され，保険会社の間で価格競争はほぼ不可能であった。そこで，保険会社は営業組織を拡大するなど短期貯蓄性商品の販売だけに集中していた。しかしながら 1970 年代後半から先進国で始まった金融改革の動きは韓国にも影響を与え，韓国でも 1980 年代半ばから金融自由化に対する議論が始まり，保険産業の料率自由化も議論された。1991 年 8 月には部分的な金利自由化が実施され，2004 年 2 月にはすべての金融商品に対する金利が自由化された。

　保険商品の場合も 1993 年 12 月に価格自由化計画が発表され，1997 年までを目標にすべての商品の価格自由化が推進された。生命保険の料率自由化は予定死亡率と予定利率を中心に行われ，1994 年 4 月から予定維持費が自由化された。つまり，保険種目を純粋保障性と非純粋保障性に区分し，純粋保障性の場合は 5％以上で，非純粋保障性の場合は 5 年以下は 1％以上，5 年を超過している場合は 2％以上で予定維持費を保険会社が自律的に決めるようにした。

　予定死亡率は 1962 年までは別途の基準や規制がなかったものの，1962 年 7 月 23 日に財務部が発表した「保険料および責任準備金算出基礎の制限」に予定生存・死亡率，傷害率，退職率などが始めて提示された。その後 1987 年に発表された財務部の「保険料算出基礎および商品開発指針の改正」では生命保険の基礎統計として各生命保険会社の実績危険率の使用を明文化した。但し，実績危険率が確保されていない危険率に関しては国内の一般統計あるいは海外の統計を韓国保険アクチュアリー会の補正を経て使用することを認めた。1992 年には災害死亡率を年齢階層別に変更し，1997 年には予定死亡率の自由化の一環として危険率を標準危険率と標準外危険率に区分するとともに各社の統計に基づいた経験率の使用を全面自由化した。

　一方，予定利率の場合は，2000 年 2 月 25 日の「保険商品管理規定」や同年 3 月 16 日の同施行細則の制定により，予定利率の範囲料率が廃止された。また，保険料率の算出原則が提示されるとともに，各生命保険会社が予定利率を

自由に算出し使えるように許容された。

5. 販売チャネルと販売制度

生命保険の初回保険を基準とした販売チャネルは，過去には保険外交員による販売が多かったものの，バンカシュアランスが登場してからは保険外交員のシェアは減少傾向にある。2001年に60.3％を占めていた保険外交員のシェアは2005年にバンカシュアランスが登場してから39.1％に急減し，最近の2015年には20.0％まで減少した。一方，バンカシュアランスのシェアは2005年の46.6％から2015年には52.0％まで増加している（図表7-15）。

保険商品販売における保険外交員のシェアが減少することにより，2008年に17万3277人でピークであった保険外交員の数は2015年には12万8729人まで減少した。さらに，最近は若者の保険外交員離れが続いており，保険外交員の高年齢化も進んでいる。若者が保険外交員になろうとしない理由は，韓国では保険外交員が個人事業主で働くケースが多く，安定的な収入が保障されていないからである。今後労働力人口の減少が予想される中で保険業界がどのように若手人材を確保するのか，また，どのような販売チャネルをより活用する

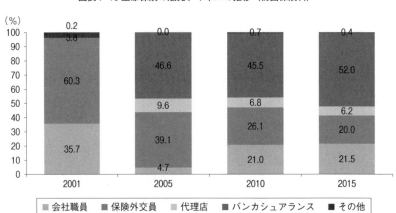

図表7-15 生命保険の販売チャネルの推移（初回保険料）

（出所）生命保険協会「生命保険統計年報」各年より筆者作成。

のに注目したい。

6. 競争環境

保険料収入を基準とした市場シェアは，大手3社（サムソン生命，ハンファ生命[13]，教保生命）の割合が年々減少傾向にあるのが目立つ。2000年には79.9％であった大手3社の市場シェアは，2016年第3四半期には45.3％まで減少している。一方，中小生命保険会社[14]や外資系生命保険会社の同期間における市場シェアはそれぞれ14.4％，5.7％から37.0％，17.8％まで増加した（図表7-16）。

2010年から2014年までには特に中小生命保険会社の市場シェアが大きく増加しているが，その理由としては，銀行が所有している中小生命保険会社がバンカシュアランス販売により自社商品の販売を拡大したこと，2012年3月から農協の農協共済が農協生保と農協損保に分離し市場に参入[15]したこと，2013年末にING生命が韓国を基盤とするMBKパートナーズ[16]に売却され，2014年第1四半期から中小型生命保険会社としてカウントされたことなどが

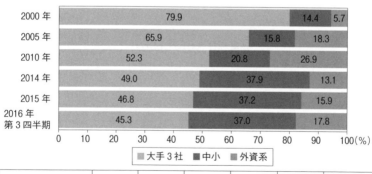

図表7-16　生命保険業界の市場シェアの動向

	2000年	2005年	2010年	2014年	2015年	2016年 第3四半期
ハーフィンダール・ ハーシュマン・指数	2471	1739	1186	1138	1053	1000

（出所）保険研究院（2015），「2015年保険消費者アンケート調査」，保険研究院（2016），「2016年保険消費者アンケート調査」を参考に筆者作成。

挙げられる。一方，ING 生命の売却以降，大きく減少した外資系生命保険会社の市場シェアは最近再び増加している傾向である。特に，2014 年から 2016 年第 3 四半期の間のシェア拡大が目立つが，その理由の一つとしては 2015 年 10 月に東洋生命が中国の安邦保険に売却されたことが挙げられる。

　大手 3 社の市場シェアが減り，中小生命保険会社の市場シェアが増えることにより，市場への特定企業の集中度を表すハーフィンダール・ハーシュマン・指数[17]は，2010 年 2471 から 2016 年第 3 四半期には 1000 まで大きく減少した（図表 7-16）。

7．収支動向

　2015 年における生命保険業界の当期純利益は約 3.6 兆ウォンで，前年と比べて 11.0％増加した。保険損益は保障性保険など収入保険料が増加することにより，対前年比 17.8％（約 3.4 ウォン）増加したことに比べて，投資損益は投資営業費用の増加などの影響で対前年比 0.7％（約 1498 億ウォン）減少した。

　図表 7-17 は 2006 年から 2015 年までの当期純利益を示しており，2010 年に 4 兆ウォンまで増加していた当期純利益が 2013 年には 2 兆ウォンまで減少したものの，その後は再び増加傾向に転じていることが分かる。

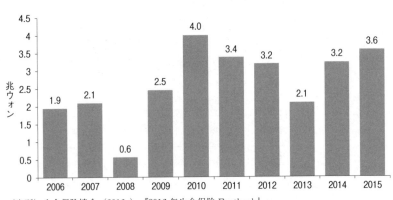

図表 7-17 当期純利益の動向

（出所）生命保険協会（2016a），『2016 年生命保険 Factbook』。

8. 資産運用

2016年第3四半期の韓国の生命保険会社の資産総額は775.5兆ウォン（前年同期の707.1兆ウォンに比べて9.7％増）で，運用資産の利回りは3.61％（対前年同期比0.57％ポイント減）に達している。一般勘定資産の中では有価証券が73.6％で最も高い割合を占めており，次は貸出債権（17.6％），不動産（2.2％），現金と預金（1.8％）の順であった（運用資産は一般勘定資産の95.3％，非運用資産4.7％，図表7-18）。

一般勘定資産の中で不動産が占める割合は年々減少傾向にあるが，その理由としては，生命保険会社の非業務用不動産の所有が原則的に禁止されていることにより，生命保険会社の不動産資産はほぼ変わらないことに比べて，総資産は持続的に増加している点が挙げられる。

図表7-18　生命保険産業の資産運用の現状

（単位：兆ウォン，％）

区分			2014		2015		2016					
			第3四半期		第3四半期		第1四半期		第2四半期		第3四半期	
総資産（①＋②）			640.4		707.1		742.0		761.0		775.5	
① 一般勘定		金額	532.2		586.4		613.2		631.0		643.0	
		割合	83.1		82.9		82.6		82.9		82.9	
② 特別勘定		金額	108.2		120.7		128.8		130.0		132.5	
		割合	16.9		17.1		17.4		17.1		17.1	
一般勘定資産（③＋④）の構成比及び利回り			構成比	利回り	構成比	利回り	構成比	利回り	構成比	利回り	構成比	利回り
			100.0	4.24	100.0	3.87	100.0	3.82	100.0	3.60	100.0	3.58
③ 運用資産			94.8	4.47	95.3	4.18	95.3	3.92	95.6	3.74	95.3	3.61
	現金と預金		2.8	3.26	2.5	4.11	2.2	1.93	2.1	2.40	1.8	2.16
	有価証券		71.4	4.18	72.8	3.89	73.2	3.68	73.7	3.47	73.6	3.24
	貸出債権		17.8	5.94	17.4	5.50	17.5	5.07	17.5	5.00	17.6	4.91
	不動産		2.8	3.56	2.6	3.43	2.4	4.84	2.3	3.84	2.2	6.37
④ 非運用資産			5.2	0.43	4.7	(-2.09)	4.7	1.84	4.4	1.11	4.7	2.82

（出所）保険研究院（2015），「2015年保険消費者アンケート調査」，保険研究院（2016），「2016年保険消費者アンケート調査」を参考に筆者作成。

9. 業界団体

日本の生命保険協会に相当するのが韓国生命保険協会である。韓国生命保険協会は，会員の共同利益の増進と相互間の業務協力維持，生命保険文化の拡散など生命保険産業の健全な発展を目標に1950年2月に設立された。韓国生命保険協会には2017年4月末現在正会員として23社が，準会員として4社が加入している。韓国生命保険協会の主な事業は次のとおりである。

① 会員会社のための政策支援
・生命保険関連政策支援および制度改善の企画
・保険業法など生命保険関連法の研究および改正を提案
・生命保険産業の発展のための長・短期の課題を研究
・国内外の金融・保険関連情報の提供

② 保険募集人向け業務の遂行
・保険外交員に対する資格試験制度および登録・抹消事務管理
・保険外交員の教育支援および資格試験の問題出題
・募集秩序維持のための協定の運営
・不当募集行為に対する調査および処理
・保険代理店の新規登録および廃止

③ 契約者保護および相談活動
・契約状況確認システムの運用
・苦情処理および相談
・逆選択防止のための契約情報交換制度の運営
・会員会社の事業に関する情報の公表・開示

④ 統計・会報の発行
・『月刊生命保険』の発刊
・「生命保険協会報」の発刊
・英文年次報告書（LIB）の発刊

⑤ 社会貢献活動を通じた業界に対する信頼の醸成
・奨学および研究事業の支援
・学術・ボランティア事業の支援

・社会貢献基金のための社会貢献事業

⑥ 広報活動

・生命保険に対するテレビ広告および広報活動

・主要懸案に対する広報対策の樹立

[注]

1）制定：1910 年 12 月 29 日，施行：1911 年 1 月 1 日。

2）韓国では「保険設計士」という名前で言われている。

3）劣後債とは，企業が発行する社債の一種で，デフォルト時の元利金の支払い順位が一般債務よりも低い債券である。

4）永久債は，国や企業などが資金調達のために発行する債券の一種で，満期がない債券のことをいう。

5）1961 年 5 月 16 日に当時少将（第 2 野戦軍副司令官）だった朴正熙などが軍事革命委員会の名の下，起こした軍事クーデター。

6）1994 年財務部と統合され財政経済院に名称が変更→1998 年に財政経済部に改編→財政経済部は 2008 年に企画予算処と統合され企画財政部に改編。

7）掛け金として一時金を支払うと同時に年金の給付が開始される年金。

8）韓国保険研究院（2016）「保険消費者アンケート調査」，調査対象：全国（済州道を除く）の満 20 歳以上の男女 1200 人，調査期間：2016 年 5 月 18 日〜2016 年 6 月 17 日。

9）癌，過労死関連特定疾病，脳血管疾病，心臓疾患，糖尿病，女性慢性疾患，婦人科疾患などのような疾病の発病および治療にかかる医療費や生活費を保障する保険。

10）被保険者が致命的疾病（Critical Illness）にかかった時，死亡保険金の一部を生活費として支給する保険。被保険者や家族は，受領した一部の保険金を被保険者が亡くなる前の高額の治療費，生活費，看病費などとして使い，被保険者が亡くなると残った死亡保険金は遺族に支給される。

11）韓国における公的医療保険の自己負担率に関しては，金明中（2015）「日韓比較（8）：医療保険制度－その 3　自己負担割合―国の財政健全性を優先すべきなのか，家計の経済的負担を最小化すべきなのか―」を参照。

12）2012 年 62.5%，2013 年 67.5%，2014 年 68.7%，2015 年 71.1%。

13）2010 年 9 月以前には大韓生命。

14）中小生命保険会社は，上位 3 社と外資系生命保険会社 8 社を除いた会社である。

15）従来は協会の外枠であった農協共済が農協生保になることにより業界の枠内に入ってきたのが中・小型生命保険会社のシェアを増加させたと言える。

16）MBK パートナーズは，2005 年に設立したアジア最大規模の投資ファンド会社である。

17）ハーフィンダール・ハーシュマン指数（Herfindahl-Hirschman Index，以下，ハーフィンダール指数）とは，ある産業の市場における企業の集中度を表す指標のこと。市場に参入している企業の市場占有率（%）を 2 乗し，すべての企業における総和を求めたものである。

[参考文献]

金明中（2015），「日韓比較（8）：医療保険制度－その 3　自己負担割合―国の財政健全性を優先すべきなのか，家計の経済的負担を最小化すべきなのか―」。

金明中（2016），「【アジア・新興国】韓国における生命保険市場の現状―2015 年のデータを中心に」

『保険・年金フォーカス』2016 年 5 月 17 日，ニッセイ基礎研究所。

金明中（2017），「【アジア・新興国】なぜ韓国では民間医療保険の加入率が高いのか？―韓国における実損填補型保険の現状や韓国政府の対策―」『保険・年金フォーカス』2017 年 1 月 17 日，ニッセイ基礎研究所。

生命保険協会（2016a），『2016 年生命保険 Factbook』。

生命保険協会（2016b），『生命保険 60 年史』。

生命保険協会「生命保険統計年報」各年。

保険研究院（2015），「2015 年保険消費者アンケート調査」。

保険研究院（2016），「2016 年保険消費者アンケート調査」。

（金 明中）

第8章

その他アジア諸国の生命保険市場の要点

はじめに

　本章では，上記各章で詳述した各国に加え，アジア地域において，今後，フロンティア的に保険市場としての発展が予想されるその他各国の状況につき概況・トピックス等を示したい。

　先ず，近年，注目が集まる ASEAN の後発加盟国であるカンボジア・ラオス・ミャンマーのいわゆる CLM 諸国（各国の頭文字から「CLM」と総称される）について，その政治経済の概況と保険市場の動向や中長期の展望について述べる。次いで，南アジアのバングラデシュ，パキスタン，スリランカについて言及する。

第1節　CLM 諸国の政治経済の概況

1. 政治体制・状況

　CLM はいずれも，第2次大戦後に，それまでのフランス（カンボジア・ラオス：1953 年），英国（ミャンマー：1948 年）の統治から独立した。その後，カンボジアは，内戦や政治混乱を経て，与党人民党のフン・セン政権下で安定化が進展している（立憲君主制カンボジア王国）。ラオスは，独立後内戦期を経て，ラオス人民民主共和国として，1975 年以来，人民革命党を指導党とする社会主義体制となり，中国の「改革開放」，ベトナムの「ドイモイ（刷新）」と同様に，1986 年以来「チンタナカン・マイ（新思考）」と呼ばれる改革路線

204 第8章 その他アジア諸国の生命保険市場の要点

図表 8-1 CLM の概況

	カンボジア	ラオス	ミャンマー
国名	カンボジア王国	ラオス人民民主共和国	ミャンマー連邦共和国
面積	18.1 万 km^2（日本の約 2 分の 1 弱）	24 万 km^2	68 万 km^2（日本の約 1.8 倍）
人口	1,470 万人（2013 年政府統計）	約 649 万人（2015 年，ラオス統計局）	5,141 万人（2014 年 9 月（ミャンマー入国管理・人口省発表））
首都	プノンペン	ビエンチャン	ネーピードー
民族	人口の 90％ がカンボジア人（クメール人）とされている。	ラオ族（全人口の約半数以上）を含む計 49 民族	ビルマ族（約 70％），その他多くの少数民族
言語	カンボジア語	ラオス語	ミャンマー語
宗教	仏教（一部少数民族はイスラム教）	仏教	仏教（90％），キリスト教，イスラム教等
通貨	リエル：1 米ドル = 4,006 リエル，2016 年 3 月末時点（中央銀行資料）	キープ（Kip）：1 米ドル = 8,129.06 キープ（2016 年，ラオス中央銀行）	チャット（Kyat）：1 米ドル = 1,362 チャット（中央銀行レート）（2017 年 4 月 1 日時点）
略史	1953 年カンボジア王国としてフランスから独立。1970 年クーデターにより王制を廃しクメール共和制に移行。親中共産勢力クメール・ルージュ（KR）との間で内戦。1975 年 KR が内戦に勝利し，民主カンボジア（ポル・ポト）政権を樹立。同政権下で大量の自国民虐殺。1979 年ベトナム軍進攻で KR 敗走，親ベトナムの「カンプチア人民共和国」（プノンペン（ヘン・サムリン）政権）擁立。以降，プノンペン政権と民主カンボジア三派連合の内戦。1991 年パリ和平協定。1993 年新憲法で王制復活。ラナリット第 1 首相（フンシンペック党），フン・セン第 2 首相（人民党：旧プノンペン政権）の 2 人首相制連立政権。1998 年第 2 回国民議会選挙。第 1 次フン・セン首班連立政権。1999 年 ASEAN 加盟	1353 年，ランサーン王国として統一。1899 年，フランスのインドシナ連邦に編入される。1949 年，仏連合の枠内での独立。1953 年 10 月 22 日，仏・ラオス条約により完全独立。その後内戦が繰返されたが，1973 年 2 月「ラオスにおける平和の回復および民族和解に関する協定」が成立。インドシナ情勢急変に伴って，1975 年 12 月，ラオス人民民主共和国成立。人民革命党を指導党とする政権は 1986 年以来「改革路線」を維持している。	諸部族割拠時代を経て 11 世紀半ば頃に最初のビルマ族による統一王朝（パガン王朝，1044 年 ～ 1287 年）が成立。その後タウングー王朝，コンバウン王朝等を経て，1886 年に英領インドに編入され，1948 年 1 月 4 日に独立。2011 年 3 月 30 日，テイン・セイン大統領率いる政権が発足し（同時に国名も変更），民政移管が実現。2016 年 3 月 30 日，アウン・サン・スー・チー氏側近のティン・チョウ氏を大統領とする新政権が発足。アウン・サン・スー・チー氏は，国家最高顧問，外務大臣および大統領府大臣に就任。

（出所）外務省ホームページ。

を採用・実行している。ミャンマーは，長期間，軍政が続いたが，2011 年の民政移管によりミャンマー連邦共和国となり，2015 年の総選挙を経て，2016年にアウン・サン・スー・チー女史率いる国民民主同盟（NLD）政権が発足している（図表 8-1）。

2. 経済動向

上記のような政治の安定化傾向の中，経済発展を目指して，自由化や外資の導入などを進めている。CLM は，ASEAN（東南アジア諸国連合：10 カ国，1967 年設立）に，最後に加盟（ラオス・ミャンマー 97 年，カンボジア 99 年）した諸国であり，その経済発展度も ASEAN 域内で最も低い水準にある。すなわち，図表 8-2 で示されるように，CLM の名目 GDP（国内総生産）は，3カ国の合計金額が 980 億ドルと，ASEAN（東南アジア諸国連合）全体の 4%のシェアで，規模はベトナムの約半分という状況である。また 1 人当たりGDP（国内総生産）も各国共に 1000 ドル台にとどまっている。

しかしながら，近年の経済成長率は，過去 3 年および今後 3 年（予測）の年

図表 8-2　CLM 諸国および周辺国の経済・保険の主要指標（2015 年）

	人口	名目GDP	1人当たりGDP	実質 GDP 成長率年平均伸び率，%)		保険料/GDP：普及率（%）			保険料（百万ドル）		
	（百万人）	（10 億ドル）	（ドル）	2013-15 年	2016-18 年（予測）	損保	生保	損保＋生保	損保	生保	損保＋生保
カンボジア(C)	16	18	1,168	7.2	6.9	0.34	0.13	0.47	62	24	86
ラオス(L)	7	13	1,779	7.7	7.4	0.44	0.01	0.45	53	1	54
ミャンマー(M)	52	67	1,292	8.0	7.9	0.07	0.01	0.08	53	8	61
タイ	69	395	5,742	2.1	3.2	1.79	3.70	5.49	7,063	14,619	21,682
インドネシア	255	859	3,362	5.1	5.2	0.45	1.28	1.73	3,916	11,013	14,930
ベトナム	92	191	2,088	6.0	6.2	1.50	0.04	1.54	1,414	1,583	2,997

（参考）

（出所）保険関連データはスイス再保険会社「Sigma No.2/2016」「同 No.3/2016」，Asia Insurance Review 各号等（一部推定含む），その他は IMF「World Economic Outlook Database, October 2016」等により筆者作成。

206　第8章　その他アジア諸国の生命保険市場の要点

図表 8-3　メコン地域の経済連携の状況

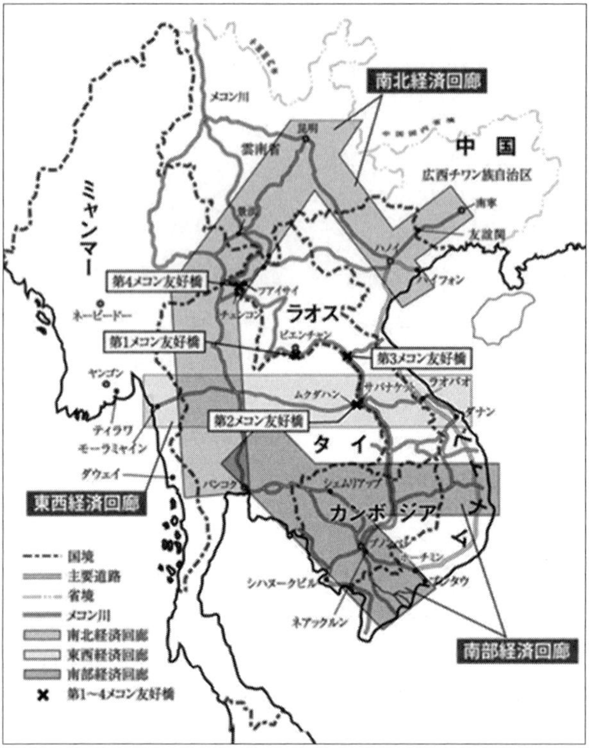

（出所）守部（2012）。

率平均が約 7-8％と高水準であり，急速な経済発展が進行している。特に，人口が5千万人を超えるミャンマーは，将来的に大きな市場となる可能性が期待されている。また，ASEAN 経済共同体（AEC：2015 年末に発足）による域内市場の自由化や統合の動きや，メコン地域の経済連携の強化（図表 8-3），中国による「一帯一路」（中国から中央アジアを経てロシアへ向かう「シルクロード経済帯」（一帯）と，南シナ海からインド洋へ向かう「21 世紀海上シルクロード」（一路）を開発するとの構想で，その対象国（一路）の中に CLM 諸国も含まれている）の取り組みにより，インフラ建設や貿易・物流の大幅な増加が見込まれている。

　CLM3 国は，近年，より低廉な労働コストを活用しての生産拠点としての目

的や，新たな消費市場としての狙いや期待を持つ各国の企業の投資先，進出先として注目度が向上している。本邦企業については，2016年12月に公表の国際協力銀行（JBIC）による調査結果でも，製造業の中期的な有望事業展開先としてミャンマー9位，カンボジア17位となっており，同年の調査では20位外のラオスも，2015年・2013年の調査で20位にランクされている[1]。最近では，タイに拠点を置く日系の製造業企業が，元々タイで行っている業務の中で，労働集約的な業務を3国（特にカンボジア・ラオス）に移す「タイ・プラス・ワン」という動き（タイを中心に生産拠点を周辺国に分散して地域全体でサプライチェーンを最適化させる取組み）が注目されている（その企業事例として，カンボジアでは，ミネベア，住友電装，日本電産，矢崎総業，ラオスでは，ニコン，トヨタ紡織，三菱マテリアル，アデランスなどがある）。加えて各種サービス企業の進出も増加基調にある。3国における，現地企業数・日本人駐在員数は，東洋経済新報社の海外進出企業総覧2016年版（国別編）によれば，それぞれ，カンボジア68社・75名，ラオス22社・10名，ミャンマー79社・65名となっている。

　しかし，3国への投資や企業進出には，わが国だけでなく他国も関心を持ち積極的に取り組んでおり，中国，韓国，タイ・シンガポール等ASEANの周辺諸国の投資規模はわが国を上回っており，さらに欧米の有力企業による進出も増加している。

第2節　CLM諸国の保険市場動向

　上記第1節で概観した各国の政治体制の安定化傾向，外資の導入を含む経済発展への取り組みという状況の下，保険業も，民間保険会社や外資系保険外会社への免許の付与が増加するなど近年成長が加速しつつある。各国別の状況は，図表8-2のとおりであり，保険市場として初期段階にある3国はいずれも，保険料収入[2]の規模・普及率ともに低水準であり，消費者による保険やそのニーズに対する認識・理解も低水準である。法制度の未整備や監督の不透明性等も指摘されている。

インフラや産業関連の建設，物流の活発化，モータリゼーションの進展等により，損害保険（火災・建設工事，海上・貨物，自動車，賠償責任，傷害等）のウェートが，生命保険に比べて，非常に大きくなっているのが保険市場の発展段階が初期にある各国の共通点である。また販売網としては，今後，エージェントの増加が見込まれるものの人材不足もあり現状では大きなプレゼンスはなく，銀行系保険会社や銀行との提携によるバンカシュアランスや直販の割合が大きいのも共通する事象である。

以下には，CLM3国の保険市場につき，保険会社（元受保険会社）の動向を中心に述べたい。

1. カンボジア

急速に拡大する市場において，損保7社，生保6社の13社が営業を行っている。損保では地場のForte社が約45％のシェアを保有する首位企業である。生保では，2012年に設立されたCambodia Life（カンボジア政府の過半出資で，Bangkok Insurance，Bangkok Life等との合弁で設立され，その後2015年に地場のRoyalグループが全株を取得）が嚆矢であり，Manulife（カナダ），Prudential（英国），Muang Thai Life（タイ）という状況であり，Prudentialが業界首位企業となっている。加えて，Prevoirなどマイクロインシュアランス専業の会社もある。さらに，生保分野で，日本生命が出資しているタイのBangkok Lifeの現地法人が2017年5月に開業し，AIA（認可取得済）が2017年末に開業予定である。損保分野でタイのDhipaya社，信用保険で中国輸出信用保険公司（SINOSURE）の参入の予定が報じられている。同国では外資の全額出資も認められているため外資系企業の進出が多い。日系ではAsia Insurance（損保）にMS&ADグループが出資している他，損保ジャパン日本興亜と第一生命，東京海上日動が駐在員事務所を設置している。

2. ラオス

15社が営業免許を取得し事業活動を行っているが，損保が主体で，生保商

品を販売しているのは2社のみであるが，今後増加する予定。業界首位の Allianz General Laos（1990年設立，Allianz（ドイツ）とラオス政府の合弁企業が2005年まで市場を独占した。他社は，2006年から市場に参入している。Allianz General Laos のマーケットシェアは2013年で57％（2015年65％）の由である。業界2位の Lao-Viet Insurance（地場銀行とベトナム企業の合弁，本邦の損保ジャパンと提携）のシェアは17％（2013年，2015年は約25％）で，上位2社が市場を寡占している。外資系の動向としては，本邦 MS&AD グループの MSIG Insurance（Lao），中国系企業・韓国系企業・タイの Muang Thai グループに加えて，地場およびシンガポール系資本の合弁企業も営業を開始予定との報道がある。

3. ミャンマー

　市場で圧倒的なシェアを有する国営 Myanmar Insurance と，2012年に免許を与えられた地場12社の計13社がフルライセンスの保険企業である。それらに加えて，外資企業として初めて，2015年にティラワ経済特別区（SEZ）で，日系メガ損保3社の営業免許が付与された（今後，他の外社にも免許付与の方向性あり）。外資系企業は20社以上が駐在員事務所を置いている（Prudential（英国），Manulife（カナダ），Great Eastern（シンガポール・マレーシア），AIA（香港），太陽生命・第一生命（日本）など）。アジア・インシュアランス・レビュー（2016年7月号）の報道によれば，生保10社，損保7社に加えて，ブローカー7社が営業免許の取得を待っているとのことである。今後保険市場の自由化の中で，民間会社への全種目認可の可否，外資企業の全土での営業を認めるか，その全額出資（単独出資）を認めるか，地場企業との合弁形態とし地場保険会社への保護を行うかについて政府内で検討が行われている由である。

4. CLM 諸国の保険市場の今後の展望等

　3国は，保険市場としては，現時点では発展の初期段階にあるが，政治体制

の安定化傾向と，自由化や市場開放などの経済政策の実行，「ASEAN 経済共同体」（AEC）や，中国の「一帯一路」政策などにより，さらなる経済発展や消費者の所得水準や生活レベルの向上が加速化する可能性があり，その中で，現在はプレゼンスの小さい生命保険の急拡大も含めた保険市場の長期的な成長が予測される。保険の普及においては，低所得者層をメインターゲットとするマイクロインシュアランス（小口保険）も有効であると考えられる。この点に関し，アジア・インシュアランス・レビュー誌の 2014 年 3 月号では，マッキンゼー社の予測を引用し，3 国の中で人口も多く市場の拡大可能性がより見込まれるミャンマーについて，2030 年に GDP が 2 千億ドルに増加し，生損保合計の保険料収入が 280 億ドル（GDP 比 1.4%）に達するとの見方が示されている。

　もちろん，各国ともに政治経済体制は未だ脆弱な面もあり今後の発展におけるリスクはあるが，長期的な保険市場の発展を予期して欧米日やアジア諸国の外資保険企業の進出が増加しつつある。近年の特徴としては，ASEAN 統合の動きの中，ASEAN 域内の有力保険企業による CLM 市場への参入がある。その典型例が，タイの Muang Thai グループによる，ASEAN 域内に広く展開する企業（Regional Company）を目指す戦略であろう。

　CLM 諸国においては，現状，保険制度・体制が未整備で，自動車保険の引受成績の悪化傾向，専門人材の不足，国民の保険への認識・認知度が不十分などという諸課題を有している。その克服には，各国の自助努力に加え，ASEAN 統合における先進 ASEAN 諸国の協力・支援が寄与するものと考えられる。

　わが国の保険会社を含む外資保険企業としては，その優れたノウハウ・知識・経験や人材育成の分野で貢献することが，CLM 市場の健全な成長と発展をサポートすると同時に，政府・業界との関係の構築・強化，企業とブランドの認知度・信頼度の向上につながり，拡大する各市場の中で重要なポジションを占め，長期的に利益を獲得する上で大切であり，タイムリーな市場参入と先行投資が重要であると思われる。また，日系製造業における「タイ・プラスワン戦略」のように，タイなど ASEAN の域内の既存拠点と CLM における拠点の連携や，域内で相互の経済連携が進むメコン地域を面として捉えた戦略や展

第3節 バングラデシュ，パキスタン，スリランカの概況　*211*

開も効果的であると考えられる。

第3節　バングラデシュ，パキスタン，スリランカの概況

　バングラデシュとパキスタンが，それぞれ，約1.6億人，約1.9億人と人口は多いが，1人当たり GDP が 1000 ドル台であるのに対し，スリランカは，人口は 2000 万人強と少ないが，1人当たり GDP は 4000 ドル近い水準とかなりの経済発展度にある。また，保険の普及度でも，スリランカは，上記の CLM をも上回る水準にある。さらにバングラデシュ・パキスタン・スリランカの3カ国ともに，2016-18 年の年率平均の経済成長率（予測）は 4.7-6.8％と，2013-15 年の水準を超えると見込まれており，保険市場の成長も予測されてい

図表 8-4　バングラデシュ，パキスタン，スリランカの概況

	バングラデシュ	パキスタン	スリランカ
国名	バングラデシュ人民共和国	パキスタン・イスラム共和国	スリランカ民主社会主義共和国
面積	14万7,000km²（日本の約4割）	79万6,000km²（日本の約2倍）	6万5,607km²（北海道の約0.8倍）
人口	1億5,940万人（2015年10月，バングラデシュ統計局）	1億9,540万人（年人口増加率1.89％）（2015/2016年度パキスタン経済白書	約2,096万人（2015年）
首都	ダッカ	イスラマバード	スリ・ジャヤワルダナプラ・コッテ
民族	ベンガル人が大部分を占める	パンジャブ人，シンド人，パシュトゥーン人，バローチ人	シンハラ人（72.9％），タミル人（18.0％），他
言語	ベンガル語（国語）	ウルドゥー語（国語），英語（公用語）	公用語（シンハラ語，タミル語），連結語（英語）
宗教	イスラム教徒89.7％，ヒンズー教徒9.2％，仏教徒0.7％，キリスト教徒0.3％（2001年国勢調査）	イスラム教（国教）	仏教徒（70.0％），ヒンドゥ教徒（10.0％），イスラム教徒（8.5％），ローマン・カトリック教徒（11.3％）
通貨	タカ：1米ドル＝77.67タカ（2015年度平均，バングラデシュ中央銀行）	パキスタン・ルピー：1米ドル＝104.75ルピー（2016年5月）	ルピー：1米ドル＝145.58ルピー（2016年末値）

（出所）外務省ホームページ。

212 第8章 その他アジア諸国の生命保険市場の要点

図表 8-5 バングラデシュ，パキスタン，スリランカの経済・保険の概況（2015年）

	人口 （百万人）	名目 GDP （10億 ドル）	1人 当たり GDP （ドル）	実質 GDP 成 長率年平均伸 び率，%） 2013- 15年	2016- 18年 （予測）	保険料／人 損保	生保	損保 ＋ 生保	保険料/GDP： 普及率（%） 損保	生保	損保 ＋ 生保	保険料 （百万ドル） 損保	生保	損保 ＋ 生保
バングラデシュ	160	206	1,287	6.2	6.8	6.70	9.10	9.10	0.18	0.50	0.67	508	383	892
パキスタン	186	270	1,450	4.0	4.7	3.90	7.70	11.50	0.27	0.54	0.82	731	1,451	2,182
スリランカ	21	67	3,889	4.4	5	24.50	18.50	43.10	0.66	0.49	1.15	390	1,082	1,473
（参考）カンボジア (C)	16	18	1,168	7.2	6.9				0.34	0.13	0.47	62	24	86
ラオス (L)	7	13	1,779	7.7	7.4				0.44	0.01	0.45	53	1	54
ミャンマー (M)	52	67	1,292	8.0	7.9				0.07	0.01	0.08	53	8	61

（出所）保険関連データはスイス再保険会社「Sigma No.2/2016」「同 No.3/2016」，Asia Insurance Review 各号等（一部推定含む），その他は IMF「World Economic Outlook Database, April 2017」等により筆者作成。

る。また，販売チャネルでは，エージェントが最大チャネルであるが，すでに，パキスタンとスリランカでバンカシュアランスが重要なものとなっており，バングラデシュではその法制度面の準備が進んでいる。

各国の保険市場の現況や今後の予測について，以下に要点を述べる。

1. バングラデシュ

生損保合計の保険料収入は，2016年に10億ドル水準になっているが，現地メットライフ幹部によれば，3-4年後には15億ドル規模になると予測している。保険会社は，生保30社（国営 Jiban Bima 社を含む），損保45社（同 Sedharen Bima 社を含む），タカフル専業2社と非常に多数の企業が存在しているが，保険業界のリーダー的企業は上記国営企業であり，外資ではメットライフが市場の上位を占めている。同国政府は，2023年までの計画として，世界銀行からの融資を受けて，保険監督庁や保険教育機関のレベルアップ，国営保険会社の経営の近代化や経営効率の向上などを実施する予定である。イスラム保険（タカフル）の導入の準備段階にある。

2. パキスタン

　過去5年間の保険料の伸び率（年平均）は25%と高水準であり，中間層の増加，バンカシュアランスによる販売増，マイクロ保険・イスラム保険の伸びなどがその要因となっている。生保分野では約6割のシェアとマーケットの大半を占める国営の大手生保会社（State Life Insurance Corporation: SLIC）の株式公開も計画されている。

3. スリランカ

　順調な経済成長の下で，保険市場も着実に発展しており，普及度も他の2国を凌駕している。保険会社数は，生保12社，損保12社，生損保兼営3社（2016年12月末時点）となっている。生保分野では，Ceylinco社が最大手で，約30%のシェアを占めている。外資ではAIAが大手の一角に入っている。

　本章で取り上げたCLMおよび南アジアの6国の保険市場は，東アジア，東南アジア，インドと比べても発展のレベルは低水準にあるが，すでに，カンボジアで英プルデンシャル，ラオスでアリアンツ，バングラデシュとスリランカでAIAがマーケットの首位や上位企業となっており，欧米有力社の先行優位

図表8-6　参考資料：各国の保険監督庁・保険協会

	保険監督庁	保険（生保）協会
カンボジア（C）	Insurance and Pension Dept., Ministry of Economy and Finance（MEF）	Insurance Association of Cambodia
ラオス（L）	Ministry of Finance	
ミャンマー（M）	Financial Regulatory Dept., Ministry of Finance	
バングラデシュ	Insurance Dept. of Regulatory Authrity	Bangradesh Insurance Association
パキスタン	Securities and Exchange Commission of Pakistan	The Insurance Association of Pakistan
スリランカ	Insurance Board of Sri Lanka	Insurance Association of Sri Lanka

（出所）Ins Commmunications（2016）.

が見られており，わが国の生保企業にとっても今後その動向への注視が必要であると考えられる。

[注]

1）国際協力銀行（2016）において中期的（今後3年程度）有望事業展開先国・地域の人気度が集計されている。ラオスは，大手，中堅・中小の調査対象企業の全体ランキングでは，2016年は上位20位から外れたが，中堅・中小企業を対象にしたランキングでは14位となっている（因みに2016年調査における中堅・中小企業対象のランキングでは，ミャンマーは9位，カンボジアは13位であった）。

2）ラオス・ミャンマーの保険料は，GDPと普及率からの推定値である。

[参考文献]

外務省ホームページ。

国際協力銀行（2016），『わが国製造企業の海外事業展開に関する調査報告：2016年海外直接投資アンケート調査結果（第28回）』。

日本貿易振興機構ホームページ。

平賀富一（2016），「CLM諸国の政治経済の概況と保険市場動向」『保険・年金フォーカス』2016年11月15日，ニッセイ基礎研究所。

守部裕行編『ベトナム経済の基礎知識』ジェトロ。

IMF（2017），*World Economic Outlook Database*（2017年4月等）。

Ins Communications, *Asia Insurance Review* 各号。

Ins Communications, *Insurance Directory of Asia*（2016）.

Swiss Reinsurance Company（2016a），"Insuring the Frontier Markets," *Sigma*（No.2/2016）.

Swiss Reinsurance Company（2016b），"World Insurance in 2015: Steady Growth amid Regional Disparities," *Sigma*（No.3/2016）.

Timetric社データベース。

（平賀　富一）

第 9 章

アジアにおける生命保険市場の競争環境と
有力生命保険企業の経営・営業の特徴点

はじめに

　アジア各国の生保市場の急速な発展と今後さらなる拡大が見込まれる中，欧米日の大手企業に加え，近年は，韓国・台湾に加えて，中国や ASEAN の有力企業が域内の他国市場に参入して競合するという状況が生じている。

　本章では，先ず，アジアの主要な生保市場に共通して見られる競争環境・状況や有力企業の特徴などを示し，次いで，アジア地域の多くの市場で大きなプレゼンスを有する，プルデンシャル（英国），AIA，マニュライフ（カナダ）の 3 社を事例に，外資企業によるアジア生保市場での事業活動の特徴点や成功要因等について述べる。

第 1 節　アジア生命保険市場の競争環境・状況や有力企業の特徴

　図表 9-1 で，2015 年の 11 カ国・地域の保険料収入ベースでの上位 20 社のマーケットシェアを示した。全体を鳥瞰すると以下のような点が指摘できよう（詳細については，図表 9-1 や各章の国別の記述などを参照いただきたい）。

1. 韓国，台湾，タイ，中国，インド

　地場企業が優勢であり，外資系企業のポジションは相対的に小さい。韓国と台湾では，財閥系企業（サムスン（Samusung）生命，ハンファ（Hanwha）

216 第9章 アジアにおける生命保険市場の競争環境と有力生命保険企業の経営・営業の特徴点

図表 9-1 アジア 11 カ国・地域の生命保険企業上位 20 社（2015 年保険料収入ベース）

	韓国	シェア		香港	シェア
1	Samsung Life Insurance Co., Ltd	23.4%	1	AIA International Ltd（Bermuda）	16.0%
2	Hanwha Life Insurance Co., Ltd	12.8%	2	Prudential Hong Kong Ltd	14.8%
3	Kyobo Life Insurance Co., Ltd	10.8%	3	HSBC Life（International）Ltd - Hong Kong	13.4%
4	NH Nonghyup Life Insurance Co., Ltd	9.0%	4	China Life Insurance（Overseas）Co., Ltd - Hong Kong	9.7%
5	Miraeasset Life Insurance Co., Ltd	5.3%	5	Manulife（International）Ltd - Hong Kong	7.0%
6	Heungkuk Life Insurance Co., Ltd	4.8%	6	BOC Group Life Assurance Co., Ltd	6.9%
7	Shinhan Life Insurance Co., Ltd	4.3%	7	Axa China Region Insurance Company（Bermuda）Ltd	5.7%
8	ING Life Insurance Ltd	3.8%	8	Hang Seng Insurance	4.0%
9	Dongyang Life Insurance Co., Ltd	3.6%	9	FWD Life Insurance Company（Bermuda）Ltd	3.5%
10	Metlife Insurance Company Of Korea, Ltd	2.9%	10	Sun Life Hong Kong Ltd	2.3%
11	KDB Life Insurance Ltd	2.8%	11	Transamerica Life（Bermuda）Ltd - Hong Kong	2.2%
12	American International Assurance Korea	2.1%	12	MassMutual Asia Ltd - Hong Kong	2.1%
13	Hyundai Life Insurance Co., Ltd	1.9%	13	FTLife Insurance Company Limited	1.7%
14	Allianz Life Insurance Co., Ltd	1.8%	14	Axa China Region Insurance Co., Ltd（HK）	1.6%
15	Dongbu Life Insurance Co., Ltd	1.7%	15	Generali International Ltd	1.0%
16	Lina Life Insurance Co., Ltd	1.6%	16	Ace Life Insurance Co., Ltd - Hong Kong	0.9%
17	The Prudential Life Insurance Company Of Korea, Ltd	1.6%	17	Zurich International Life Ltd - Hong Kong	0.8%
18	PCA Life Insurance Co., Ltd	1.5%	18	MetLife Ltd	0.8%
19	KB Life Insurance Ltd	1.4%	19	Hong Kong Life Insurance Ltd	0.8%
20	IBK Pension Insurance	0.9%	20	Friends Provident International Ltd	0.6%
上位 20 社計		97.8%	上位 20 社計		95.7%

第1節　アジア生命保険市場の競争環境・状況や有力企業の特徴　*217*

	台湾	シェア
1	Cathay Life Insurance Co., Ltd	21.7%
2	Fubon Life Insurance Co., Ltd	16.9%
3	Nan Shan Life Insurance Co., Ltd	14.6%
4	Shin Kong Life Insurance Co., Ltd	7.4%
5	Chunghwa Post Co., Ltd	5.9%
6	China Life Insurance Co., Ltd	5.5%
7	CTBC Life Insurance Co., Ltd	5.2%
8	Mercuries Life Insurance Co., Ltd	4.0%
9	Allianz Taiwan Life Insurance Company Ltd	3.6%
10	Cardif Assurance Vie	2.7%
11	TransGlobe Life Insurance Inc	2.3%
12	Taiwan Life Insurance Co., Ltd	1.8%
13	BNP Paribas Assurance TCB Insurance Co., Ltd	1.2%
14	Bank Taiwan Life Insurance Co., Ltd	1.2%
15	Farglory Life Insurance Co., Ltd	1.1%
16	Yuanta Life Insurance Co., Ltd	1.1%
17	PCA Life Assurance Co., Ltd	0.8%
18	Hontai Life Insurance Co., Ltd	0.6%
19	ACE Tempest Life Reinsurance Ltd	0.6%
20	First-Aviva Life Insurance Co., Ltd	0.5%
上位 20 社計		98.9%

	シンガポール	シェア
1	AIA SINGAPORE PRIVATE LIMITED	22.5%
2	PRUDENTIAL ASSURANCE CO. SINGAPORE (PTE) LTD	18.6%
3	THE GREAT EASTERN LIFE ASSURANCE COMPANY LIMITED	18.3%
4	NTUC INCOME INSURANCE CO-OPERATIVE LIMITED	9.6%
5	MANULIFE (SINGAPORE) PTE. LTD	6.8%
6	THE OVERSEAS ASSURANCE CORPORATION LIMITED	6.7%
7	AVIVA LTD	6.2%
8	HSBC INSURANCE (SINGAPORE) PTE. LIMITED	4.1%
9	TOKIO MARINE LIFE INSURANCE SINGAPORE LTD	3.3%
10	AXA LIFE INSURANCE SINGAPORE PRIVATE LIMITED	2.8%
11	FRIENDS PROVIDENT INTERNATIONAL LTD	0.9%
12	ETIQA INSURANCE PTE. LTD	0.3%
13	ZURICH LIFE INSURANCE (SINGAPORE) PTE. LTD	0.08%
14	RAFFLES HEALTH INSURANCE PTE. LTD	0.01%
上位 14 社計		100.0%

218　第9章　アジアにおける生命保険市場の競争環境と有力生命保険企業の経営・営業の特徴点

	マレーシア	シェア		タイ	シェア
1	AIA Bhd	19.7%	1	Muang Thai Life Assurance Public Co., Ltd	19.3%
2	Great Eastern Life Assurance（Malaysia）Berhad	18.8%	2	Thai Life Insurance Co., Ltd	13.1%
3	Prudential Assurance Malaysia Berhad	15.5%	3	American International Assurance Co., Ltd – Thailand	12.5%
4	Hong Leong Assurance Berhad	6.9%	4	Krungthai-axa Life Insurance Public Co., Ltd	12.3%
5	Allianz Life Insurance Malaysia Berhad	5.2%	5	Siam Commercial New York Life	12.2%
6	Tokio Marine Life Insurance Malaysia Bhd	2.9%	6	Bangkok Life Assurance Public Co., Ltd	9.3%
7	Etiqa Insurance Berhad	2.8%	7	Allianz Ayudhya Assurance Public Co., Ltd	5.2%
8	Manulife Insurance Berhad	2.2%	8	Fwd Life Insurance Public Co., Ltd	3.8%
9	Zurich Insurance Malaysia Berhad	2.1%	9	Prudential Life Assurance（Thailand）Co., Ltd	3.6%
10	MCIS Insurance Berhad	1.5%	10	Ocean Life Insurance Public Co., Ltd	3.1%
11	Sun Life Malaysia Assurance Berhad	1.4%	11	Dhipaya Life Assurance Public Co., Ltd	1.2%
12	AmMetLife Insurance Berhad	1.2%	12	Southeast Life Insurance Public Co., Ltd	1.1%
13	AXA Affin Life Insurance Berhad	1.0%	13	Tokio Marine Life Insurance（Thailand）Public Co., Ltd	0.8%
14	Gibraltar BSN Life Berhad	0.8%	14	Generali Life Assurance（Thailand）Public Co., Ltd	0.7%
			15	Chubb Life Assurance Public Company Limited	0.6%
			16	Siam Samsung Life Insurance Co., Ltd	0.4%
			17	Advance Life Assurance Public Co., Ltd	0.3%
			18	MBK Life Assurance Public Company Limited	0.2%
			19	Phillip Life Assurance Public Co., Ltd	0.2%
			20	Manulife Insurance（Thailand）Public Co., Ltd	0.2%
上位 14 社計		82.0%	上位 20 社計		99.9%

第1節　アジア生命保険市場の競争環境・状況や有力企業の特徴　*219*

	インドネシア	シェア		フィリピン	シェア
1	PT Prudential Life Assurance	18.5%	1	Sun Life of Canada（Philippines）, Inc.	17.4%
2	PT Asuransi Jiwasraya（Persero）	7.5%	2	Philippine AXA Life Insurance. Corp.	12.1%
3	PT Asuransi Allianz Life Indonesia	7.1%	3	Philippine American Life & General Ins. Co.（life unit）	11.2%
4	PT Indolife Pensiontama	6.5%	4	BPI Philam Life Assurance Corp., inc.	11.0%
5	PT Central Asia Financial	6.5%	5	Pru Life Insurance Corp. of U.K.	10.5%
6	PT AIA Financial	6.5%	6	Manufacturers Life Ins. Co. (Phils.), Inc., The	7.4%
7	PT AXA Mandiri Financial Services	5.8%	7	Insular Life Assce. Co., Ltd, The	6.7%
8	PT Asuransi Jiwa Manulife Indonesia	5.7%	8	SunLife Grepa Financial, Inc.	5.4%
9	PT Asuransi Jiwa Sinar Mas MSIG	4.9%	9	Generali Pilipinas Life Assce Co., Inc.	3.4%
10	AJB Bumiputera 1912	4.1%	10	PNB Life Insurance, Inc.	3.1%
11	PT Asuransi Jiwa Adisarana Wanaartha	4.0%	11	Manulife Chinabank Life Assce. Corp.	2.6%
12	PT Panin Daichi Life	2.8%	12	United Coconut Planters Life Assce. Corp.	2.3%
13	PT BNI Life Insurance	2.4%	13	FWD Life	1.2%
14	PT Asuransi Jiwa Bringin Jiwa Sejahtera	1.8%	14	Pioneer Life Inc.	1.0%
15	PT Asuransi Jiwa Sequis Life	1.7%	15	AsianLife & General Assurance Corp.（life unit）	1.0%
16	PT Asuransi Jiwa Generali Indonesia	1.6%	16	Fortune Life Insurance Company, Inc.	0.6%
17	PT Avrist Assurance	1.4%	17	CLIMBS Life & General Ins. Cooperative（life unit）	0.6%
18	PT Commonwealth Life	1.4%	18	Beneficial Life insurance Co., Inc.	0.5%
19	PT Asuransi Aviva Indonesia	1.2%	19	Philippine Prudential Life Ins. Co., Inc.	0.5%
20	PT Mandiri InHealth	1.1%	20	First Life Financial Company, Inc.	0.4%
上位20社計		92.5%	上位20社計		98.8%

220 第9章 アジアにおける生命保険市場の競争環境と有力生命保険企業の経営・営業の特徴点

	ベトナム	シェア		中国	シェア
1	Prudential Vietnam	29.3%	1	China Life Insurance Co., Ltd	23.2%
2	Bao Viet Life Insurance Corp	26.5%	2	China Ping An Life Insurance Co., Ltd	13.3%
3	Manulife Vietnam	11.8%	3	New China Life Insurance Co., Ltd	7.1%
4	Dai-Ichi Life Insurance Company of Vietnam, Ltd	9.3%	4	China Pacific Life Insurance Co., Ltd	6.9%
5	AIA Vietnam Life Insurance Co., Ltd	9.2%	5	PICC Life Insurance Co., Ltd	5.7%
6	Ace Life Vietnam	4.3%	6	Taiping Life Insurance Co., Ltd	5.1%
7	PVI Sun Life Insurance Co., Ltd	2.2%	7	Funde Sino Life Insurance Co., Ltd	5.0%
8	Generali Vietnam Life Insurance Llc.	2.0%	8	Taikang Life Insurance Co., Ltd	4.8%
9	Hanwha Life Insurance (Vietnam)	1.9%	9	Anbang Life Insurance Co., Ltd	3.5%
10	Prevoir Vietnam Life Insurance Company	1.4%	10	Sunshine Insurance Group	2.0%
11	Vietinbank Aviva Life Insurance Co., Ltd	1.1%	11	Hexie Health Insurance Co., Ltd	2.0%
12	Cathay Life Insurance Vietnam	0.5%	12	China Post Life Insurance Company	1.6%
13	Vietcombank - Cardif Life Insurance Co., Ltd	0.2%	13	Guohua Life Insurance Company	1.5%
14	BIDV MetLife	0.2%	14	ICBC Axa Life	1.5%
15	Fubon Life Insurance (Vietnam) Co. Ltd	0.13%	15	CCB Life Insurance Company	1.3%
16	Great Eastern Life Vietnam	0.07%	16	Tian An Life Insurance Co., Ltd	1.2%
17	Phu Hung Life	0.03%	17	Qianhai Life Insurance Co.	1.1%
			18	PICC Health	1.0%
			19	Aeon Life Insurance Company, Ltd	1.0%
			20	CAF Life	0.9%
上位 17 社計		100.0%	上位 20 社計		89.7%

	インド	シェア			インド	シェア
1	Life Insurance Corporation of India	72.9%	11	Tata AIA Life Insurance Company Ltd	0.7%
2	ICICI Prudential Life Insurance Company Limited	5.2%	12	Canara HSBC Oriental Bank of Commerce Life Insurance Company	0.5%
3	HDFC Standard Life Insurance Company Limited	4.5%	13	Exide Life Insurance Company Limited	0.6%
4	SBI Life Insurance Company Limited	4.3%	14	IndiaFirst Life Insurance Company Limited	0.4%
5	Max Life insurance Company Limited	2.5%	15	Aviva Life Insurance Company India Ltd	0.6%
6	Bajaj Allianz Life Insurance Company Limited	1.6%	16	Star Union Dai-ichi Life Insurance Company Limited	0.4%
7	Birla Sun Life Insurance Company Limited	1.5%	17	IDBI Federal Life Insurance Company Ltd	0.3%
8	Reliance Life Insurance Company Limited	1.2%	18	Bharti AXA Life Insurance Company Limited	0.3%
9	Kotak Mahindra Old Mutual Life Insurance Ltd	1.1%	19	Shriram Life Insurance Co., Ltd	0.3%
10	PNB MetLife India Insurance Company Limited	0.8%			
				上位19社計	99.6%

（出所）Timetricデータ。

生命等）、金融系企業（キャセイ（国泰，Cathay）生命，フボン（富邦，Fubon）生命，新光（Shinkong）生命等）が有力である。韓国と台湾は生命保険事業の歴史も長く地場の有力企業の勢力が強いと考えられる。タイでは，AIAを除き，華人系の金融企業（ムアンタイ（Muang Thai：カシコーン（Kasikorn）銀行グループ），タイライフ（Thai Life），バンコクライフ（Bangkok Life，バンコク銀行グループ）等），王室系のサイアムコマーシャル（Siam Commercial）などが優位にある。中国では，国営の中国人壽や私営の中国平安保険など地場企業が市場の大きなシェアを占めている。インドは，国営の生命保険公社（LIC: Life Insurance Corporation）が約7割と非常に大きなシェアを占めており，残りの市場で欧米日の外資との合弁企業が競合しているが，その中では英プルデンシャルの合弁企業が最上位のポジションにある。タイ，中国，インドでは未だ外資規制が強く，外資企業がその実力をフルに発揮することが中々難しい状況にあることから上記のような市場状況となっているとも考えられる。

2. 香港，シンガポール，マレーシア，インドネシア，フィリピン，ベトナム

外資規制がなかったり，相対的に当該規制が緩やかな市場であり，外資の有力企業が大きなプレゼンスを占めている。特に，AIA（本拠：香港，かつては米 AIG 系）と英プルデンシャル（Prudential）は多くの市場で優位にあり，両社に続いて，マニュライフ（Manulife：カナダ），AXA（フランス），アリアンツ（Allianz：ドイツ），ゼネラリ（Generali：イタリア），チューリッヒ（Zurich：スイス）などが目立つ。外資系のその他の企業の中では，フィリピンでサン・ライフ（SunLife：カナダ）が首位となっている。地場企業等では，香港では，中国人壽（Chine Life）など中国の本土系企業，シンガポールのNTUC（全国労働組合会議による協同組合の性格を持つ企業），マレーシア・シンガポールで上位にランクされるグレート・イースタン（Great Eastern）生命がある。また，マレーシア・インドネシア・フィリピンでは，外資の出資を受けた華人系生保企業も多い（代表的な企業は，マレーシア：ホンリョン，インドネシア：シナルマス（Sinar Mas MSIG），パニン（Panin），セクイス（Sequis）などがある）。ベトナムでは，2 位の国営のバオベト（BaoViet）生命を除き，英プルデンシャル，マニュライフなど欧米日に韓国系，台湾系を含めた外資系生保企業が市場のほとんどを占めている。日系生保企業では，メジャー出資で経営をコントロールし市場の上位 10 位以内にあるのは，トウキョウマリン生命（東京海上系：シンガポール 9 位，マレーシア 6 位），第一生命（ベトナム 4 位）である。日本生命，第一生命（除くベトナム），住友生命，明治安田生命，MS&AD などは地場の有力企業に出資を行う形で各市場に参入している。

第 2 節　プルデンシャル（英国），AIA，マニュライフ（カナダ）の営業・経営の特色や強み

本節では，上記のようにアジアの多くの市場で大きなマーケットシェアを有する，英プルデンシャル，AIA（本拠：香港，かつては米 AIG 系）およびそ

れに準じるポジションにあると考えられるマニュライフの3社を中心に考察し、外資企業によるアジア生保市場での事業活動の特徴点と成功要因等について、筆者の見解を述べたい（本章の論点の詳細や国際ビジネス理論の観点からの考察については、平賀（2013）および平賀（2016a）をご参照いただきたい）。

1. 長い営業の歴史と先行者利益の享受、自社主導の経営志向、社名・ブランド認知の取組み

アジア地域での事業開始は、マニュライフが1897年、AIAが1919年、プルデンシャルが1923年と古い。このことにより、現地市場の特性・慣行・文化についての組織学習や、官民各層等における人脈構築等における利点を享受していると推量される。また、3社は監督官庁や保険業界への情報提供・技術支援や、CSR活動等により進出先各国の各層への貢献を積極的に行っている。それらの取組みや各機関・人材との関係性の構築による成果と思われる事例を挙げれば、AIAの、中国における外資企業の中で最初の免許取得や、外資出資の上限が50％とされる同国で唯一の例外として、支店形態での参入を認められていることが挙げられよう。また、図表9-2にあるように、3社はタイ・インドネシアなどでも、通常の外資出資規制の水準を上回る比率での出資が認められている。

3社はともに、単独出資・メジャー（過半）出資の志向が強いが、それは自社の方針・戦略・ビジネスモデルによる、経営・営業の遂行とコントロールを意図していると考えられる。この点に関し、AIAは、その株式上場目論見書（AIA, 2010）において、「先行して多くの市場へ参入したことにより、競合社が追随困難な所有構造や事業インフラを確立する上での歴史的な優位を与えられ、かつ、各国での保険事業のパイオニアとして貴重な経験を得て、多くの保険市場の発展に貢献してきた」と述べている。

また、ブランド力強化が、販売網を支援し業績を拡大することや、有能な人材を採用するために重要なものと認識し各社共に積極的な取組みを行っている。その典型例と見られるプルデンシャルのインドネシア拠点では、広告・宣伝に加えCSR活動も含む集中的なブランド浸透の取組みにより、15年間余り

224　第9章　アジアにおける生命保険市場の競争環境と有力生命保険企業の経営・営業の特徴点

図表 9-2　3社のアジア主要営業拠点の出資比率等（所有コントロール）の現況

	外資規制（原則）	プルデンシャル	AIA	マニュライフ
韓国	制限なし	現地法人100%	支店	－
香港	制限なし	現地法人100%	支店	現地法人100%
台湾	制限なし	現地法人100%	支店	－
シンガポール	制限なし	現地法人100%	支店	現地法人100%
マレーシア	70%	現地法人70%	現地法人100%（実質）	現地法人59.5%
タイ	49%	現地法人51%	支店	現地法人93.2%
インドネシア	80%	現地法人80%	現地法人100%	現地法人100%
フィリピン	制限なし	現地法人100%	現地法人99.78%	現地法人100%
ベトナム	制限なし	現地法人100%	現地法人100%	現地法人100%
カンボジア	制限なし	現地法人100%	（駐在員事務所）	現地法人100%
中国	50%（合弁）	現地法人50%	支店	現地法人51%
インド	49%＊	現地法人26%	現地法人49%	－

（注）＊ インドは2016年，外資出資限度が従来の26％から49％に引上げられた。
（出所）各国保険法，各社公表資料，報道等より筆者作成。中国は内国法人への外資出資の場合は24.9％限度。

の短期間で，創立から約100年の歴史を有する地場有力企業（「Bumiptra 1912」社）を凌駕する高い認知度を達成している。

2. 専属エージェントを中核基盤としつつ，その他の販売チャネルを拡大

　3社は固有の強みとして，地場企業の知識・能力水準を超える専属エージェントを販売チャネルの中核として重視し，時間をかけて育成・強化しており，高収益な商品を安定的に販売できる重要な基盤を構築している。そのベースの上に，バンカシュアランス（銀行チャネルによる販売）やダイレクト・マーケティング等による販売網を拡大しつつある。新規販売チャネルにおいて重要度を増すバンカシュアランスでも，有力な銀行との間の提携関係を有している。とりわけ，プルデンシャルと英スタンダード・チャータード銀行（Standard

& Chartered Bank），AIA とシティバンク（Citibank），マニュライフと DBS（シンガポール開発銀行，ASEAN 最大の銀行）というアジア域内の各市場を対象とする包括的な提携（次項で述べる地域本部が主導して実施と推量する）はその典型的な事例である。

3. 地域本部やグループ内企業と各国の拠点間の有機的な関係

アジア事業に関する組織機構は，アジア地域本部（アジア太平洋地域のみで営業する AIA の場合はグループの本部拠点であるが，以下では「地域本部」と総称する）と各国・地域の拠点という構成になっている。地域本部の所在地は，いずれも香港である。地域本部の機能は企業（グループ）全体としての目標・方針の明確化，IT 等バックオフィス業務や資産運用の標準化・集約化による効率化であり，「グローバル標準化」と「現地適応化」のあり方が重要なポイントになる。

図表 9-3 はプルデンシャルの事例であるが，地域本部とグループ企業（資産運用等）による各国拠点への支援のあり方が，具体的に示されている。

アジア域内における事業の目標や戦略の決定，資本配分や業務成績の近代的

図表 9-3　地域的なシナジーの発揮（アジア地域本部とグループ企業・他拠点によるインドネシア拠点への支援例）

分野	グループ（アジア地域本部や他拠点等）による拠点への支援
商品開発（ユニットリンク商品の導入）	他拠点のベストプラクティスの採用
資産運用	Prudential Asset Management Singapore 社および Prudentioal Funds Management 社（グループ内の資産運用企業）への運用委託
シティバンクとの販売提携*	グループによる地域単位での提携
イスラム保険の導入	マレーシアのイスラム保険専門企業（PruBSNTTakaful 社）による支援
人的資源	アジア地域本部内の人材プールの活用
事務・IT システム	グループの事務・システム専門企業 Prudential Services Asia 社が開発・支援するシステムの活用

（注）＊ 当時シティバンクと提携していた。
（出所）プルデンシャル資料（PCA, 2008）より筆者作成。

な管理，商品開発・販売網構築や育成の支援，IT・統合的なバックオフィス業務の実施やサポート，域内全体を単位とする事業の遂行（包括的な銀行との事業提携など），上席者を中心とする人材の管理等について，グループ全体でのシナジー効果による付加価値がもたらされていると考えられる。地域本部・拠点間の人事交流により，業務上のノウハウ・スキル・人脈などが相互に伝えられることになり，人材の育成にも寄与する。またアジア拠点の責任者であるCEOは，親会社の上席役員を兼務しており，親会社とアジア地域本部・拠点の連携がうまく機能する仕組みにもなっている。同様の拠点連携や人的交流，知の共有は，3社に共通している。上記の様な体制整備が出来て効果を挙げられる理由は，各地に多くの拠点を保有することによって，規模の利益や範囲の利益を追求し享受しうる環境にあることが大きいものと考えられる。

　以上に加えて，3社は，自社の国際的なネットワークを活用して，商品開発や販売網構築，再保険手配，資産運用，事務・ITや顧客対応などについて，欧米を含めたアジア域内外の優れた手法や人材を効果的に投入・実施したり，規模の利益やリスクの分散効果を享受できるという強みを有する。

4.　有能な人的資源の保有・活用

　生保事業は，人の保障・貯蓄・投資ニーズに応えるサービスを，人（販売者）が提供するという性格を有するビジネスであり，生保各社は有能で信頼される人材の育成・活用に注力している（リーダー教育プログラムや，優秀な新規人材を採用し計画的に業務・各地拠点勤務経験を積ませて幹部に育成するプログラム等）。3社のアジア地域本部の幹部の多くは，自社や業界の競合有力社，アジア地域内を含めた海外の複数の場所で，経験を積んだものが多い。特に，経営トップ層や，戦略や販売・マーケティングの人材に，その傾向が強い。また，第三国籍者で有力企業の複数国の拠点をまたがる転職事例も多い。同時に3社はアジア地域における他の保険企業への高度人材の供給源にもなっている。この点に関し，AIAは，「自社および競合他社で勤務した人材が有する経験のコンビネーションが，同社の事業戦略を推進しアジア市場における変化に迅速に対応できる広範な視点を与えてくれる」として，異文化の受容・活

用を積極的にとらえている。また，プルデンシャルも「有能な人材を採用し自社に統合できることは他社が容易には追随できない大きな競争優位である」と述べている。3社は，アジアにおける長い歴史と社名・ブランドの認知度の高さ，事業規模の大きさ（スケール）により，競合社に比べて，有能な人材を採用しやすい有利な環境にあるとも考えられる。さらに，人材の自社グループ内の拠点間の異動を積極的に行い，能力向上や経験・ノウハウの共有化に努めている。

　上記で述べた人的資源を巡る状況は，欧米や日本など先進地域に比べ相対的に生保事業の歴史が浅く有能な人材プールが少ないアジアの現状において必要とする人材の育成・確保を行うための取組みのあり方やその発展段階を示している。今後，市場の発展に伴い経営の現地化が進む中では，各社ともにリーダー教育に注力している成果が現れ，より多くのポストがアジア人材によって担われることになるものと推量される。

5．その他外資企業の状況（3社との違いを中心として）

　上記3社はアジア地域への進出の歴史も長く，かつ同地域を重点市場として取組みすでに大きなポジションを有している。他方，国際的な大手保険企業であるドイツのアリアンツ（Allianz）やフランスのアクサ（AXA）なども多くの国に進出しているが，そのアジア地域の収益（売上高）が全社計の1割以下の構成比に止まっていることからもわかるように，市場への参入が後発であったりアジア事業の地位・優先度がそれほど高くない他の外資企業（日本企業を含む）の現地市場でのプレゼンスや影響力は，一部の国・地域等を除けば現状では小さい。なお，後発の場合には，一挙に拠点を拡大するための「時間を買う」という観点から地場企業のM&A（買収・出資）を行ったり，市場実態の把握や経営・営業ノウハウの取得や現地でのプレゼンスの構築などを主目的に現地の既存生保企業への出資というパターンもある。欧米日・韓国・台湾およびその他アジアの有力企業もアジア市場での取組みを加速しつつあるが，経営の規模やコントロール，市場における影響度の点で3社のような大きな位置づけを示すまでには至っていない状況にある。その差は，経営のコミットメント

や方針の明確さ，地域本部の運用力などの経営経験・ノウハウの蓄積や組織能力，人材力などにあると考えられる。

6.　おわりに

　上記のような取組みの結果，3社では，アジア地域の収入・利益の，企業（グループ）全体の業績に対する貢献度・重要度が増している。例えば，プルデンシャルは，2016年度において新規保険料（年払換算ベース）の約57％，営業利益（IFRSベース）の35％をアジア地域から挙げている。さらに2006年からはアジアから親会社（在英国）への現金配当を開始し，その規模は2016年で5.2億ポンド（約624億円）に増加している。マニュライフも，2016年度において収入保険料（年払換算ベース）の67％，中核利益（営業利益に相当）の37％が，アジアからのものとなっている。AIAはアジア太平洋地域のみで営業を行っているため，アジア地域が同社の収入・利益面のほとんどすべてを占めている。このような収入・利益の両面でのアジアのウェイトと重要度の拡大は，アジア拠点の貢献度と期待・重要度の大きさを明確に認識させることになり，アジア地域への経営資源のさらなる積極投入やアジア地域本部・拠点への権限委譲の拡大につながっているものと考えられる[1]。

　本節では，代表的な有力外資3社を挙げて，その重要点と考えられる諸点について述べた。冒頭に述べたように，いずれもアジア地域において長い事業の歴史を有するが，それは，事業の歴史の浅い後発の企業にとってチャンスがないということを必ずしも意味しない。この点で，プルデンシャルが，アジア事業を本格化したのは，1994年にアジア地域統括拠点を設立して以来のことであるという事例が参考になろう。さらに，アジア各市場の成長と変化の中で，市場における順位の逆転や，後発参入企業が成功する余地も十分にあると考えられる。ASEAN主要国であるインドネシアのアジア通貨・金融危機時点（1997年）と2015年の生命保険料シェアによる上位10社のランキングを示した（図表9-4）が，その顔ぶれや，シェアに大きな変化が見られており，このことは，発展する生保市場の中での競争環境や企業のポジションについての今後の変化の可能性を示唆していると考えられる。

第 2 節　プルデンシャル（英国），AIA，マニュライフ（カナダ）の営業・経営の特色や強み　*229*

図表 9-4　インドネシア生保市場の上位 10 社の比較（1997 年・2015 年）

	1997 年		2015 年	
1	Bumiputera 1912	25.5%	PT Prudential Life Assurance	18.5%
2	PT Asuransi Jiwasraya	16.3%	PT Asuransi Jiwasraya (Persero)	7.5%
3	PT Lippo Life	14.9%	PT Asuransi Allianz Life Indonesia	7.1%
4	PT Darmara Manulife	6.5%	PT Indolife Pensiontama	6.5%
5	PT Indolife Pensiontama	5.4%	PT Central Asia Financial	6.5%
6	PT Newyork Life	3.0%	PT AIA Financial	6.5%
7	PT Eka Life	3.0%	PT AXA Mandiri Financial Services	5.8%
8	PT Pringin Jiwa Sujatra	2.6%	PT Asuransi Jiwa Manulife Indonesia	5.7%
9	PT Central Asia Raya	2.4%	PT Asuransi Jiwa Sinar Mas MSIG	4.9%
10	PT Bumi ASIH Jaya	2.3%	AJB Bumiputera 1912	4.1%

（出所）上田（1999），Timetric データ（2015）。

　未だ外資の出資や国内の支店設置等の規制の強い市場（中国・インドが典型例）では，内資（地場）の有力企業が依然として大きなシェアを占めているが，それらの市場においても，高齢化問題への対処や医療水準の引き上げや体制面の整備などのニーズの高まりの中で，民間保険企業の力を活用することの必要度が高まることが予想される。かかる情勢下での市場拡大・規制緩和・業界再編という動きの中で，地場の独占企業・ドミナント企業のシェアが減少し，有力外資企業のシェアが増大化する可能性は大きいと考えられる。

［注］

1）マニュライフのアジア地域の責任者（当時）である Cook 氏の「アジア事業に注力している企業は多いが，それらの多くにとってアジアのウェートは小さく将来への期待という状況にあるが，マニュライフにおいては成果がすでに実現している」との発言（2012 年 5 月 8 日付プレゼンテーション原稿（MFC, 2012c）による）やプルデンシャル社 CFO の「アジア事業がグループの利益の最大の貢献者である」という言葉などに示されている（2012 年 3 月 13 日付プレゼンテーション原稿（Prudential, 2012c）による）。

［主要参考文献］

伊藤博（2010），「中国保険業における対外開放政策の展開」『アジア研究』56（1・2），アジア政経学会，56-71 頁。

上田和勇（1999），『東アジア生命保険市場』生命保険文化研究所。

230 第9章 アジアにおける生命保険市場の競争環境と有力生命保険企業の経営・営業の特徴点

谷口哲也 (2012),「アジアにおける生命保険事業展開」日本保険学会『保険学雑誌』第616号。

塗明憲 (1983),『国際保険経営論』千倉書房。

野村秀明 (2012),「損害保険会社の海外事業展開」日本保険学会『保険学雑誌』第616号。

平賀富一 (2013),「生命保険企業の国際事業展開に関する研究」『横浜国際社会科学研究』第17巻第6号。

平賀富一 (2015a),「【アジア・新興国】アジア生命保険市場の動向・変化と今後の展望」『基礎研レター』2015年7月21日,ニッセイ基礎研究所。

平賀富一 (2015b),「アジア地域で大きなプレゼンスを有する外資大手生保の経営・営業の特徴点は何か?」『保険・年金フォーカス』2015年11月17日,ニッセイ基礎研究所。

平賀富一 (2016a),『生命保険企業のグローバル戦略—欧米系有力企業のアジア展開を中心として—』文眞堂。

平賀富一 (2016b),「アジア生命保険市場の動向・展望と重要点」『保険・年金フォーカス』2016年7月19日,ニッセイ基礎研究所。

平賀富一 (2016c),「損保国際化への期待と課題」『週刊東洋経済 生保・損保特集2016年版』74-75頁,東洋経済新報社。

平賀富一 (2016d),「CLM諸国の政治経済の概況と保険市場動向」『保険・年金フォーカス』2016年11月15日,ニッセイ基礎研究所。

平賀富一 (2017a),「アジア諸国の有力企業動向—フォーチュン・グローバル500社ランキングの変遷から:中国企業は100社超がランクイン」『研究員の眼』2017年1月26日,ニッセイ基礎研究所。

平賀富一 (2017b),「現地化が進む本邦大手損保グループのアジア展開」『関西学院大学産業研究所産研論集』第44号,1-7頁,関西学院大学。

平賀富一 (2017c),「アジア生命保険市場の概況・展望—中長期の市場動向のダイナミックな変化を踏まえて—」『保険・年金フォーカス』2017年7月18日,ニッセイ基礎研究所。

AIA Group Limited (AIA) (2010), *Prospectus for IPO, 18 November, 2010.*

AIA Group Limited (AIA) (2015), *Annual Report 2014.*

Bartlett, C.A. and S. Ghoshal (1989), *Managing Across Borders: The Transnational Solution*, Harvard Business School Press. (吉原英樹監訳 (1990),『地球市場時代の企業戦略:トランスナショナル・マネジメントの構築』日本経済新聞社。)

Binder, S. and J. L. Ngai (2009), *Life Insurance in Asia*, John Wiley & Sons (Asia).

Collis, D.J. and C. Montgomery (1998), *Corporate Strategy: A Resource Based Approach*, McGraw-Hill. (根来龍之・蛭田啓・久保亮一訳 (2004),『資源ベースの経営戦略論』東洋経済新報社。)

Dunning, J.H. (1979), "Explaining Changing Patterns of International Production: In Defence of the Ecletic Theory," *Oxford Bulletin of Economics & Statistics,* Nov.

Dunning, J.H. (1989), "Multinational enterprises and the growth of services: some conceptual and theoretical issues," *The Service Industries Journal,* 9(1).

Manulife Financial Corporation (MFC) (2012), *EDITED TRANSCRIPT at Asia Investor Day* on 7 September, 2012.

Manulife Financial Corporation (MFC) (2015), *Annual Report 2014.*

Manulife Financial Corporation (MFC) (2017), *4th Quarter and Full Year Operating and Financial Result 2016* on 9 February, 2017.

Prudential Corporation Asia (PCA) (2008), *The Pru Story in Indonesia.*

Prudential Plc (2010), *Prospectus for Right Issue,* 17 May, 2010.

Prudential Plc (2015), *Annual Report 2014.*

Prudential plc (2017), *2016 Full Year Results* on 14 March, 2017.

（平賀　富一）

第10章

全体のまとめと将来展望等

第1章から第9章で，アジア地域の生命保険市場に関する全体像や，域内の主要国別の状況を考察した。

今後のアジア生保市場の持続的で健全な発展のためには，保険会社の資本力・競争力の増強や商品・販売・サービスにおける顧客ニーズに応えられる体制の充実・強化が必要になろう。近年，かかる観点で各国が保険業の監督や法制度の整備に努めているが，2015年12月のASEAN経済共同体（AEC）のスタートおよびその後の取組みは，短時日に保険市場の拡大に寄与するとの可能性は小さいものの，保険監督・法制度の域内の統一化やレベルアップを促す契機になるものとみられる。さらに，欧米日の保険会社に加え，韓国・台湾・中国等を含めたアジアの有力保険会社によるM&A手法も活用してのアジア域内の各生保市場への参入が進むことが予想される。今後，これらプレーヤー間の競争の促進によって保険市場の開拓・拡大が進行すると考えられる。

1. 上述のとおり，各国・地域における経済成長下での富裕層・中間層の増加と都市化の進行によって，生活水準が向上し，生活スタイルが変化・近代化することにより，保険に対する意識や関心とニーズがさらに高まるものと考えられる。その結果，生活防衛のための保障性商品へのニーズの増加，資産運用ニーズ対応としての貯蓄・投資型商品の重要度の双方の増加が予測される。特に，① 高齢化への関心が高まる先進アジアとタイ・マレーシア，中国等では，年金など退職準備商品と医療・介護保険へのニーズが強まるものと予想される。② 新興アジアにおいては，未だ低水準の保険普及率ゆえに今後の増収余地と可能性がより大きいと考えられる。

2．各国において法規制の整備や監督水準の高度化がさらに進行するものとみられる．保険会社の体力・体質の強化と消費者保護が重要なポイントになろうが，特に，先進アジアにおいてはリスク管理や欧米日とも整合した資本・ソルベンシー規制の整備，新興アジアでは，資本力の強化，商品・販売の適正化に関するものが中心となろう。後述のデジタル化に関連する個人情報データの保護は，先進アジア，新興アジアの双方にとって重要な事項になるだろう。

3．各市場の拡大と，ASEAN 経済共同体（AEC）など市場統合の動きが進む中，M&A 手法も含め，新規市場への参入や，既参入市場で事業規模の拡大を図る企業の増加が続く可能性が大きい。そこでは，欧米日の企業のみならず，自国市場で力をつけたアジアの有力保険企業の域内他市場への参入も増加するものと考えられる。その一方で，競争力や収益力が不十分な企業の撤退・淘汰や，収益期待がより大きい域内の別の市場へ経営資源を移転・注力する動きも予測しうる。

4．最近の保険業界における最大の関心テーマは，保険テクノロジー（Insurtech）ともいわれるデジタル化であろう。保険業は，各産業界の中でもデジタル技術の活用が遅れている業界の一つとの評価もある中，アジアの保険市場においても，IoT, Industry4.0 といった進化の中で，IT 技術，医療技術，AI（人口知能），ビッグデータなどの有機的な活用が大きな話題となっている。デジタル技術の進化は，保険の引受，販売，商品，マーケティング，保険金の支払い，事務処理などの各プロセスと機能，顧客・消費者との関係性を含めた経営全般に大きな変化をもたらす可能性があるといわれている。その中で，アジア地域においても生命保険会社で専任の部署を設け検討・対応を進める事例が出ている（例えば，米 MetLife によるシンガポールのイノベーション・センターの開設）。また，中国では，最有力 IT 企業であるアリババグループなどによる保険業や健康産業への参入や保険・医療関連アプリの開発・提供の動きが始まっている（詳しくは，片山（2016）を参照）。さらに，腕時計や眼鏡といったウェラブル端末を活用した，顧客との

234　第 10 章　全体のまとめと将来展望等

コミュニケーションの増加や，保険・医療に関する照会・応答，健康面のアドバイスや健診数値の改善による保険料の割引などに関するスマートフォンやパソコンのアプリの提供が行われる事例も増加している。また，新興国であるインドネシアで，人口 2.5 億人に対し 6 千万人もの人がフェイスブックを利用している事例や，中国で，1999 年創業のアリババグループの電子商取引企業（天猫）等が，実店舗の大手企業（国美電器・蘇寧電気など）の売上げを凌駕し，小売り業態の構造を革命的に変化させた事例などは保険業界においても重要な参考になるものと考えられる[1]。

　さらに新興国の有する「後発性の利益」により，先進諸国よりも新技術を導入・普及させやすいというアドバンテージもありうる。この観点で，先進国の企業が，アジア地域の子会社でのイノベーションを本国に逆輸入するというケースも生じうると思われる。

　今や，IT 技術の進歩やインターネットの活用，SNS の普及により，消費者が中心となった新たなエコシステム（関連する企業や関係者が有機的に結びつき共存共栄する仕組み）が構築され，既存の産業の構造や在り方が変化しつつある。デジタル化への対応は，単にアジア地域に限らず，保険産業・企業が，新たなエコシステムの中でどのような付加価値を提供し重要なポジションを確保できるかという経営課題への対応として最重要なものとなっていると考えられる。

[注]
1) 経済産業省（2016）によれば，2015 年の中国の EC（電子商取引，BtoC ベース）の市場規模は，世界のトップであり，その金額は 6720.1 億ドル（対前年 42.1％増），2 位が米国の 3406 億ドル（14.2％），3 位英国 993.9 億ドル（14.5％），4 位日本 895.5 億ドル（14.0％），5 位ドイツ 618.4 億ドル（12.0％）となっている。

[参考文献]
片山ゆき（2016），「Fintech（フィンテック）100，1 位の衆安保険を知っていますか？」『保険・年金フォーカス』2016 年 6 月 21 日，ニッセイ基礎研究所。
経済産業省商務情報政策局情報経済課（2016），『平成 27 年度我が国経済社会の情報化・サービス化に係る基盤整備（電子商取引に関する市場調査）報告書』2016 年 6 月。
平賀富一（2016a），『生命保険企業のグローバル経営戦略』文眞堂。
平賀富一（2016b），「アジア生命保険市場の動向・展望と重要点」『保険・年金フォーカス』2016 年 7 月 19 日，ニッセイ基礎研究所。

平賀富一（2016c），「損保国際化への期待と課題」『週刊東洋経済 生保・損保特集 2016 年版』74-75
　　頁，東洋経済新報社。
平賀富一（2017a），「「アジア諸国の有力企業動向」－フォーチュン・グローバル 500 社ランキングの
　　変遷から：中国企業は 100 社超がランクイン」『研究員の眼』2017 年 1 月 26 日，ニッセイ基礎
　　研究所。
平賀富一（2017b），「現地化が進む本邦大手損保グループのアジア展開」『関西学院大学産業研究所産
　　研論集』第 44 号，1-7 頁，関西学院大学。
松岡博（2016），「生保海外買収の背景」『週刊東洋経済 臨時増刊 2016 年版 生保・損保特集号』
　　32-33 頁，東洋経済新報社。
eMarketer（2015），*WORLDWIDE RETAIL ECOMMERCE SALES: EMARKETER'S
　　UPDATED ESTIMATES AND FORECAST THROUGH 2019.*
Ernst & Young（2016），*2016 EY Asia-Pacific Insurance Outlook.*
Munich Reinsurance Company（2016），*Insurance Market Outlook.*
Swiss Reinsurance Company（2015），"Life Insurance in the Digital Age: fundamental transformation
　　ahead," *Sigma*（No.6/2015）.
Swiss Reinsurance Company（2016），"World Insurance in 2015: Steady Growth amid Regional
　　Disparities," *Sigma*（No.3/2016）.

（平賀　富一）

トピックス

アジアの生命保険会社による不動産投資および不動産投資市場の成長性

はじめに

　アジアの生命保険市場を網羅している本編に対し，当トピックスでは生命保険会社の資産運用の一角を占める不動産投資にフォーカスする。

　まず，日本国内の状況を参考に生命保険会社における不動産投資の役割を振り返り，次いで，アジアの生命保険会社による不動産投資の現状を概観する。その上で，改めてアジアの不動産投資市場の成長性を確認し，今後のアジアの生命保険会社による不動産投資を展望する。

第1節　生命保険会社と不動産投資

1．生命保険会社と不動産投資

　改めて生命保険会社における不動産投資の役割を考えると，長期的に保険料を預かり保険金の支払いに備える生命保険会社にとって，長期安定的な賃料収入が見込める不動産投資は非常に親和性の高い投資手段といえる。

　元来，生命保険会社は，本社に加えて多くの営業拠点を抱えるなど，一定以上のオフィススペースを使用する。そのため，大手の生命保険会社などでは，複数のオフィスビルを自社で保有することが一般的となっている。

　保有するビルの自社使用しない余剰部分については，他社に賃貸して賃料収入を得ることができる。そうして運用ノウハウを蓄積しながら，生命保険会社

はオフィスビルを主な資産運用手段の一つにしてきた。

　一般的に不動産投資は幅広く，土地を取得後に建設計画を立て，完成予定あるいは完成後の物件を売却する開発事業や，今後の値上がりを見込んで既存物件を取得し，しばらくして後に転売する短期売買などの様々な形態がある。それらの中でも，生命保険会社に親和性の高い不動産投資といえば，やはり安定的な賃料収入を得る長期保有といえよう。また，投資対象とする不動産の種類としては，自社でも使用するオフィスビルが最も扱い易く，その他の商業施設や住宅，ホテルなどは，特別に専門ノウハウの蓄積を要するものと考えられる。

2. 日本国内における生命保険会社の不動産投資

　実際，いち早く生命保険市場が成熟し，生命保険会社による不動産投資が進んでいる日本では，長期安定的に賃料収入を得るオフィスビル投資が中心となっている。所謂土地バブル崩壊前の1980年代には，好景気の中で生命保険会社による大規模なホテルや商業施設の開発も活発だった。しかし，その後は他の多くの例に漏れず，生命保険会社も多額の不動産評価損を抱え，不動産投資の縮小に向かった。

　2000年代のファンドバブルやリーマンショックを経て，アベノミクス開始の2012年末以降，ようやく生命保険会社の不動産投資は拡大，多角化に向かいつつある。しかし，総資産に占める不動産投資比率は低く抑えられており，物流施設や住宅などのオフィスビル以外の投資は，専門ノウハウを蓄積しつつ慎重に実施されている。

第2節　アジアの生命保険会社による不動産投資

1. アジアの生命保険会社による不動産投資

　では，アジアの生命保険会社による不動産投資についてみていきたい。ま

図表 T-1　アジア各国の生保収入保険料および対 GDP 比（2016 年）

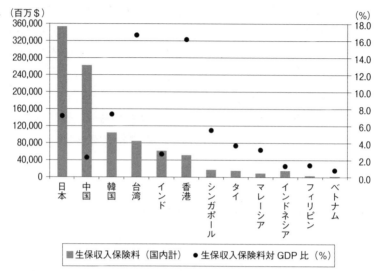

（出所）平賀富一（2017）,「アジア生命保険市場の概況・展望—中長期の市場動向のダイナミックな変化を踏まえて—」『保険・年金フォーカス』2017/7/18, ニッセイ基礎研究所, に記載のグラフを基に筆者が作成。

ず, 成熟した日本の生命保険市場に比べると, アジア各国の生命保険市場の規模は格段に小さい。生保収入保険料の対 GDP 比率の低さから分かるように, ほとんどの生命保険市場が未成熟といえる（図表 T-1）。一部, 台湾や香港は, 対 GDP 比率の高さから成熟市場といえるが, 日本に比べると経済規模自体が大きくないため, 生命保険の市場規模は限定的となっている。

そのため, アジアの生命保険会社が一定規模の不動産投資を実施しているケースは, 日本を除くと, 比較的生命保険市場が大きい中国, 韓国, 台湾の生命保険会社に限定される。

日本とこれら 3 カ国の主要な生命保険会社について, 営業用を含む不動産の保有額と総資産に占める比率を確認したところ, 以下のように各国で異なる特徴がみられた（図表 T-2）。

まず, 台湾の生命保険会社における不動産投資比率の高さが際立っている。特に最大手の国泰人寿保険（キャセイライフ）は, 日本に比べはるかに賃貸用

第2節　アジアの生命保険会社による不動産投資　239

図表 T-2　アジア主要保険会社の不動産保有額および総資産に占める比率

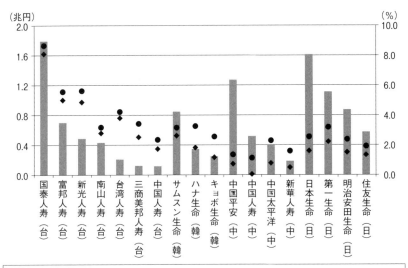

(注) 日本の生保については一般勘定の数値。
(出所) 各社ディスクローズ資料の2017年3月末の数値を基に筆者作成。

　不動産（投資対象となる不動産ストック）が少ない台湾で，日本の大手生命保険会社を上回る不動産を保有している。台湾の不動産投資家をみると，上場REITは小規模な5銘柄に止まっており，また，日本のように大規模なポートフォリオを持つ不動産会社も存在していない。台湾の生命保険会社は，不動産投資市場における最大の投資家として重要な役割を担っている。
　台湾はアジアで日本に次ぐ低金利環境にあり，運用利回りの確保が容易ではない。そのため生命保険会社は，比較的高いインカムゲインが見込める不動産投資に海外も含めて積極的である。また，これまで不動産価格が上がり続けてきた経緯から，投資対象としての不動産に高い信頼を寄せているともいえる。
　韓国でも，台湾に次いで生命保険会社による不動産投資が活発であり，投資用不動産の比率が，日本の生命保険会社の水準を上回っている。韓国では，国民年金公団も不動産投資に積極的なように[1]，不動産が機関投資家の主な運用対象と認識されている。また，財閥グループが膨大な不動産を保有しており，

中でも、サムスン財閥の中枢にあたるサムスン生命保険の不動産投資市場における存在感は大きい。

一方、中国では、生命保険会社による不動産投資解禁以降の年月が浅く[2]総資産に占める不動産比率は低い。しかし、中国の大手生命保険会社の資産規模は大きく、営業用不動産も含めた保有不動産額自体は相当に大きい。また、不動産比率が2%を上回る中国太平洋保険のように、すでに不動産投資にかなり積極的な生命保険会社もみられる（図表T-2）。

2. アジアの不動産投資市場の近況

2015年下期に中国経済の失速懸念が高まって以降、世界の金融市場では、リスク回避意識が急拡大した。上海株式市場の急落が引き金となったことから、世界的にチャイナショックとして記憶されている。

その影響は不動産投資市場にもおよび、2015年末には不動産取引が鈍化し、

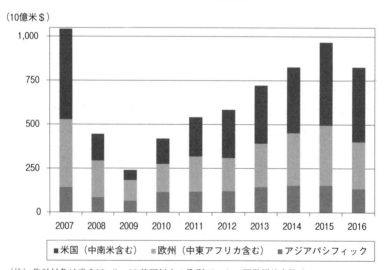

図表T-3 世界の不動産取引額

（注）集計対象は米＄10mil.≒10億円以上の取引データ、開発用地を除く。
（出所）Real Capital Analytics www.rcanalytics.com のデータに基づいてニッセイ基礎研究所が作成。

2016年の開発用地を除く[3]世界の不動産取引額は前年比で大きく縮小した（図表T-3）。アジアパシフィック地域でも，2016年の不動産取引額は前年比で2桁縮小した。やはり，中国経済の失速懸念が高まる中，多くの投資家が不動産投資に慎重になったとみられる。

3. アジアの生命保険会社による不動産投資の拡大

不動産取引がピークアウトした一方，先述のアジアの主要3カ国の生命保険会社をみると，依然として保有不動産金額を拡大するケースがみられた（2017年3月末時点）（図表T-4）。概して，台湾や韓国の生命保険会社に続き，中国本土の生命保険会社も不動産投資を本格化しつつある。

最も不動産投資に積極的な台湾の生命保険会社をみると，台湾人寿保険がハイペースの不動産投資拡大を継続した他，新光人寿保険や南山人寿保険も再び不動産投資を積極化していた。

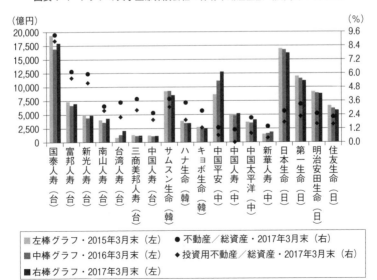

図表T-4　アジアの大手生命保険会社の保有不動産金額（投資用＋営業用）

（出所）各社の財務諸表，アニュアルレポート等の数値を基に筆者作成。

中国本土の生命保険会社はさらに目を引き，大手の中国平安保険が大幅に保有不動産金額を拡大していた。不動産投資年月が浅い中国本土の大手生命保険会社は，総資産に対する不動産比率は低いものの，営業用も含めた保有不動産金額はすでに韓国の大手生命保険会社を上回っている。

4. アジアの生命保険市場の成長

このようなアジアの生命保険会社による不動産投資の拡大は，各国の生命保険市場の成長および各社の生命保険事業規模の拡大を背景としている。実際，アジア各国の生命保険市場をみると，2015年，2016年も高い成長率を継続していた[4]（図表T-5）。

特にASEANの新興国と中国・インドでは，2015年，2016年の生命保険収入保険料が前年比2桁増であった。これらの国々では，依然として国民1人当

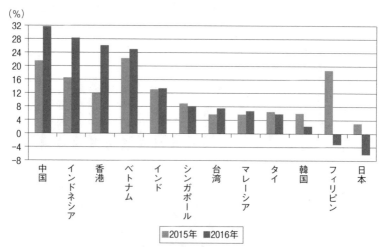

図表T-5 アジア各国の生保収入保険料の成長率（前年比，現地通貨ベース）

(出所) 平賀富一 (2016),「アジア生命保険市場の動向・変化と今後の展望」『保険・年金フォーカス』2016/7/19, ニッセイ基礎研究所, 平賀富一 (2017),「アジア生命保険市場の概況・展望—中長期の市場動向のダイナミックな変化を踏まえて—」『保険・年金フォーカス』2017/7/18, ニッセイ基礎研究所, に記載の表を基に筆者が作成。

たりの生命保険料やGDPに対する生命保険料の比率が低いため，今後も市場の成長余力が大きいとみられる。

また，生命保険の普及度が高いNIEs 4カ国（香港特別行政区，シンガポール，韓国，台湾）についても，2015年，2016年の生命保険収入保険料は，日本に比べはるかに高い成長率であった。高齢化が進むNIEs 4カ国では，退職準備関連商品，医療保険などへの関心が増しており，加えて，所得水準の高まりに伴い，貯蓄・投資型商品に対するニーズも強いとみられる。

5. さらなる不動産投資の積極化

このようにアジアの生命保険会社は，各国の生命保険市場の成長および各社の生命保険事業の拡大を背景に，不動産投資を拡大してきた。中でも，不動産投資比率の低い中国本土の生命保険会社は，市場全体の不動産取引のピークアウトにもかかわらず，他の資産以上に保有不動産を拡大し，不動産投資比率を

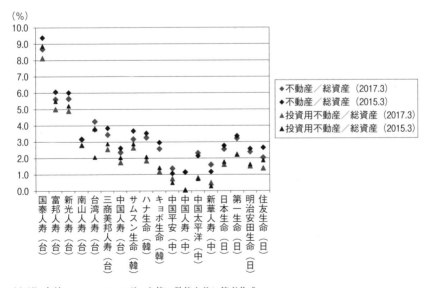

図表T-6　アジアの大手生命保険会社の不動産比率

（出所）各社のアニュアルレポート等の数値を基に筆者作成。

引き上げてきた（図表 T-6）。また，台湾人寿保険が不動産投資比率を大幅に引き上げたように，台湾でも，不動産投資をさらに積極化した生命保険会社がみられた。

これらの生命保険会社の一部は，アジア域内に止まらず，欧米でも不動産投資を積極化してきた。日米欧に限らずアジアでも低金利が進む中，安定的な賃料収入を求める生命保険会社にとって，不動産投資の重要性はさらに高まったとみられる。

6. 日本，台湾，韓国の生命保険会社による海外不動産投資

不動産投資に積極的な台湾や韓国の生命保険会社は，中国経済の失速懸念で国内の不動産取引が縮小する中でも，海外不動産への積極投資を続けてきた。

実際，リーマンショック以降の海外不動産投資の事例をみると（図表 T-7），台湾および韓国と日本では，生命保険会社の不動産投資スタンスが明確に異なっている。この数年，日本では生命保険会社による海外不動産投資はみられず[5]，東京海上日動火災保険がシンガポールで自社使用するオフィスビルを取得した事例に限られていた。一方，台湾および韓国の生命保険会社は，投資目的の海外不動産投資を継続的に実施してきた。

台湾の生命保険会社をみると，例外的な中国本土での事例を除けば，すべて欧州のオフィスビル，特に，ロンドンのオフィスビルに集中して投資していた。また，台湾の生命保険会社は単独出資を選好し，最大手の国泰人寿保険（キャセイライフ）が大規模オフィスビルに投資した以外，概して投資対象の規模を抑えている。

一方，韓国の生命保険会社は，北米にも積極投資しており，欧州でも，ロンドンに限らず南欧にも投資している。また，JV（ジョイントベンチャー）等の共同出資により，超高層ビルや大規模ビルに投資することが多く，中には，ライバルの生命保険会社と共に JV に参加するケースもみられる。

第2節 アジアの生命保険会社による不動産投資　　*245*

図表 T-7　日本，台湾，韓国の保険会社による海外不動産投資（リーマンショック以降）

国名	保険会社名	年	投資対象国	都市	物件概要	取得目的	形態
日本	東京海上日動火災保険	2014	シンガポール	シンガポール	中規模オフィスビル	自社使用	
台湾	国泰人寿保険	2013	中国	上海	超高層オフィスビル	投資目的	
		2014	英国	ロンドン	大規模オフィスビル	投資目的	
		2015	英国	ロンドン	大規模オフィスビル	投資目的	
	新光人寿保険	2015	英国	ロンドン	中規模オフィスビル	投資目的	
		2016	英国	ロンドン	中規模オフィスビル	投資目的	
	富邦人寿保険	2014	英国	ロンドン	中規模オフィスビル	投資目的	
		2014	英国	ロンドン	中規模オフィスビル	投資目的	
		2015	英国	ロンドン	中規模オフィスビル	投資目的	
		2015	ベルギー	ブリュッセル	超高層オフィスビル	投資目的	
韓国	サムスン生命保険	2011	中国	北京	開発用地（超高層オフィスビル）	自社使用	
		2014	ドイツ	フランクフルト	中規模オフィスビル	投資目的	
		2014	イタリア	ミラノ	超高層オフィスビル	投資目的	
		2014	米国	シカゴ	超高層オフィスビル	投資目的	JV
	ハナ生命保険	2016	米国	ダラス	大規模オフィスビル	投資目的	JV
	JV　キョボ生命保険，ハナ生命保険	2014	米国	ワシントン	大規模オフィスビル	投資目的	JV
		2014	カナダ	モントリオール	大規模オフィスビル	投資目的	JV
		2014	フランス	パリ	大規模オフィスビル	投資目的	JV
	JV キョボ生命保険，現代海上火災	2013	米国	シカゴ	超高層オフィスビル	投資目的	JV
	現代海上火災保険	2013	英国	ロンドン	大規模オフィスビル	投資目的	JV

（出所）各社のディクローズ資料やニュースを基にニッセイ基礎研究所が作成。

7. 中国本土の生命保険会社による海外不動産投資

　最近では，中国本土の生命保険会社も，海外不動産投資を積極化している。中国本土の生命保険会社は，不動産投資比率が低く拡大余地が大きいことから，国内に止まらず，海外でも積極的に投資機会を追求している。

　実際，中国本土の生命保険会社による海外不動産投資事例をみると（図表T-8），最大手の中国平安保険や中国人寿保険が揃って積極的である。加えて，

246　トピックス　アジアの生命保険会社による不動産投資および不動産投資市場の成長性

図表 T-8　中国本土の保険会社による海外不動産投資

国名	保険会社名	年	投資対象国	都市	物件概要	取得目的	形態
中国	中国平安保険	2016	日本	名古屋	開発用地（物流）	投資目的	JV
		2014	豪州	シドニー郊外	開発用地（住宅 250 戸）	投資目的	JV
		2015	豪州	シドニー郊外	開発用地（住宅 500 戸）	投資目的	JV
		2016	豪州	シドニー	再開発用地（超高層オフィス，ホテル複合）	投資目的	JV
		2013	英国	ロンドン	大規模オフィスビル	投資目的	JV
		2015	英国	ロンドン	大規模オフィスビル	投資目的	JV
		2016	米国	NY など全土	物流施設 7 物件	投資目的	
		2016	米国	サンフランシスコ	ビジネスパーク	投資目的	JV
	JV 中国平安保険, 中国人寿保険	2015	米国	ボストン	再開発用地（オフィス・住宅複合施設）	投資目的	JV
	中国人寿保険	2015	香港	香港	超高層オフィスビル，商業施設	投資目的	
		2014	英国	ロンドン	超高層オフィスビル	投資目的	JV
		2015	英国	ロンドン	超高層オフィスビル	投資目的	JV
		2016	英国	ロンドン	大規模オフィスビル	投資目的	JV
		2015	米国	全土 194 物件	物流施設	投資目的	JV
		2016	米国	全土 280 物件	ホテル	投資目的	JV
		2016	米国	ニューヨーク	超高層オフィスビル	投資目的	JV
	合衆人寿保険	2015	米国	ポートランド等	高齢者ケア施設 6 物件	投資目的	
		2015	米国	テキサス州	高齢者ケア施設 4 物件	投資目的	JV
		2015	米国	ウィスコンシン州	高齢者ケア施設 4 物件	投資目的	
		2016	米国	デラウエア州	高齢者ケア施設 2 物件	投資目的	JV
		2016	米国	リトルトン	高齢者ケア施設 1 物件	投資目的	
		2016	米国	オクラホマ郊外	高齢者ケア施設 1 物件	投資目的	JV
	安邦保険集団	2016	オランダ	アムステルダム等	大規模含むオフィスビル 6 物件	投資目的	
		2015	米国	ニューヨーク	超高層ホテル	投資目的	
		2015	米国	ニューヨーク	超高層オフィスビル	投資目的	
		2016	米国	全土 15 物件	高級大規模ホテル 15 物件	投資目的	
		2015	カナダ	トロント	中規模オフィスビル	投資目的	
		2016	カナダ	バンクーバー	超高層オフィスビル 4 物件	投資目的	
	中国太平保険	2013	シンガポール	シンガポール	超高層オフィスビル（4 フロア分）	投資目的	
		2016	米国	ニューヨーク	開発用地（住宅 157 戸）	投資目的	
	中国陽光保険	2014	豪州	シドニー	大規模ホテル	投資目的	
		2015	豪州	ロスベリー	ホテル	投資目的	
		2016	米国	ニューヨーク	超高層ホテル	投資目的	
	泰康人寿保険	2014	英国	ロンドン	大規模オフィスビル	投資目的	JV

（出所）各社のディクローズ資料やニュースを基にニッセイ基礎研究所が作成。

3番手以下の生命保険会社も活発で，中国本土の生命保険会社による海外不動産投資は，台湾や韓国以上に裾野が広く，今後の広がりも大きいとみられる。

また，個別案件をみると，2014年の中国人寿保険によるロンドンのオフィスビル，カナリーワーフタワー（7億9500万英ポンド）の取得（70％持分）や，2015年の安邦保険集団によるニューヨークの高級ホテル，ウォルドーフ・アストリア・ニューヨーク（19億5000万米ドル）の取得，さらには2016年の中国人寿保険によるニューヨーク・マンハッタンのオフィスタワー（16億5000万米ドル，RXRと共同出資）の取得等，台湾や韓国の保険会社の事例をはるかに上回る，世界的にも巨大な取得事例がみられる。

さらに，中国本土の生命保険会社は，子会社などを通じて海外での不動産開発にも乗り出している。特に，中国平安保険は不動産開発に積極的で，複数の開発案件に投資している。中でも，シドニー中心部で現地のレンドリースと日本の三菱地所と共同し，超高層のオフィス商業複合施設を再開発する計画では，全体の5割を出資し，新たなシドニーのランドマークビルを主体的に開発する立場となっている。

8. 世界で注目を集めるアジア資金

このように，不動産投資拡大を続けるアジアの生命保険会社は，海外不動産にも積極的に投資している。また，各国の動きには特徴があり，特に中国本土の生命保険会社は，世界的に大規模な取得事例が多く，開発案件にも積極投資するなど，今後の動向が注目される。ただし，中国本土の保険会社は不動産投資開始以降の年月が浅く，これらの幅広い取り組みに対し，人材の確保やノウハウの蓄積，あるいはリスク管理態勢の整備などが十分であるか注意深くみる必要がある[6]。

世界の不動産投資市場全体をみると，これまでアジアの投資家としては，GIC（シンガポール政府投資公社）やCIC（中国投資有限責任公司）といった外貨準備の運用機関や各国の年金基金などのSWF（ソブリンウェルスファンド）が知られてきた。主にSWFの運用資産の拡大に伴い，アジアの投資家によるアジア域外での不動産投資額は年々増加してきた（図表T-9）。アジアの

図表 T-9　アジア資金による域外での不動産投資

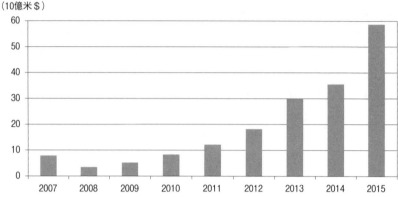

(注)　集計対象は米＄10mil.≒10 億円以上の取引データ。
(出所)　Real Capital Analytics www.rcanalytics.com のデータに基づいてニッセイ基礎研究所が作成。

　生命保険会社は，SWF に追随する形で存在感を高めており，世界の不動産投資市場における主要プレイヤーになりつつある。

　日本国内でも，2017 年 3 月に中国の安邦保険集団が，アジアの保険会社として初めて大規模な不動産投資を実施した。賃貸マンション 221 棟からなるポートフォリオの取得で，約 2600 億円にも及んだ[7]。今後，日本国内でもアジアの生命保険会社による取得事例が増加し，主要な不動産投資家の一角を占める可能性は小さくないと考えられる。

第 3 節　アジアの不動産投資市場の成長性

　このようにアジアの生命保険会社，特に中国本土の生命保険会社が，欧米を中心にアジア域外での不動産投資を活発化している。しかし，中長期的に考えると，アジアの生命保険会社の不動産投資は，やはり，アジア域内の不動産投資市場の成長と共に拡大していくものと思われる。以下では，アジアの不動産投資市場の成長性を確認する。

1. アジアの経済成長

アジアの経済成長については本編で解説しているが，ここでは改めて不動産投資市場への影響に注目しつつ，アジアの経済成長をみていく。

アジア各国のこれまでの経済成長率をみると，先進国といえるシンガポールや香港，韓国を除き，高い経済成長率が続いてきた。IMF（国際通貨基金）では，これらの高い経済成長率は今後も継続すると予測している（図表 T-10）。

さらにみると，今後の経済成長率の減速が目立つ中国でも，2021 年時点で 6％弱の高成長率を維持している。また，減速の目立つ中国とカンボジアを除くほとんどの国で，経済成長率は概して横ばい，あるいは加速する傾向となっている。

アジアの先進国といえる NIEs 4 カ国（韓国，台湾，シンガポール，香港）およびタイでも，新興国には及ばないながら，欧米先進国や日本より一段高い 3％程度の経済成長率が続く見込みである。

2. アジアの人口動態

このような高い経済成長率の予測は，中長期的な人口動態に基づいている。アジア新興国では人口増加が続いているが，特に，15 歳以上 65 歳未満の生産年齢人口が増加している（図表 T-11）。加えて，ほとんどの国が，生産年齢人口の占める比率が高い所謂人口ウィンドウ期[8] を迎えている（図表 T-12）。

人口ウィンドウ期は，多産多死から少産少死に社会が切り替わるタイミングで表れ，人口構成において子供人口の比率が縮小し，生産年齢人口の比率が高くなった特別な期間である。まだ高齢者人口の比率も低いため，豊富な労働力が社会保障負担を支える重荷も小さく，経済成長の加速が見込める。

高齢化が懸念されている中国でも，当面は人口ウィンドウ期が続く見込みであり，また，中進国と呼ばれる比較的経済成熟度の高いマレーシアでは，今後，約 30 年にわたり人口ウィンドウ期が続くと予想されている。マレーシアでは，人口増加率の高いイスラム教徒が人口の約 6 割を占めており，今後も長期にわたって人口増加を牽引する。

250　トピックス　アジアの生命保険会社による不動産投資および不動産投資市場の成長性

図表 T-10　アジア各国の実質経済成長率

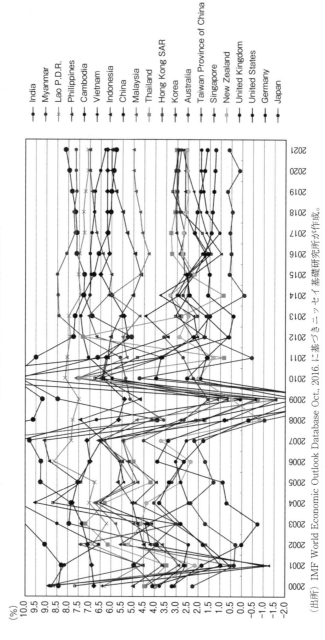

(出所) IMF World Economic Outlook Database Oct., 2016. に基づきニッセイ基礎研究所が作成。

第3節 アジアの不動産投資市場の成長性　251

図表 T-11　アジア各国の生産年齢人口の成長率（2010～2015年）

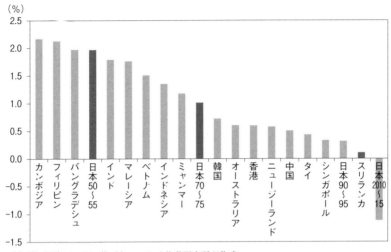

（出所）国連データに基づきニッセイ基礎研究所が作成。

図表 T-12　アジア各国の人口ウィンドウ期

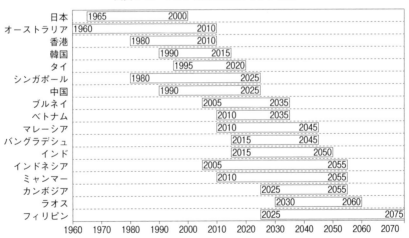

（出所）国連データ 2015 Revision に基づきニッセイ基礎研究所が作成。

2025年頃には，アジア地域の経済成長を牽引してきた中国の人口ウィンドウ期が終了し，徐々に経済成長の勢いが衰えると思われる。しかし，その頃に

はインドやインドネシアに加え，フィリピンやカンボジアも人口ウィンドウ期に入ってくる。地続きのアジア地域は，高速道路網のアジアンハイウェーで結ばれ，格安航空網も発達してきている。インドなどを含めたアジア全体を一つと考えると，今後10年に限らず，より長い期間にわたって高い経済成長率が見込めるといえるだろう。

3．アジアの都市化の進展

また，不動産投資の対象は，主に都市部で価値が見出されるオフィスビルや住宅，商業施設などであるため，不動産投資市場の成長については，国全体の経済成長以上に各都市の発展が重要である。

アジア各国の都市人口比率をみると，9割を超える日本に比べ，アジア新興国の水準は一段低く，今後の都市化の余地が大きくみえる（図表T-13）。ただ

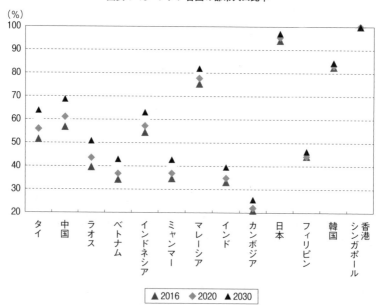

図表 T-13　アジア各国の都市人口比率

（出所）国連データ（2014年更新）に基づきニッセイ基礎研究所が作成。

し，各国で都市人口比率の定義が異なるなど，必ずしも水準の高低だけでは評価できない。より注目すべきは今後の変化率で，例えば，タイや中国では2030年までに10%以上進展し，今後，都市化による不動産投資市場への恩恵が最も大きくなる見込みである。

一方，インドやフィリピンでは，2030年までに都市化の本格化は見込めず，さらに先の将来まで待つ必要がある。人口ウィンドウ期の到来も遅いことから，当面は主に農村で子供が増えるものとみられる。国全体でみると，人口増加のスピードほどに国民の生活水準が向上しないため，政治的にも不安定な状況に陥り易いと考えられる。

4. アジアの不動産投資市場の成熟化

経済成長および都市化に加え，市場自体の成熟化も不動産投資市場の拡大や不動産価格の上昇を促すものと考えられる。

不動産投資市場の成熟度をみる尺度の一つに，米JLL社が公表している市場透明度指数がある（図表T-14）。市場データの整備状況や法制度，商慣習などを指数化したもので，投資家にとって投資し易い環境か否かの参考になる。

当指数をみると，不動産証券化市場の先進国といえるシンガポールでさえ，欧米各国に比べると依然として改善余地が大きいといえる（図表T-14）。

総じて欧米各国の市場透明度は高いものの，近年では，欧州の財政危機などが影響し，各市場の透明度は悪化傾向となっている。一方，中国やASEANなどのアジア新興国では，この数年，市場透明度が大きく改善している。

市場透明度指数のように構造的な市場の状況を表す指数では，低水準で長期低迷している場合，今後も改善が難しいと解釈される。しかし，勢いよく改善している場合，現在の水準が低いほど，改善余地が大きいものとしてポジティブに捉えることができる。

アジアの新興国では，現在，市場透明度指数が低水準にあるものの，著しく改善している。市場の整備および成熟が進むにつれて，不動産投資市場の拡大と不動産価格の上昇が期待できる。

その他，市場データから不動産投資市場の成熟度を確認するものとして，上

254 トピックス アジアの生命保険会社による不動産投資および不動産投資市場の成長性

図表 T-14 グローバル不動産透明度インデックス

透明度	総合ランク	市場	総合スコア	縮小幅（改善幅）2010 ～ 16
高	1	英国	1.24	0.00
	2	オーストラリア	1.27	-0.05
	3	カナダ	1.28	-0.05
	4	米国	1.29	-0.04
	5	フランス	1.34	-0.06
	6	ニュージーランド	1.45	-0.20
	7	オランダ	1.49	-0.11
	8	アイルランド	1.60	-0.33
	9	ドイツ	1.65	-0.27
	10	フィンランド	1.66	-0.13
中高	11	シンガポール	1.82	-0.27
	15	香港	1.89	-0.34
	19	日本	2.03	0.36
	23	台湾	2.14	0.93
	28	マレーシア	2.35	-0.10
中	33	中国 1 級都市	2.52	0.82
	36	インド 1 級都市	2.61	0.55
	38	タイ	2.65	0.50
	39	インド 2 級都市	2.65	0.86
	40	韓国	2.66	0.57
	45	インドネシア	2.69	0.99
	46	フィリピン	2.78	0.60
	49	中国 1.5 級都市	2.90	ー
	52	インド 3 級都市	3.00	0.65
	55	中国 2 級都市	3.10	0.44
	66	中国 3 級都市	3.40	0.57
中低	68	ベトナム	3.49	0.80
	70	マカオ	3.52	-0.19
	88	パキスタン	3.97	0.00
低	95	ミャンマー	4.17	ー

（注）第 2 群「中高」以降はアジア各国のみ羅列，中国 1.5 級都市とミャンマーは 2010 年
の数値非公表。
（出所）ジョーンズラングラサール「不動産透明度インデックス 2016, 2010」の公表数値
を基にニッセイ基礎研究所が作成。

場REITの市場規模が参考になる。世界の上場REIT市場における国別比率をみると，米国が全体の過半を占め，圧倒的な存在感を示している（図表T-15）。一方，日本を除くアジアでは，国自体は小さいシンガポールで相当規模の上場REIT市場がみられ，不動産証券化市場の発達が著しい。

しかし，中国をはじめ，成長が見込まれるアジアの新興国では，上場REIT市場は未整備あるいは本格始動に至っていない。今後，上場REIT市場の発達に伴って，不動産投資市場が飛躍的に拡大する余地が残されている。実際，中国，インド，インドネシアなどでは，上場REIT市場の発展に向けたルール作りが進められており，今後の本格始動が待たれる状況となっている。

このように，各国の生産年齢人口の増加が続き，人口ウィンドウ期を迎えているアジアでは，地域全体として高い経済成長率の継続が見込まれる。また，各国内の都市化の進展により，都市部での不動産投資市場の成長が促進される。さらには，市場自体の整備が進み，成熟することも，不動産投資市場の拡大と不動産価格の上昇に寄与するとみられる。

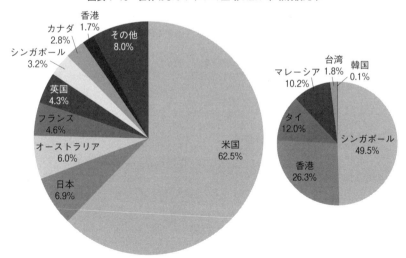

図表T-15 世界およびアジアの上場REIT市場規模比率

（出所）ARES「世界の上場REIT市場2016-2017」の公表数値を基にニッセイ基礎研究所が作成。

5. 都市成長段階と不動産需要

アジアの不動産投資市場の成長性を確認したところで，アジア各都市の成長
段階と，各段階で生じる不動産需要をイメージしてみたい。ここでは，簡易的
に都市の成長段階を，順に新興都市，成長都市，近代的大都市，成熟都市の4
つに分類する（図表 T-16）。

まず，新興都市は，工場建設や資源開発などにより，経済活動拠点としての
都市形成が始まった段階である。例えば，台湾の EMS メーカー（電子機器受
託製造サービス）が中国本土で巨大な工場を稼働しているが，各工場は膨大な
人数の従業員を抱えている。新たな工場の始動は，新たな新興都市が誕生する
ケースの一つと考えられる。

ある程度の人口が集まると，彼らの生活を支える経済活動が活発になり，周
囲から新たな人口を集めつつ，成長都市の段階に進む。成長都市では，人口の
流入に伴って住宅需要が拡大する他，都市機能が発達し，商業施設などの需要
も拡大する。中国や東南アジアの多くの都市がこちらに該当するとみられる。
特に規模が大きくなると，次の近代的大都市の段階に進む。

図表 T-16　都市成長段階と不動産需要のイメージ

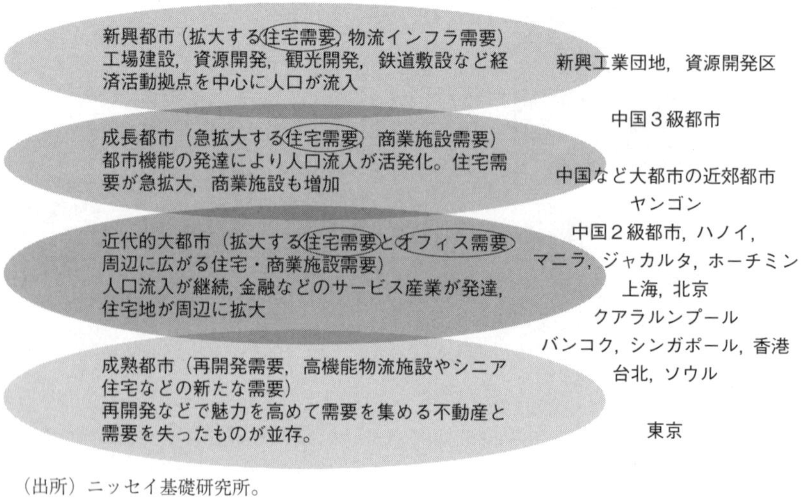

新興都市（拡大する住宅需要，物流インフラ需要）
工場建設，資源開発，観光開発，鉄道敷設など経
済活動拠点を中心に人口が流入　　　　　　　　　　　新興工業団地，資源開発区

　　　　　　　　　　　　　　　　　　　　　　　　　　中国3級都市

成長都市（急拡大する住宅需要，商業施設需要）
都市機能の発達により人口流入が活発化。住宅需
要が急拡大，商業施設も増加　　　　　　　　　　　　中国など大都市の近郊都市
　　　　　　　　　　　　　　　　　　　　　　　　　　　ヤンゴン

近代的大都市（拡大する住宅需要とオフィス需要）　　中国2級都市，ハノイ，
周辺に広がる住宅・商業施設需要　　　　　　　　マニラ，ジャカルタ，ホーチミン
人口流入が継続，金融などのサービス産業が発達，　　上海，北京
住宅地が周辺に拡大　　　　　　　　　　　　　　　　クアラルンプール
　　　　　　　　　　　　　　　　　　　　　バンコク，シンガポール，香港
成熟都市（再開発需要，高機能物流施設やシニア　　　台北，ソウル
住宅などの新たな需要）
再開発などで魅力を高めて需要を集める不動産と
需要を失ったものが並存。　　　　　　　　　　　　　　東京

（出所）ニッセイ基礎研究所。

近代的大都市では，主にサービス業を中心に経済活動が活発化し，金融サービス業などが発達する。都市中心部ではオフィス需要が拡大し，商業施設やホテルなどの需要も拡大する。巨大な都市になると，周辺に複数の成長都市を従える形で大都市圏を形成する。アジア新興国の主要都市はこちらに該当していると思われる。

成熟都市では，新しい機能を備えたオフィスビルや，シニア向けの住宅，インターネット社会に対応した高機能物流施設などの需要がみられ，需要を失った古いビルや施設などを取り壊しながら再開発が進む。東京などの日本の各都市が該当し，都市全体では成長都市のような拡大はみられず，部分的に若返りを目指す形といえる。

6. 旺盛なアジアの住宅需要

成長都市や近代的大都市に該当するアジア新興国の各都市は，旺盛な住宅需要で溢れている。現在，住宅が身近な投機対象でもある中国では，住宅価格が高騰し，バブルが崩壊しても不思議ではない状況となっている[9]。しかし，住宅需要そのものは旺盛であるため，しばらく下落局面が続いた後には，再び需給バランスが改善するとの見方ができる。

旺盛な住宅需要を背景に，近年，アジア各国で住宅開発が活発になっている。特にリーマンショック後の 2009 年以降，4 兆元の大規模財政支出を実施した中国を中心に，アジア経済の急成長が世界経済を下支えしてきた。グローバル企業にとって，アジアの経済成長は無視できないものとなり，中でも，大規模なビジネス機会である住宅開発事業は，多くのグローバル企業の目標となった。こうして，現地企業と海外企業がともに積極的に加わり，アジアの住宅開発事業は活発化した。その中で，多くの日本の不動産会社も，アジアでの住宅開発事業を展開するようになった。

日本の不動産会社は，国内市場が十分に大きいとの認識もあり，1991 年の土地バブル崩壊以降，海外事業に対しては消極的であった。しかし，一旦リーマンショック後に国内市場の縮小を実感すると，今後の人口減少や国内市場の縮小を強く意識するようになった。同じ時期，近隣のアジアで世界経済を支え

るほどの経済成長が見られたため，消極的だった日本の不動産会社もアジア進出を検討せざるを得なくなった。実際，2010年頃から日本の不動産会社によるアジア進出は急増し，現在，多数の日本の不動産会社が何らかの形でアジアの住宅開発事業に関与する形になっている。

7. 機関投資家による住宅開発事業

一方，長期安定的な賃料収入を求める機関投資家にとって，住宅開発事業は主たる投資対象ではない。生命保険会社の歴史が長い日本でも，生命保険会社による住宅開発事業への投資は地域貢献などの例外的なケースに限られている。

しかし，近年のアジアの拡大局面では，不動産会社だけでなく，機関投資家の資金も積極的に住宅開発事業に向かっていた。2010年以降，成長著しいアジアの不動産に対する関心が高まり，ハイリターンを狙うアジア不動産ファンド[10]が多数販売された。

それらのファンドの多くは，中国を中心としたアジアの住宅開発事業に投資するものであった。投資家の資金で仕入れた用地に住宅開発を計画し，完成前に各住戸を個人顧客に分譲して資金を回収する。各開発案件は短期的な投資対象だが，回収した資金を次の開発案件に回し，ファンドとしては継続的に投資家に分配金を支払う。2010年以降の不動産価格の上昇局面では，これらのファンドが各住戸の分譲で十分な利益を確保し，投資家に非常に高い分配金利回りを提供していた。

8. アジアでのオフィスビルの投資機会

このように，多くの機関投資家の資金もアジアの住宅開発事業に向かっていたものの，特に長期安定的なリターンを求める生命保険会社については，必ずしも積極的な動きはみられなかった。やはり，生命保険会社は，長期保有により安定的な賃料収入が見込めるオフィスビルなどの投資機会を求めていたといえる。

アジアでのオフィスビルの投資機会についてみると，先述の台湾や韓国では，すでに生命保険会社が多数の賃貸用オフィスビルを保有している。しかし，今後，これらの国で大幅にオフィス需要が増加するとはいえない。また，アジア先進国の香港やシンガポールにも多数の賃貸用オフィスビル（投資対象となるストック）が存在しているが，主要なオフィスビルは，地元の大手不動産会社や上場 REIT などが長期保有し，売りに出されるケースは少ない[11]。今後も，アジアの生命保険会社が，アジア先進国のオフィスビル投資によって不動産投資を拡大する余地は限定的とみられる。

一方，少し前まで成長都市の段階にあったアジア新興国では，旺盛な住宅需要ほどにオフィス需要は目立たなかった。銀行も自社ビルで十分なスペースを確保しているケースが多く，賃貸用オフィスビル（投資対象となるストック）は限られていた。

しかし，近年のアジア経済の急成長を経て，アジア新興国の主要都市では，金融サービス業などが発達し，オフィス需要も拡大してきた。オフィス需要の拡大に伴い，賃貸用オフィスビル（投資対象となるストック）も急増している。

MSCI による世界各国の賃貸用不動産の規模（投資対象となるストック）をみると，2015 年には，米国，英国，日本市場に続き，中国市場が第 4 位の規模になっていた。中国市場はこの数年の成長率が最も大きく，すでにフランスやドイツ市場を上回っている。中国では，近年の経済成長に伴い，オフィスビルや物流施設などの需要が拡大し，賃貸用不動産（投資対象となるストック）が急増している。中国の生命保険会社は，自社で使用する営業用オフィスビルに加え，賃貸用オフィスビル（投資対象となるストック）への投資も進めている。

以下では，参考までに中国市場における賃貸用オフィスビル（投資対象となるオフィスストック）の増加の様子をみてみる。

9. 上海，北京でのオフィスストックの拡大

近年，中国での賃貸用オフィスビル（投資対象となるストック）の増加は目

図表 T-17 上海オフィスエリアマップ

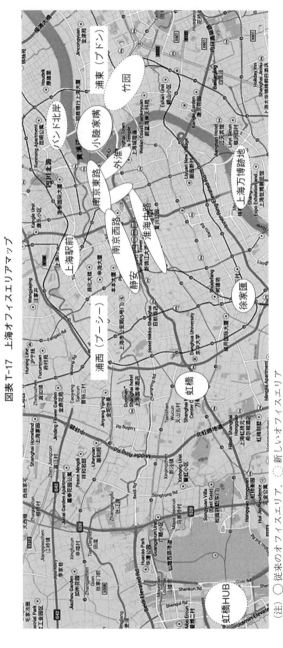

(注) ○従来のオフィスエリア，○新しいオフィスエリア
(出所) © OpenStreetMap contributors を基にニッセイ基礎研究所が作成。

覚しく，1級都市の上海や北京では，従来の中心部に加え，周辺部でも複数のオフィスエリアが形成されつつある。

上海（図表 T-17）では，古くからの中心であった浦西の淮海中路や，南京西路に高層オフィスビルや商業施設が集積し，特に静安には超高層オフィスビルが林立している。また，黄浦江の対岸の浦東では，小陸家嘴に比較的新しい金融街が形成され，静安よりもさらに超高層のオフィスビルが集積し，上海を代表する摩天楼の景観を形成している。

さらに注目すべきは，最近，周辺エリアに複数のオフィスエリアが形成され，発達しつつある点である。小陸家嘴の東南側に広がる竹園や，黄浦江南方の上海万博跡地の一帯，紅橋空港の隣地の紅橋 HUB などに広大なオフィスエリアが形成されつつある。

また，北京では，国営企業の本社や金融機関が集まる金融街や，外資系企業などが集積する CBD が従来の中心的なオフィスエリアとなっている（図表 T-18）。最近では，上海同様に周辺エリアでのオフィスビル開発が活発化して

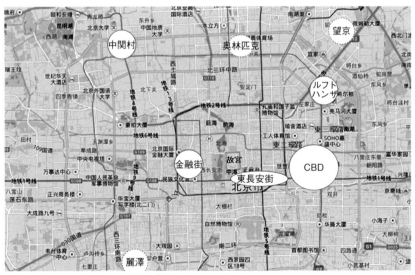

図表 T-18　北京オフィスエリアマップ

（注）○従来のオフィスエリア，●新しいオフィスエリア
（出所）© OpenStreetMap contributors を基にニッセイ基礎研究所が作成。

いる。空港に近い望京では，第2CBDの形成を目指す政府の意向もあり，オフィスエリアの拡大が続いている。さらに，これまでオフィスエリアが存在しなかった市内の南側でも，麗澤で多数の大規模オフィスビルが建設され，新たなオフィスエリアが形成されつつある。

このように，上海や北京でのオフィスエリアの拡大は目覚しいものがある。東京では，最大の大手町・丸の内や西新宿の他にも，品川や渋谷などの多数の主要駅にオフィスエリアが形成されている。上海や北京も，東京のような重層的なオフィス集積都市に変貌しつつある。

10. アジアでのオフィスストックの拡大

近年，上海，北京以外の中国の1級，2級都市や東南アジアの各主要都市においても，オフィスビル開発が加速している。今後，複数の都市が，上海や北京のようにオフィス集積都市として存在感を高めていく可能性がある。

ちなみに，日本企業の動向をみても，この数年間でアジアでの住宅開発以外の不動産関連事業が大幅に増加し，多様化している。金融サービス業の発達を背景にオフィスビルの開発も増加しており，今後，日本企業がアジアで開発したオフィスビルを生命保険会社が取得するケースも増えるとみられる。

このように，多くの都市で賃貸用オフィスビル（投資対象となるストック）が増加するに伴い，アジアの生命保険会社がアジア域内で不動産投資を拡大する機会も増加していく。

おわりに

アジアの生命保険会社は，各国の生命保険市場の成長を背景に運用資産額を拡大し，不動産投資を拡大してきた。特に最近では，中国本土の生命保険会社が，欧米を中心にアジア域外での不動産投資を積極化し，世界の注目を集めている。

しかし，中長期的にみると，アジアの不動産投資市場の高い成長性から，ア

ジアの生命保険会社は，アジア域内を中心に不動産投資を拡大していくものと見込まれる。これまでアジア域内では，住宅開発事業の拡大が目立っていた。しかし，最近ではオフィスビルの開発も増加し，生命保険会社が求めるオフィスビルの投資機会も拡大しつつある。

　アジアの不動産投資市場の成長は，今後のアジアの生命保険会社の成長をみていく上での重要なポイントの一つといえるだろう。

[注]
1 ）韓国国民年金公団は，2016 年 4Q 時点で資産全体の 4.6％，約 2.4 兆円を不動産に投資している。
2 ）2009 年 2 月の「改正保険法」の承認，2010 年 7 月の「保険資金運用管理暫定弁法」および 8 月の「保険資金の運用政策に関する問題を調整するための通知」の発表による。
3 ）アジア域内の不動産取引額では，実需に向けた住宅開発用地が大半を占めているが，必ずしも投資家動向を表しているものではないため，今回，開発用地の売買を除いている。
4 ）平賀富一（2016），「アジア生命保険市場の動向・展望と重要点」『保険・年金フォーカス』2016/7/19，ニッセイ基礎研究所。
5 ）個別の投資家動向を把握できない海外不動産ファンドなどへの投資の可能性はある。
6 ）中国政府も保険会社による海外不動産投資の拡大を注視している模様。行政指導や規制強化などにより不動産投資の拡大が一旦鈍化する可能性がある。
7 ）2016 年 11 月に米ブラックストーンが日本国内で有する巨大な住宅ポートフォリオ（約 2500 億円）の取得を中国安邦保険が検討中と報道されていた。
8 ）国連の定義する人口ウィンドウ期は，15 歳未満人口比率＜30％かつ 65 歳以上人口比率＜15％となる期間。類似の概念である人口ボーナス期には複数の定義がある。
9 ）中国の北京や上海，深圳といった 1 級都市では，住宅価格の平均年収に対する倍率が，日本で土地バブルといわれた 1990 年頃の東京の水準に達している。
10）開発利益などの高いリターンが見込める機会を積極的に追求するファンドはオポチュニスティック型ファンドと呼ばれ，物件を長期保有して賃料収益の確保を目指すコア型ファンドと対比されている。
11）中小オフィスビルの区分所有（ストラタタイトル）については，住宅と同様に個人投資家や中小企業の間での売買が活発。一方，保険会社の投資対象となるような大規模なビルが売り出されるケースは少ない。

（増宮 守）

索　引

欧文

AAJI（インドネシア生命保険協会）　151

AEC（ASEAN 経済共同体）　13, 96, 206, 232, 233

AI（人工知能）　233

AIA　168, 215

APY（Atal Pension Yojana）　89, 90

ASEAN　13, 122, 156

ASEAN5　5

Asosasi Asuransi Jiwa Indonesia　151

CAR（Capital Adequacy Ratio）　99–101

CIC（中国投資有限責任公司）　247

CIRC（China Insurance Regulatory Commission）　26

CLM 諸国　203

C-ROSS（China Risk Oriented Solvency System）　30, 31

DAI（インドネシア保険会議）　151

Dewan Asuransi Indonesia　151

EMS（電子機器受託製造サービス）　256

Financial Supervisory Service（金融監督院）　178

GIC（シンガポール政府投資公社）　73, 81, 247

IAS（国際会計基準）　102

IFRS（国際財務報告基準）　102

IMF（国際通貨基金）　122, 249

Industry4.0　233

Insurtech　233

IoT　233

IRDA　61–63, 73, 74

IRDAI（Insurance Regulatory and Development Authority of India）　60, 62, 63, 65–68, 71, 73, 77, 78, 86, 88

JV（ジョイントベンチャー）　244

LAPS（Lembaga Alternatif Penyelesaian Sengketa）　137

LIC（Life Insurance Corporation of India）　61, 67, 73, 76, 77, 80–85

Malhotra　61, 63

M&A　227, 232

MSCI　259

NIES4　5

OIC（保険委員会事務局）　96

OJK（Otoritas Jasa Keuangan）　123

One-stop サービス　186

PMJJBY（Pradhan Mantri Jeevan Jyoti Beema Yojana）　89, 90

PMSBY（Pradhan Mantri Suraksha Bima Yojana）　89, 90

Policy Guarantee Program　136

RBC（支払余力比率）　180

RBC（リスク・ベース資本）　95, 99

SEZ（経済特別区）　209

Single Presence Policy　125

SOAT（タイ・アクチュアリー協会）　98, 117

SWF　247

TLAA（タイ生命保険協会）　116

VaR　100

WTO（世界貿易機関）　95

和文

【ア行】

アジア地域本部　225

アジア通貨・金融危機　7, 91, 95, 122

アジアンハイウェー　252

アベノミクス　237

アポインテッド・アクチュアリー　67, 69–71, 80, 87

イスラミック・ウィンドウ　148

イスラム保険　6, 18, 126, 147, 153-155, 213
一括サービス　186
1級都市　261
一帯一路　206
インド・アクチュアリー会　70, 87
インド保険協会　86
ウェラブル端末　233
永久債　177
営業保証金　105
エコシステム　234
欧州の財政危機　253
オンブズマン制度　75

【カ行】

改革開放　22, 203
外国人事業法　99
外資規制　221
外資系生保会社　147
外資参入規制　14, 34, 72, 130, 162, 182
外資出資比率　98, 99
会社令　175
開発用地　241
かんぽ生命　159
機関投資家　258
銀行窓販　44, 111, 146, 168
　　──規制　36, 39, 104
金融監督院　178
クーリングオフ　139
苦情コールセンター　75
グローバル標準化　225
契約書　103
契約保証プログラム　136
権益類資産　36, 37
現地適応化　225
交差募集制度　177
公的医療保険の自己負担率　190
後発性の利益　10, 234
高齢化　92
国際会計基準　102
国際財務報告基準　102
国務院　23
滬港通　52

個人加入率　191
個人年金保険　167
国家行政機関　175
固定収益類資産　36, 37
子供保険　194
5＋2広域経済圏　172

【サ行】

債券市場　54
財産保険　30
最低資本金　32, 72, 97, 100, 129, 162, 181
財閥グループ　239
サムスン財閥　240
ジェネラル・タカフル　154
資産運用規制　36, 135, 164, 183
市場透明度　253
実損填補型医療保険　194
疾病治療重点保障保険　190
支払保証制度　38, 74, 105, 136, 164
支払余力比率　180
死亡保険　193
資本規制　32, 72, 129, 162, 181
資本十分性比率　99-101
シャリア生命保険　147
シャリア・ボード　154
上海証券取引所　51
終身保険　157, 166, 167
出資規制　7
ジョイントベンチャー　244
少子化　92
少子高齢化　94, 106, 116
上場REIT　239
消費者保護　105, 136, 164, 184
消費者保護制度　38, 137, 165, 185
新華人寿　45, 46, 48
シンガポール政府投資公司　73, 81, 247
人口ウィンドウ期　249
人口知能　233
深港通　52
人口ボーナス　11
人寿保険　30, 32, 35
新常態（ニューノーマル）　24

266 索　引

人身保険　30
深圳証券取引所　51
人民元　25
住友生命　157
生産年齢人口　24
生死混合保険　193
生存保険　193
生命表　70, 71
生命保険基金　105
生命保険協会　176
生命保険協議会　86, 87
生命保険法（タイ）　94, 95
世界の工場　24
責任準備金規制　68
全国人民代表大会（全人代）　23
専属エージェント　133, 224
相互扶助　91
即時年金　186
ソブリンウェルスファンド　247
ソルベンシー　66, 67, 87
　　——規制　30, 31, 64, 99, 128, 161
　　——・マージン　64, 65, 68

【タ行】

タイ・アクチュアリー協会　98, 117
第一生命　157
　　——ベトナム　168
大韓民国憲法　174
第 13 次 5 カ年計画（2016-20 年）　24
タイ生命保険協会　116
タイ・プラス・ワン　207
タカフル　6, 16, 18, 153-155, 212
　　——生命保険　147, 148
単一持株政策　125
地方自治団体　175
致命的疾病保険　190
チャイナショック　240
中華人民共和国保険法　27, 28
中間層　12
中国株　51
中国共産党　24
中国銀行業監督管理委員会　25

中国証券監督管理委員会　25
中国人寿　44-46, 48
中国太平洋人寿　45, 46, 48
中国投資有限責任公司　247
中国平安人寿　44-46, 48
中国保険監督管理委員会　25-27
中国保険業協会　49
長寿リスク　91
貯蓄・投資型商品　232
チンタナカン・マイ（新思考）　203
ツイン・ピークス・アプローチ　67
ティラワ経済特別区　209
デジタル化　233, 234
手数料率　103
デュレーションマッチング　116
東南アジア諸国連合　13, 122, 156
ドイモイ（刷新）　156-158, 203
東京海上グループ　157, 158
投資規制　104
投資対象となるストック　259
投資リンク性商品　166, 167
都市化　12
土地バブル崩壊　237
届出制　144

【ナ行】

内国会社　147
2 級都市　262

【ハ行】

ハーフィンダール・ハーシュマン・指数　198
バオ・ベト生保　158
バオ・ベト生命　168
バオ・ベト損保　158, 168
バオ・ベト・ホールディングス　156, 158
ハラム　154
バンカシュアランス　16, 104, 111-114, 134,
　　146, 183, 186, 196, 212, 213, 224
販売規制　35, 73, 132, 162, 183
ビッグデータ　233
1 人当たり GDP　9
1 人っ子政策　22, 24

非流通株改革　51
ファミリー・タカフル　154
ファンドバブル　237
不動産証券化市場　253
不動産類資産　36, 37
富裕層　12
プラザ合意　93
ブランド力　223
プルデンシャル（英国）　158, 168, 215
ベトナム保険協会　170
ポートフォリオ　239
保険委員会事務局　96
保険委員会法　96
保険エージェント　132
保険外交員　196
保険開発計画　96
保険監督庁　156
保険強国　40
保険業の5カ年計画　41
保険業の第13次5カ年計画（2016～2020年）
　　40
保険業法（インドネシア）　122
　――（韓国）　178-180, 183
　――（ベトナム）　156, 159, 160
保険業マスタープラン　95
保険契約者保護　74
　――委員会　75
　――基金　164
　――制度　74
保険サービス評価委員会　39
保険産業競争力強化ロードマップ　177
保険産業の料率自由化　195
保険資本基準　182
保険準備金　101, 105
保険消費者権益保護局　38
保険浸透度　108
保険法（インド）　61, 63
　――（インドネシア）　122, 123, 132
　――（中華人民共和国）　27
保険保証基金　184

保険密度　108
保険料率　103
募集規制　35
保証基金　137
保障性商品　232
ボリュームゾーン　10

【マ行】

マイクロインシュアランス　16, 88, 210
マニュライフ（カナダ）　215, 222
マニュライフ（ベトナム）　158, 168
マルチチャネル化　116
マルホトラ　61, 63
未富先老　11
民商法典　96
メコン地域　206
免許　124

【ヤ行】

約款　103
優秀認定保険外交員　177
ユニットリンク保険　16, 98, 109, 142
ユニバーサル（型）保険　16, 97, 109, 166, 167
養老保険　166, 167
預金者保護法　184
預託金　105
予定事業費率　103
予定死亡率　103
予定利率　103

【ラ行】

ランドマークビル　247
リーマンショック　237
リスク・ベース資本　99
　――規制　95
流動性資産　36, 37
劣後債　177
レンドリース　247
ロイズ　63, 72, 73

執筆者紹介

第1章　アジアの経済発展と生命保険市場の概況
　　　　平賀富一（主席研究員　アジア部長）

第2章　中国
　　　　三尾幸吉郎（上席研究員〔はじめに・第1節・コラム〕）
　　　　片山ゆき（准主任研究員〔第2節～第6節〕）

第3章　インド
　　　　中村亮一（取締役研究理事）

第4章　タイ
　　　　斉藤　誠（研究員）

第5章　インドネシア
　　　　松岡博司（主任研究員）

　　（コラム）イスラム教徒向けの保険——タカフル
　　　　吉田悦章（京都大学大学院特任准教授）

第6章　ベトナム
　　　　小林雅史（上席研究員）

第7章　韓国
　　　　金明中（准主任研究員）

第8章　その他アジア諸国の生命保険市場の要点
　　　　平賀富一（前出）

第9章　アジアにおける生命保険市場の競争環境と有力生命保険企業の経営・営業の特徴点
　　　　平賀富一（前出）

第10章　全体のまとめと将来展望等
　　　　平賀富一（前出）

　　（トピックス）アジアの生命保険会社による不動産投資および不動産投資市場の成長性
　　　　増宮　守（主任研究員）

編者紹介

株式会社 ニッセイ基礎研究所

　1988 年 7 月設立。国内外の経済・金融，不動産・都市計画，保険・年金，医療・介護，高齢社会，労働・雇用，企業経営・ビジネス，文化など，幅広い分野で時代の本質を見抜く調査・研究および問題解決型の情報発信を行っている（ホームページ：http://www.nli-research.co.jp/?site=nli）。

　本書は，外部専門家（吉田氏）によるコラムを除き，当研究所においてアジア研究を行っている「アジア・フォーラム」（代表：中村昭専務取締役）所属の研究員の分担執筆によるものである。

アジアの生命保険市場
―現状・変化と将来展望―

2017 年 10 月 17 日　第 1 版第 1 刷発行　　　　　　　　　　検印省略

編　　者	ニッセイ基礎研究所	
発 行 者	前　野　　　隆	

東京都新宿区早稲田鶴巻町 533

発 行 所　　株式会社 **文　眞　堂**
電話 03（3202）8480
FAX 03（3203）2638
http://www.bunshin-do.co.jp
郵便番号(162-0041) 振替00120-2-96437

印刷・モリモト印刷／製本・イマヰ製本所
©2017
定価はカバー裏に表示してあります
ISBN978-4-8309-4957-9　C3033